欧洲历史彩图馆

方青羽 编著

中侨彩图馆

刘凤珍 主编

中国华侨出版社

图书在版编目（CIP）数据

欧洲历史彩图馆 / 方青羽编著 . — 北京 : 中国华侨出版社, 2015.12

（中侨彩图馆 / 刘凤珍主编）

ISBN 978-7-5113-5850-9

Ⅰ. ①欧… Ⅱ. ①方… Ⅲ. ①欧洲—历史 Ⅳ. ① K500

中国版本图书馆 CIP 数据核字（2015）第 301862 号

欧洲历史彩图馆

编　　著 / 方青羽
丛书主编 / 刘凤珍
总 审 定 / 江　冰

出 版 人 / 方　鸣
责任编辑 / 紫　夜
装帧设计 / 贾惠茹
经　　销 / 新华书店
开　　本 / 720mm×1020mm　1/16　印张：21　字数：630 千字
印　　刷 / 北京鑫国彩印刷制版有限公司
版　　次 / 2016 年 3 月第 1 版　2016 年 3 月第 1 次印刷
书　　号 / ISBN 978-7-5113-5850-9
定　　价 / 39.80 元

中国华侨出版社　北京市朝阳区静安里 26 号通成达大厦 3 层　邮编：100028
法律顾问：陈鹰律师事务所
发行部：（010）64443051　　传真：（010）64439708
网　址：www.oveaschin.com
E-mail: oveaschin@sina.com

序言

Preface

欧洲是欧罗巴洲的简称，欧罗巴的称呼则源于一个传说。相传“万神之王”宙斯看中了腓尼基国王的漂亮女儿欧罗巴，便变成一头公牛，将欧罗巴带到远方的一块陆地共同生活。这块陆地就是现在的欧洲，宙斯以公主的名字将其命名为欧罗巴。

欧洲是世界第六大洲，地形主要以平原为主，南部则耸立着阿尔卑斯山系。欧洲是水量丰沛的一个大洲，境内的河网稠密，其中第二大河多瑙河是世界上流经国家最多的河。欧洲绝大部分居民是白种人（欧罗巴人种），他们多信奉天主教、基督教新教和东正教等。世界天主教中心梵蒂冈就位于意大利首都罗马。

早在公元前4000年至前2500年，欧洲就出现了巨石文化，这些巨石建筑的遗迹现今仍散落于欧洲的大地之上。公元前2000年，欧洲进入青铜时代，位于地中海东部的爱琴海沿岸开始出现最早的城市文明，被认为是欧洲文明的发祥地。古希腊文明被认为是欧洲早期最辉煌，影响最久远的文明。

从爱琴文明的发源到现在，欧洲已经有了4000多年的历史。这一段长长的历史并不仅仅是政治、宗教或者文化的单一演变，而是多元传统和多元文明综合作用的结果，数十世纪前的单一民族国家发展造就了20世纪各具特色的欧洲各国。

欧洲的历史辉煌而悠久，本书记述了欧洲从旧石器时代到公元2000年的发展历程，从欧洲大陆出现人类踪迹、名字起源讲述到欧盟改革、欧元发行。版式上以文字配图的方式形象、生动地进行描绘，结构方面采用宏观与微观相结合、阐述与议论相结合的方式来表现史实。不仅是对欧洲政治风云变幻的全面描述，也充分注意欧洲经济、社会生活和文化成就对世界的影响。

欧洲在整个地球中只占有一片小小的陆地，却能翻江倒海、搅动乾坤，推动整个世界文明的进程，其中细节，我们将一一述说。

目录 Contents

史前·前1150

公元前2000年，欧洲进入青铜时代，欧洲最早的城市文明——爱琴文明也开始出现。爱琴文明由克里特文明和迈锡尼文明组成，皆以气势恢宏的宫殿而著称。公元前13世纪中叶，迈锡尼城为多利亚人所灭，爱琴文明就此退出了历史的舞台，希腊文明进入了一个新的发展时期。图中是迈锡尼王宫遗址。

第一章

爱琴海
——欧洲文明的摇篮

01 欧洲自然概貌

关键词:自然概貌 欧罗巴的传说

欧洲是欧罗巴洲的简称，“欧罗巴”一词据说最初来自腓尼基语的“伊利布”一词，意思是“日落的地方”或“西方的土地”。欧洲西临大西洋，北靠北冰洋，南隔地中海和直布罗陀海峡与非洲大陆相望，东与亚洲大陆相连，是世界第六大洲。

欧洲有着悠久的文明发展史，位于欧洲东南部的爱琴海地区为世界古文明的发祥地之一，称爱琴文明，给人类留下了丰富的文化遗产。

欧洲概况	
传说	相传宙斯喜欢上欧罗巴，并以她的名字命名现在的欧洲。A
自然地貌	1 欧洲以平原为主，平均海拔300米，南部耸立的一系列山脉，总称为阿尔卑斯山脉。B 2 欧洲的河网稠密，水量丰沛。最长的河流是伏尔加河，长3690公里，第二大河是多瑙河，全长2850公里，是世界上流经国家最多的河流。 3 欧洲的海岸线十分曲折，多半岛、岛屿、海湾、内海。
欧洲气候	欧洲气候温和，降水分布均匀，大部分地区为温带海洋性气候，其他还包括地中海气候、温带大陆性气候、极地气候和高原山地气候等气候类型。
人口分布	欧洲是人口密度最大的一个洲。其城市人口约占全洲人口的64%，在各洲中仅次于大洋洲和北美洲，居第三位。

A 欧罗巴的传说

传说欧罗巴是腓尼基的公主，美丽而且聪明。宙斯爱上了这位公主，就变成一头公牛，将欧罗巴带到了克里特岛上。宙斯将这片土地赐予公主，并用公主的名字命名，离克里特岛不远的那片大陆从此就被称作欧罗巴，这片大陆临近亚洲和非洲，正是现在的欧洲。

B 阿尔卑斯山

阿尔卑斯山是欧洲最高大、最雄伟的山脉，山巅终年被冰雪覆盖，山林间却林木葱茏，组成了赏心悦目的高山景观。它西起法国东南部的尼斯，经瑞士、德国南部、意大利北部，东到维也纳盆地，绵延1200千米。耸立于法国和意大利之间的主峰勃朗峰，海拔4810米，是欧洲第一高峰。

B.C. 12000　　B.C. 2000

02 欧洲的原始人类与史前文化

关键词:原始人类 史前文化

大约公元前 12000 年，世界气候开始变暖，早期欧洲人有了固定的定居点。公元前 7000 年左右，欧洲农民们开始开辟土地，种植庄稼。农业的出现使相对大量的人口开始永久居住在一个地方，群居的村落开始出现，这种变化导致了社会等级的出现。早期欧洲人从此迈入农业社会，并制造陶器，宗教信仰和崇拜也应运而生。

欧洲的原始人类与史前文化	
原始人类	1 尼安德特人 生活在距今大约20万至4万年前，已经能够制造使用复合工具，具有狩猎能力及丧葬等习俗，因发现于德国尼安德特河谷的人类化石而得名。A 2 克罗马农人 生活在距今3万年前，被称为晚期智人或直接称为智人，因发现于法国克罗马农山洞的化石而得名。B
旧石器时代	1 人类已掌握了使用火的技术，并学会用树木作燃料。 2 制造简单工具用于打猎和采集。C
中石器时代 D	1 森林开始被开发。 2 农业开始出现。
新石器时代	1 人类已经学会制作陶器和纺织技术。E 2 工匠技术进一步发展，开始出现专业化的生产劳作。F 3 人类开始从事农业和畜牧业。G 4 人类开始了定居生活。H 5 埋葬死者的习俗更加复杂，宗教开始出现。I J

A 尼安德特人的头盖骨

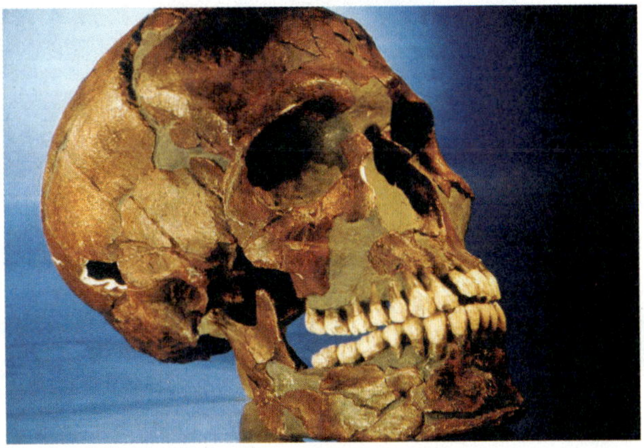

尼安德特人是欧洲的早期智人，其祖先可以推溯至大约10万到15万年以前，因发现于德国尼安德特河谷的人类化石而得名。大约在公元前4万年前，尼安德特人灭绝了，据考古学家推断，其灭绝的原因是因为不能适应环境方面的变化，才走向了末路。

图中是尼安德特人的头盖骨，这个头盖骨具有非常明显的突起眉脊，说明了这些早期人类在体质上与现代人有所不同。

B 克罗马农人

尼安德特人灭绝后，另外一种人种开始在欧洲大陆出现，即克罗马农人。克罗马农人属于晚期智人，其化石最早发现于法国的克罗马农山洞。据考古学家认定，他们的体质形态基本上和现代人相同，行走时已经能完全直立，而且动作迅速灵活。

克罗马农人的特征是额高而穹，颅顶高而宽大，脑圆而丰满，脑容量平均为1660毫升，在现代人平均脑容量之上，脑内纹褶与现代人也没有差别，具有相当高的智慧。

C 猎熊归来

旧石器时代是石器时代的早期阶段，以使用打制石器为主要标志。那时的史前人类主要是通过制造简单的工具用来打猎和采集，因此主要以狩猎为生。后来为了适应自然环境的变化，史前人类才逐渐过渡到采集、渔猎的生活。

图中是画家科尔蒙1844年的作品《猎熊归来》，描绘的是史前人类狩猎归来的场面，手法夸张而大胆。

D 中石器时代

中石器时代是从旧石器时代到新石器时代的过渡性阶段，这一时期人们的生活仍然依靠渔猎和采集。在欧洲，已开始出现驯养的猪或山羊。随着采集经验的积累，人们开始转向水域，鱼、贝类成为新的食源。此时细石器工艺更为成熟，出现了用细石片镶嵌在骨木柄上的箭、刀等进步的复合工具。弓箭也开始普遍使用，狩猎效率大为提高。因此，中石器时代的渔猎采集经济比旧石器时代有了长足进步。此外，这一时期的原始人类在居住条件上也有了改善，除利用自然洞穴栖息外，还有了季节性的窝棚居址。

E 凹陷的图案

作为一种优质的储藏用具，日用陶器出现在新石器时代，大约在公元前6000年开始普及，欧洲的陶器也是在这一时期出现的。在欧洲，陶器上的雕刻装饰比较常见。图中就是出土于西班牙的饰有雕刻图案的陶器，它的制作时间为公元前3000年。这些图案有些是印压上去的，有的则是用工具切割出来的。

F 燧石匕首

公元前4000年，工匠中开始出现专业化的生产劳作，他们所制作的产品主要用来交换。当时的手工艺品可以根据个人的需要来制作，最漂亮的工艺品多出自于专业的工匠。当金属出现的时候，石匠们迫于竞争的压力，做出了比往常更精美的斧子和匕首。

图中是出土于丹麦的燧石匕首，制作时间为公元前3000年。可以看出匕首完全是模仿了金属的造型。

H 湖上桩屋

新石器时代的小村庄以畜牧业和种植业为主，水源的远近是选择定居点的决定性因素。由于欧洲的气候温和，所以很早就出现了定居的居民。这里的房屋大多以木材和黏土作为基本的建筑材料，在没有树木地方，石头则成为唯一可用的建筑材料。

图中描绘的是新石器时代的湖上桩屋。

G 普罗旺斯海岸的生活

东南部是欧洲最早进入新石器时代的地区，当时的农业尚不发达，这些地区的农业部族通常住在岩洞或简陋的帐篷里。同样，这一时期的畜牧业也不发达，所起的作用几乎比狩猎还小。

图中描绘的是新石器时代普罗旺斯海岸的生活。

I 亡者的世界

巨石建筑是新石器时代至早期铁器时代特有的建筑类型，大多分布在沿海地带。它指的是用巨大石块做成的墓冢，这些墓地通常被当作庙堂或是部落祭祀的地方。

图中是作家郭戈完成于1830年的作品《蓬特尔伊凡的石桌坟》，图中由石柱支撑着的巨石所覆盖的就是坟墓。

J 持镰刀的神像

在原始人的宗教里，人的形象占有重要的地位，尤其是农耕开始以后，人类开始按照自己的形象塑造神。在欧洲，神的形象多以塑像的形式来表现。图中是发现于匈牙利的小神像，神像的手腕上带着螺旋的手镯，仅系了一条腰带，坐在凳子上的姿态略显僵硬。神像肩上扛着的工具看起来像是收割用的镰刀，大概是掌管农业的神。

B.C. 2000　B.C.1400

03 克里特岛上的米诺斯文明

关键词:克里特岛 米诺斯文化

克里特岛是爱琴海第一大岛，横列于北非和希腊之间，是古代东方与希腊交流的中转站。公元前2000年左右，克里特兴起了一些小的王国，富丽堂皇的王宫建筑也随之兴起。据传说，克里特岛最著名的君主是米诺斯王，因此克里特文明也被称为米诺斯文明。

在克里特文明的繁盛期，克里特岛出现了统一的克里特王国，首都设在克诺索斯。克里特文明的辉煌一直持续到前1400年左右，这时各地王宫遭到了毁灭性破坏，据考古学家推断这一灾难是由阿卡亚人的入侵所致。克里特文明衰落后，爱琴文明的中心转移到了希腊本土的迈锡尼。

米诺斯文明		
位置	克里特岛位于北非和希腊之间，是古代东方与希腊交流的中转站。A	
政治	早王宫	**公元前2000年—前1700年** 这一时期，小国分立，是克里特文明的形成和初步发展期。
	晚王宫	**公元前1700年—前1450年** 这一时期是克里特文明的繁盛期，出现了统一的克里特王国，首都设在克诺索斯。B
经济	农业	以种植谷物、橄榄、葡萄为主。
	工商业	1 铜器和金银日用品制作精美。 2 陶器工艺尤为突出，卡马雷斯彩陶被称为古代世界最美的彩陶。
	航海	1 造船业发达，商船来往于地中海各地。 2 拥有相当数量的海军舰只。
文化	文字	早王宫时代已出现文字，学界称为“线形文字A”。C
	建筑	以大规模的王宫建筑为特征，米诺斯王宫为典型代表。D E F
	艺术	艺术作品多以日常生活和自然景物为主题。G H
	宗教	崇拜自然，克里特母神是米诺斯宗教的核心。I
	娱乐	跳公牛是克里特人最喜爱的娱乐活动。J

A 克里特岛

克里特岛是爱琴海最南面的皇冠，它是爱琴文明的发源地，也是西洋文明的摇篮。公元前2000年，岛北岸以诺萨斯城为中心建立了奴隶制国家，修建了宏伟的宫殿和庙宇。克里特的海上贸易频繁，商路甚至延伸到埃及、利比亚、小亚细亚、希腊大陆和爱琴海诸岛。

图中是克里特岛上的米诺斯王宫，那时的王宫建筑皆是用巨石垒成。

B 米诺斯的行政印章

图中是在黏土字简中发现的一枚印章，上面雕刻着的头像应该是米诺斯的权贵，从印章的图案来看，它应该是某种权力的象征。这枚印章也许是岛上官员的印章，通过它来行使他们的行政权力。

C 线形文字A

由于克里特国家的政治、经济和文化生活均围绕王宫而展开，因此其文明的发展也被划分为两个阶段，即早王宫时代和晚王宫时代。

“线形文字A”就是在早王宫时代时出现文字，它至今尚未被释读成功，考古学家只能判断出它不是希腊文，这也从侧面表明克里特文明并非后来的希腊人所创造。

D 米诺斯王

根据希腊人的传说，米诺斯王是宙斯和人间美女欧罗巴之子，他是克里特岛上最为著名的君主。在他统治期间，克里特富庶发达，创造出了繁荣的文明，因此克里特文明也被称为米诺斯文明。米诺斯王以严明的法治而著称于世，他在位时公正严明，因此相传死后成为冥府的判官。

E 马利阿宫殿遗址

克里特文明以其富丽堂皇的王宫建筑而闻名，表明了当时国家的繁荣，已经有足够强大的人力和财力来进行大规模、复杂性极强的工程建设。

图中是克里特的马利阿宫殿遗址，遗址的空地上摆放着巨型的大口陶坛，应该是用来装载贵重物品的，这个陶坛暗示了宫殿昔日积聚的财富。

F 最古老的御座

米诺斯王统治时，在克诺索斯修建了一处豪华的宫殿群，即后人所说的“米诺斯王宫”。王宫是王室的住所，自然是权力的中心腹地，所以在王宫的一间御座室里，考古学家们发现了国王的御座。因此考古学家推断，这里大概是国王的“觐见厅”，用来接见王公大臣和商议重要事务。

1900年，英国考古学家亚瑟·伊文思爵士发现了这张座椅，并把它成为“欧洲最古老的御座”。

G 湿壁画

湿壁画是一种绘于泥灰墙上的绘画艺术，是墙壁绘画里最持久的形式。它的创作技法是首先将粗糙的灰泥涂抹在作画的墙上，然后把草图描画在灰泥上，等草图渗进墙壁后再在上面覆盖一层“细灰”层，重画一遍草图。这样的壁画在克里特的王宫和别墅里非常常见，它们通常构思奇巧，富于想象，很受王室和富有阶层的欢迎。因此湿壁画是克里特文明的重要形式之一。

H 蓝色鸣鸟

米诺斯人认为自然界的一切都是神圣的，所以他们的艺术家也是大自然的爱好者。图中这幅出自克诺索斯“壁画之屋”的壁画，描绘了一只花丛中的蓝色鸣鸟，其绚丽的颜色搭配表明了米诺斯人已经开始自由自在地使用颜色。

I 母神陶塑

米诺斯人有着朴素的信仰和宗教观，他们崇拜大自然的一切并奉若神灵。克里特的母神便是这一观念的代表，她是米诺斯宗教的核心，在米诺斯人的宗教观念里她的灵魂充盈于自然界的一切事物。

图中的母神雕像身着荷叶镶边裙和袒胸紧身衣，姿态和形象如同一位优雅的贵妇。母神头顶的鸽子象征着她的神圣，手中紧握的蛇则提醒了信徒们她与地狱之间的神秘联系。

J 牛背腾跃

“跳公牛”是米诺斯人最流行的运动项目，在这项运动中表演者必须抓住公牛的牛角，纵身跃过牛头，否则就会被摔出去。“跳公牛”不仅是一项令人愉悦的绝技，也是克里特人纪念母神的一种宗教仪式。

图中黄金图章戒指上的图案描绘了这一项运动，图中的年轻人正在一头飞驰的公牛身上做着危险的空翻动作。

B.C. 1600　　B.C. 1100

04 迈锡尼文明与多利亚人的入侵

关键词:迈锡尼文明 多利亚入侵

迈锡尼文明形成于前 1600 年左右，它是继克里特文明之后兴起于希腊本土的青铜文明的总称。迈锡尼的发展受到了克里特文明的直接影响，城邦小国林立，也是以王宫建筑为中心，尤以豪华的王室墓葬著称。当时的迈锡尼已超越了克里特，在统治区域、商贸范围乃至军事征伐对象等方面都远远超过了克里特文明。

公元前 1200 年之后，迈锡尼文明呈现衰败之势，王国王朝更迭频繁，战乱相继。统治者开始把希望寄托在对外掠夺上，其中最著名的便是迈锡尼与小亚细亚富裕城市特洛伊之间的战争。这场混战导致迈锡尼元气大伤，随着来自北方的多利亚人的南下入侵，迈锡尼文明走向了衰亡。

克里特文明		
兴起和繁荣	政治	1 **竖穴墓王朝（公元前1600—前1500）**是迈锡尼文明的发轫期。A 2 **圆顶墓王朝（公元前1500—前1100）**是迈锡尼文明的繁盛期，迈锡尼摆脱了克里特的控制，夺取了克里特的统治权。B C
	经济	1 手工业极为发达。 2 在希腊本土之外的殖民地设有商行，建立国外分支机构。
	文字	迈锡尼文字形成，即“线形文字B”。
	建筑	1 迈锡尼的建筑继承了克里特式风格，也是以庞大雄伟著称，城堡大门成为防御重点。D E 2 豪华墓葬是迈锡尼建筑的特色之一。F
	艺术	迈锡尼的艺术主要受到克里特文化影响，壁画和瓷器都大量模仿克里特风格。
	宗教	迈锡尼视宗教祭祀为大事，将宗教信仰融合于生活之中。
衰亡	特洛伊战争	**公元前1240年左右**，迈锡尼远征特洛伊，特洛伊被攻陷，迈锡尼也自此元气大伤。G H
	多利亚的入侵	**公元前1100年左右**，多利亚人入侵成功，迈锡尼灭亡。I

A 迈锡尼地图

公元前1600年左右，迈锡尼人开始称王立国，建立了希腊南部最强大的王国。迈锡尼在地中海沿岸建立了众多的殖民地和贸易点，公元前14世纪和13世纪他们的势力扩张范围已到达意大利南部、小亚细亚，以及塞浦路斯、叙利亚和埃及。

B “阿伽门农”的面具

国外的财富和有价值的宝物是迈锡尼王国活力的来源，他们通过贸易和征服来获得大量的贵金属。而这些财富也会被当作殉葬品，随着权贵死后而一同进入墓葬。

图中的面具是死去的国王的雕像，曾经被认为是传说中的阿伽门农，实际上面具雕像的主人可能是一个更早期的迈锡尼统治者。迈锡尼国王墓葬里的巨大财富从侧面反映了这一时期迈锡尼经济的繁荣和国力的强大。

C 迈锡尼的政治组织

迈锡尼的政治组织

1 迈锡尼为君主制国家，国家有权征集劳役、招募工匠进行国家建设。

2 大将军有自己的辅助者，地位仅次于国王，拥有广大的土地。

3 王国的各省份派驻许多行政官员，他们统筹各种事务，并管理税政，上缴政府。

4 祭司和官员们的地位相当，掌管宗庙大事。

D 迈锡尼卫城

迈锡尼城是迈锡尼文明的中心，位于伯罗奔尼撒半岛东北部，它与迈锡尼其他城市一起构成了希腊诸国中最强大的王国。

图中是一张在空中拍摄的迈锡尼卫城的照片，卫城的周围围绕着防御墙。在坟墓右侧和宫殿中心远一些的地方有一些较为朴素的建筑，应该是工匠和扈从的住所，同时这些建筑又兼当作坊和储藏室之用。

E 狮子门

狮子门是迈锡尼卫城的主要入口，建于公元前1350到前1300年。狮子们的门楣上有一个三角形的巨石，上面刻着一对雄狮护柱的浮雕。这一对雄狮，俯视着进入城门的人，更突出了城门的庄严肃穆，狮子门在当时是非常流行的城门造型。

F 阿特柔斯之墓

迈锡尼文明的王墓分为竖穴墓和圆顶墓，据此，考古学上把整个迈锡尼文明分为前后两个阶段，即竖穴墓王朝和圆顶墓王朝。圆顶墓王朝是迈锡尼文明的繁盛期，这一时期，迈锡尼经济发展迅速，国力逐步强大。

阿特柔斯之墓是圆顶墓的代表，被后人称作“阿特柔斯的宝库”。从图片中可以看到拱顶蜂巢式的构造在高远的晴空下十分壮观，大理石板排列在横梁上，坟墓的上方还留着钉眼的痕迹。

G 迈锡尼士兵

迈锡尼是尚武的民族，荷马史诗中有很多描写迈锡尼英雄的文字，他们大多手持长矛和利剑，同时用金属盾牌来避开敌人的攻击。

图中钵上的图案描绘的就是迈锡尼晚期时的士兵，那时候的士兵穿戴更为轻便，手中所持的圆形小盾牌更适于集体作战，长矛依旧是步兵所必备的重要武器。

H 特洛伊木马

特洛伊城邦位于小亚细亚达达尼尔海峡东南，交通便利，富庶繁华。公元前13世纪后半叶，特洛伊城被焚毁，根据《荷马史诗》的说法，此系迈锡尼人所为。传说迈锡尼人攻城10年不克，最后用木马计才出奇得胜。提也波洛于1773年创作的油画《特洛依木马》描绘的是中计的特洛伊人拉木马进城的场景。

I 多利亚的入侵

关于迈锡尼文明为何消失史学界一直众说纷纭，有一种说法是由于多利亚入侵造成的。多利亚人是古希腊人的一支，与迈锡尼人同属一族。他们居住在北部内陆山区，社会发展比较落后，仍处于原始社会末期的军事民主制阶段。多利亚人并不热衷于建城设防，以喜好战争著称。大约公元前1100—前1000年多利亚人从伊庇鲁斯和西南马其顿侵入希腊，被认为是第三批入侵到希腊的希腊族人。严谨的部落组织使多利亚人轻易就粉碎了迈锡尼的城堡，结束了其两个多世纪的统治。多利亚入侵后并未建立自己的国家，希腊的文明就此中断，倒退了好几个世纪陷入“黑暗时代”。直到公元前750年，雅典、斯巴达、科斯林等实力雄厚的城邦出现，希腊文明才开始恢复发展。

前1200·前30

进入公元前8世纪后，希腊城邦开始形成。公元前5世纪至公元前4世纪中叶通常被称为希腊的“古典时代”，在这一时期城邦的奴隶制经济得到极大的发展，早期的民主政治得以建立，斯巴达和雅典也是在这一时期成为希腊最重要的城邦。

公元前336年亚历山大即位并一路远征建立了亚历山大帝国。其死后，帝国三分，地中海地区进入希腊化时期。图中是摄于1865年的雅典卫城的照片。

第二章

文明真正的起源
——古希腊

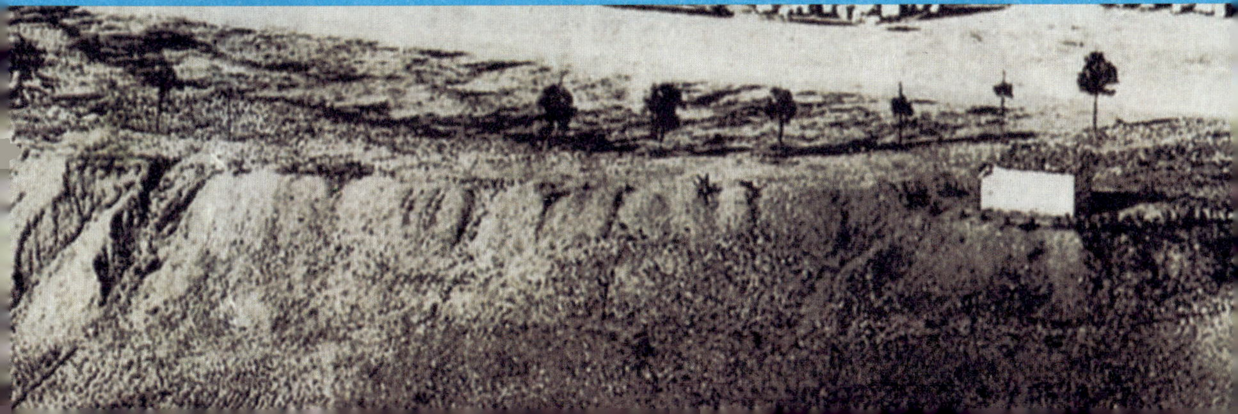

B.C. 1200 B.C. 800

01 荷马时代

关键词:荷马时代 铁器

公元前 12 世纪至公元前 8 世纪被称为古希腊的“黑暗时代”，由于多利亚人的入侵，这一时期的希腊社会经历了一次全面的倒退和中断过程。同时这也是伟大诗人荷马生活的时代，所以这一时期也被称为荷马时代。

荷马时代	
政治	1 荷马时代实行军事民主制的部落组织。 2 军事民主制设有三种机构：氏族贵族组成的议事会、全体成年男子参加的民众大会和军事首长统称为“巴塞勒斯”。
经济	铁器得到广泛使用，希腊进入铁器时代。A
文化	1 文学上，伟大诗人荷马创作了《荷马史诗》。 2 制陶技术发达，“几何风格”繁盛一时。B C

A 萨拉米墓穴

虽然“荷马时代”使希腊人经历一个漫长而黑暗的过渡期，但是在这一时期仍出现了推动历史走向新文明的积极因素，铁取代青铜就是这一时期最主要的技术进步之一。

在萨米拉一个公元前8世纪的墓穴里发现了献祭用的马匹和铁马饰，随葬品中大量铁器的出现，表明了当时铁器的应用已经十分普遍。

B 半人半马像

图中是出土于希腊的赤陶半人半马像，陶俑的部分是运用陶轮技术制作的，其制作年代可以追溯到公元前10世纪，被称为希腊雕塑艺术的第一件杰作。他的形象充满了明显的个性，耳朵很大，左膝处有一道明显的伤痕，也许是寓意暗示着某个神话里的人物形象。

C 几何风格的陶器

图中最左面陶瓶上的图案被称为“几何风格”，它是古希腊最早的瓶绘风格。这种风格的瓶绘主要是直线、圆形、方形和三角形等基本图案的重复。“几何式”瓶绘风格在荷马时代繁盛一时。

B.C. 800　　B.C. 600

02 城邦的形成与开疆拓土

关键词:希腊城邦 海外殖民

荷马时代以来，铁器生产力的发展，促成了希腊的经济复兴和阶级分化，同时也加速了氏族组织的解体。到公元前 8 世纪，希腊城邦开始形成，并掀起了大规模的海外殖民风潮。公元前 6 世纪时，希腊殖民者的足迹已经遍及整个地中海和黑海沿岸。

希腊城邦的形成与发展		
城邦的形成方式		1 国家从部落内部的阶级和等级对立中直接产生出来，如雅典所在的阿提卡地区。 2 在具备了国家产生的社会经济条件后，通过征服和奴役外族居民转变为国家，如斯巴达和南希腊的其他地区。 3 通过殖民活动形成的城邦，如米利都、萨摩斯、叙拉古等。
城邦的发展	政治	1 公民团体对无公民权者实行集体统治，全体公民参加的公民大会为国家最高权力机构。 2 实行公民兵制度，军队由全体成年男性公民组成，平时务农，战时从军。
	经济	1 铁器得到普遍使用，农业开始精耕细作。 2 只有公民才能占有土地，外邦富人也不能占有土地。
	文化	只有公民才能参加宗教、节庆、演出、竞赛等文化活动。
城邦的扩张		公元前8世纪到前6世纪，希腊人掀起了海外殖民的浪潮，足迹遍及整个地中海和黑海沿岸，希腊世界开始向四面八方扩展。A B

A 金制谷穗

公元前8世纪，铁器的普遍使用促进了希腊社会的快速发展，希腊多山而贫瘠的土地得到深耕，农业生产开始更加精耕细作。同时，这些先进的技术也随着殖民活动的展开传到其他城市。

图中的金制谷物茎秆是发现于叙拉古的一处坟墓中，它曾是位于西西里岛的希腊殖民城市。

B 锻造金鱼

公元前6世纪，希腊殖民者的扩张步伐继续增大，他们的货物遍布整个欧洲。在位于黑海北岸的锡西厄，希腊人建立了他们最北部的城市奥尔比欧波力斯，意为“富庶之城”。城中的金匠把刻有动物图案的金器卖给锡西厄人，依靠此而发财致富。

图中的锻造金鱼就是希腊工匠为锡西厄酋长打造的。

B.C. 800　　B.C. 600

03 军事专制的斯巴达

关键词:斯巴达 军事专制 希洛特制度

斯巴德位于伯罗奔尼撒半岛南部，是希腊领土面积最大的的城邦之一，到公元前 7 世纪末才开始建立国家。之后，斯巴达建立了“希洛特制度”，并在此基础上全力从事军事活动。公元前 6 世纪末时，依靠其强大的武力，斯巴达已经成为了伯罗奔尼撒半岛上最强大的城邦。

斯巴达	
地理位置	位于拉科尼亚平原的南部，欧罗塔斯河的西岸。A
政治制度	1 双王制。双王制是斯巴达独特的制度，两个国王均出自斯巴达的王族，世袭终身。双王权力受到很大制约，实质上是国家的高级公职人员。 2 元老院。以呼声方式选举产生，有权组织召开公民大会，拥有提案创议权，还握有司法等权力。 3 监察官会议。监察官主要职责是监督法律的实施、判处违纪案件。后来，监察官权力膨胀，成为斯巴达国家最高的公职人员。 4 公民大会。由所有30岁以上的男性公民组成，是斯巴达国家名义上的最高权力机构。
经济制度	斯巴达将征服的国家公民变为奴隶，称为希洛特，由其为斯巴达耕种土地。C
军事生活	1 斯巴达的男性公民终生过着严格的军事生活，军队也逐渐由原来的骑兵部队发展为重装步兵。BDE 2 对希洛特统治非常残酷。
国际关系	公元前6世纪后期，伯罗奔尼撒半岛上的大部分城邦组成了以斯巴达为首的伯罗奔尼撒同盟。F

A 斯巴达城邦

长期以来斯巴达人一直不屑修建城墙，这种骄傲来自他们得天独厚的地理位置。斯巴达所处的拉哥尼亚地区三面环山，一面邻水，东北和西边的山岭成为他们天然的屏障。同时，流经其间的欧洛塔斯河为斯巴达的粮食丰收提供了保障。 A

B 残酷的教育

斯巴达人的教育是残酷而专制的，婚姻的目的就是为了生育健康的后代以培养出强健的战士。他们一生几乎都在军营里生活，直到60岁才能解甲归田。整个斯巴达国家就像是一个大兵营，社会生活充满了浓厚的军事色彩。

图中的青铜小雕像刻画了一个骑兵挺直地坐在马背上，展现出了斯巴达的青年男子在成年后的军营生活。

C 希洛特制度

希洛特制度	
制度内容	1 希洛特被强制固守于斯巴达人的份地上，为其耕种，主人不能私自变卖。 2 希洛特要将大约半数收成交予主人，但主人也不可超额索取。 3 战时，希洛特要为斯巴达人负担沉重的劳役。 4 希洛特有简单农具和一部分产品供自身支配，但无政治权利和人身自由。
影响	1 希洛特制度使斯巴达人完全脱离了生产活动，成为剥削希洛特的寄生阶级。 2 希洛特制度使斯巴达人可以全身投入军事生活，造就了其强大的军事力量。 3 希洛特制度使斯巴达阶级矛盾激化。

D 骑手之画

斯巴达是尚武的民族，其城邦形成的起点就是对外的征服和控制，战争是为斯巴达人提供财富和土地的重要途径。从出土的文物中可以探寻到这一传统的影子，图中陶杯上的青年可能是被理想化了的斯巴达战士，骑着战马姿态昂扬，大概是刚刚开始自己的军事生涯。

E 斯巴达的重装步兵

斯巴达在希腊城邦里是最早也是最典型的重装步兵国家，重兵方阵通常有八个士兵那么宽，倒下的士兵会立刻被其他人顶替，这样的阵型使步兵方阵更加先进。

图中是制作于约公元前600年的无釉赤陶花瓶，上面描绘了重型步兵对垒的情况，士兵们都手拿长矛指着对方，受伤的士兵躺在地上，鲜血从腿上流了出来。

F 伯罗奔尼撒同盟

公元前6世纪中叶起,斯巴达陆续与埃利斯、西居昂、科林斯、迈加拉等城邦订立了双边军事同盟条约，组成了以斯巴达为首的伯罗奔尼撒同盟。至公元前 530年，伯罗奔尼撒的大多数城邦均参加了此同盟。盟约规定，结盟各邦内政独立，斯巴达享有召集全体成员国会议的特权，并在战时任盟军统帅。全同盟的和战大计在盟国代表会议上由多数票决定，只有得到盟国代表会议的同意，斯巴达才有权要求盟国出兵。在没有全同盟一致军事行动时，各邦在和战问题上自主，甚至可以与盟邦作战。

B.C. 800　　B.C. 500

04 民主政治的雅典

关键词:梭伦改革 僭主政治 克里斯提尼改革

雅典位于中希腊的阿提卡半岛，是唯一一个可以在国土面积上和斯巴达相比的希腊城邦。约公元前 9 世纪末，希腊神话中的英雄提秀斯对雅典进行了改革，打破了古老的氏族制度，这标志着雅典国家的产生。

提秀斯改革也造成了贵族专权，引起了平民的不满。公元前 6 世纪初，雅典出现了新兴的工商业者阶层，改革的呼声渐高。公元前 594 年，梭伦进行改革，这一改革奠定了雅典繁荣的基础。公元前 509 年克里斯提尼又开始了一场更为深入的民主制改革，改革以新的地域组织取代了原始的血缘组织，从根本上削弱了氏族贵族的势力和影响，雅典民主政治体制的最终得到确立。

民主政治的雅典		
提秀斯改革	改革者	提秀斯 A
	措施	1 把分散的四个阿提卡部落联合为国家，设立中央议事会和行政机构。 2 将居民分为贵族、农民、手工业者三个等级，由贵族掌权。
梭伦改革	政治	1 按照财产多寡将雅典自由民分为四等。 2 设立400人会议，作为公民大会的常设机构。B 3 设立陪审法庭。C
	经济	1 颁布“解负令”，负债为奴者可重获自由。 2 大力发展工商业。 3 承认私有财产继承自由，消除了所有制关系上的氏族残余。
僭主政治	背景	庇西特拉图建立起僭主政治。D
	措施	1 设立农村巡回法庭，削弱贵族对地方司法的专断和干扰。E 2 扩展雅典工商业。F 3 重视雅典文化事业。G
克里斯提尼改革		1 废除传统的四个血缘部落而代之以十个新的地域部落。H 2 设立500人议事会代替400人议事会。 3 制定陶片放逐法。I

A 提秀斯

提秀斯是雅典传说中的著名人物，相传他是来自南希腊的一支希腊人的首领。在征服了阿提卡半岛后，提秀斯把当地贵族迁居雅典城，紧接着进行了一系列改革，并在雅典建立起了共和制。提秀斯的改革使散居在阿提卡的诸公社联合起来，但这一联合并不是以地域关系取代血缘关系的决定性联合，因此只是诸公社的初步联合。提秀斯改革与雅典氏族制度的解体和国家的产生、发展都有着重要的关系。

B 梭伦改革

提修斯改革造成了贵族专权，引起广泛不满。公元前594年，梭伦当选为雅典首席执政官，开始进行改革。梭伦设立了新的政权机构，贵族的权力大受限制。这次改革把雅典导向了民主政治和发展商品经济的道路，同时也使雅典民主体制基本成形，因此梭伦被誉为“雅典民主政治之父”。

图中是画家宏多斯创作于1624年的油画，题为《梭伦与克洛伊索斯》，右立者为梭伦。

C 赤陶选票箱

梭伦改革时设立的陪审法庭相当于雅典的最高法院。它对所有公民开放，陪审法庭的陪审员由所有等级的公民经抽签选出。这一项举措打破了贵族对司法的垄断，使雅典民主进程向前迈进了一大步。从雅典集市遗址中发现的赤陶选票箱再现了当时的情景，选票由青铜所制，分空心和实心，空心表明有罪，实心则表明无罪。

D 僭主政治的背景

僭主政治的背景	
矛盾上升	梭伦改革并没有肃清氏族制度的残余，摧毁贵族势力，同时也没有满足平民重分土地和享受平等政治权力的要求，双方的不满使社会矛盾上升。
贵族分裂	1 平原派：代表贵族利益，仇视梭伦改革，企图恢复旧有秩序。 2 海岸派：代表工商业奴隶主利益，力争保留梭伦改革的成果。 3 山地派：代表下层民众的利益，他们对梭伦改革并不满足，要求重分土地。

E 僭主政治

僭主政治指的是依靠武力和非法手段僭越夺权而建立的独裁统治。僭主不但终身掌权，还可将僭主之位传予自己的儿孙。他们通常来自下层民众阶层，因此为了获取平民的支持，他们上台后往往打击氏族贵族，改善下层民众的经济状况，推行有利于工商业奴隶主的政策。公元前8至前6世纪，希腊的科林斯、雅典等城邦都出现过这一制度。僭主政治是从贵族寡头政治到民主政治的过渡形式，对经济的发展确实起到一定程度的积极作用，但因为它与城邦公民政治原则背道而驰，因而统治不能长久维持，最终通常会被民主政治形式所取代。

F 双耳陶瓶

公元前6世纪开始雅典取代科林斯成为支配陶器出口的市场，当时的手工作坊生产的陶瓶远销雅典境内外，而且他们会针对埃特鲁利亚的一些特定城市出口不同形状的陶瓶。图中的双耳陶瓶就是雅典用来出口的陶瓶，瓶上通常描绘着埃特鲁里亚的图像，如埃特鲁里亚壁画上常见的拳击和酒宴的场景。

G 婚礼

婚礼是雅典妇女能够扮演主要角色的为数不多的几个公共活动之一，其他的活动还包括宗教仪式和葬礼。图中描绘的就是一个婚礼的场面，三位盛装的妇女站在花树下，手中提着的容器里装着的也许是圣水。

H 克里斯提尼的改革

庇西特拉图统治时期是僭主制的黄金时代，梭伦改革的成果得到了客观上的保存和发展，雅典的内部矛盾在一定程度上得到缓和，国家变得更加繁荣强盛。但庇西特拉图之子却未能继承其父的“仁政”，专制黑暗的统治引起了人民的不满，终于在公元前510年被推翻。随后，古希腊雅典城邦著名政治改革家，贵族出身的克里斯提尼在公民的推举下就任雅典执政官。公元前509年，在梭伦改革的基础上，克里斯提尼开始了一场更为深入的民主制改革。克里斯提尼针对梭伦改革尤未触动的雅典选举体制和原始的血缘组织做了彻底改革，标志着雅典民主政治体制的最终确立。

I 陶片放逐法

陶片放逐法是克里斯提尼改革的一个重要内容，是指按公民投票来决定是否对某一公民实行政治放逐，因投票时把定罪人的名字写在陶片上而得名。这种方法选出的人将被放逐国外，10年后方可回国，但不牵连其党羽和家属。这一放逐法对那些不受欢迎的贵族是一个很大的威胁，有效地防止了大规模的屠杀和僭主政治的建立。

B.C. 492 B.C. 449

05 希波战争

关键词:波斯帝国 马拉松会战 提洛同盟

公元前 5 世纪初，波斯帝国消灭了小亚细亚古国吕底亚后，开始乘机进攻位于小亚细亚的希腊城邦，其首个目标为经济发达的依阿尼亚地区。公元前 500 年，波斯侵犯依阿尼亚地区的米利都，雅典向其伸出援手，这成为希波战争的导火索。战争从公元前 492 年开始，到公元前 449 年结束，前后分为两个阶段，前期是波斯人疯狂进攻的阶段，后期是希腊人战略反攻的阶段。

希波战争	
背景	1 **公元前5世纪末**，希腊在地中海东部地区的发展已颇具规模。 2 在西亚兴起的波斯帝国，侵入欧洲控制了色雷斯，进逼希腊。A
导火索	**公元前500年**，小亚细亚的米利都人反抗波斯，得到雅典的援助，成为希波战争的导火索。
第一阶段	1 **公元前490年**，波斯王大流士一世进攻雅典和曾援助米利都的厄律特里亚，厄律特里亚被攻陷。B 2 **公元前490年**，雅典与波斯在马拉松平原开战，雅典获胜。C D 3 **公元前480年**，希腊与波斯军队在温泉关展开大战，波斯军被击退。E 4 **公元前480年**，雅典舰队与波斯军队在萨拉米湾发生海战，雅典胜出，希腊由此转守为攻。F G 5 **公元前479年**，雅典在普拉提亚大败波斯军队，彻底击退了波斯人的入侵。H
第二阶段	1 **公元前478年**，以雅典为首的一些希腊城邦结成“提洛同盟”。I 2 **公元前449年**，希腊人在塞浦路斯岛的萨拉米城附近大败波斯军，双方签订《卡里阿斯和约》，希波战争以希腊的胜利而告终。

A 波斯帝国

波斯帝国是古代伊朗以波斯人为中心形成的帝国，其疆域从美索不达米亚横跨到印度，由里海伸展到波斯湾。早在公元前6世纪中期，波斯帝国就征服了小亚细亚西海岸的希腊城邦。波斯帝国国王大流士一世统治期间，波斯又于公元前513年从小亚侵入欧洲，在回师途中大流士一世侵占了色雷斯，同时色雷斯以西的马其顿也臣服于波斯。自此，希腊各邦开始直接暴露在波斯的威胁之下。

B 大流士一世

大流士一世是波斯帝国的第三代君主，他继位之后在不到一年的时间里，铲除了八大割据势力的首领，重新统一了波斯帝国，后人尊称为“铁血大帝”。

图中浮雕中央坐着的就是大流士一世。

C 马拉松之战

公元前490年，波斯出兵希腊，攻占厄律特里亚后，在雅典东北的马拉松登陆。雅典步兵在此地与波斯军展开了一场大战。在将军米太亚德的指挥下，雅典步兵大败波斯军，后者被迫撤退。马拉松之战增强了希腊人的胜利信心，希腊各邦进一步加强了团结，结成同盟，加强了反对波斯帝国的力量。

D 英勇的士兵

希波战争期间，希腊的瓶画上流行一种图饰画，表现希腊重装士兵战胜波斯敌手的情景：画中波斯人正畏缩地蜷成一团,而对面的希腊士兵则举起手中的武器对敌人迎头痛击。从这幅画中可以看到波斯人身上的服装，做工精细，带着明显的东方风格，画中的场景则表现出战争成为这个时代的主题。

E 温泉关战役

马拉松战役之后，波斯并没有放弃侵略希腊的野心。公元前480年，波斯王薛西斯继承先王遗志，亲率大军再次侵入希腊。在希腊的险要关口温泉关，希腊联军同波斯军队交战，史称“温泉关战役”。在这场战役中，扼守温泉关的斯巴达三百勇士全部牺牲，写下了希波战争中最为悲壮的一页。

F 萨拉米海战

萨拉米海战	
形势	1 攻占温泉关以后，波斯军长驱直入，雅典城沦陷。 2 希腊各邦集中到萨拉米海湾。
过程	1 在波斯陆军攻陷雅典的同时，波斯海军也包围了萨拉米海湾。 2 希腊联合舰队在提米斯托克利的指挥下，经过8个小时的激战，击溃了波斯舰队。
意义	1 萨拉米海战是希波战争中决定性的一战，希腊开始由防守转为进攻，最终赢得了战争的胜利。 2 萨拉米海战为希腊人赢得了荣誉，希腊从此迈入了鼎盛时期。

G 三列桨舰

古希腊的三列桨舰造型优美，以速度快和动作灵巧而著称，能在战斗中给予敌人致命的打击。但是雅典并没有任何关于三列桨舰的资料保存下来，历史学家只能根据文物上的雕刻和绘画图案来推测它的建造和驱动原理。

图中是现代人对这种战舰的复制品。

H 普拉提亚会战

萨拉米斯海战结束后，薛西斯返回小亚细亚，将一部分军队交给波斯贵族马多尼指挥。此后的一年间，马多尼多次指挥军队南下侵袭雅典及其他希腊城邦。在斯巴达的援助下，雅典于公元前479年在普拉提亚大败波斯军队，彻底击退了波斯人的入侵。

普拉提亚战役之后，希腊人在海上占据优势，他们用新造的三列桨战舰击退侵略者，赢得了令人吃惊的胜利。

图中是希腊时期的陶瓶，瓶上绘制的图案便是希腊士兵与波斯士兵厮杀的场景。

I 提洛同盟

希波战争期间，雅典同一些希腊城邦于公元前478年结成了军事同盟，因其地址曾设在提洛岛，故称“提洛同盟”，也称“雅典海上同盟”。同盟初期的宗旨是联合起来继续对波斯作战，后来慢慢发展成为雅典称霸的工具。最初入盟的主要是小亚细亚和爱琴海诸岛的希腊城邦，后来增至约200个。入盟各邦可以保持原有的政体，同盟事务由在提洛岛召开的同盟会议决定。公元前404年，雅典在伯罗奔尼撒战争中战败，提洛同盟被迫解撒。

B.C. 500　　B.C. 400

06 全盛的古希腊

关键词:雅典民主 文学艺术 神庙建筑

公元前 5 世纪至公元前 4 世纪中叶通常被称为希腊的“古典时代”,这一时期的希腊在经济、政治、文化等各方面都处在空前绝后的巅峰时代,并且对世界文明都产生了广泛而深远的影响。

全盛的古希腊		
雅典民主政治	改革者	伯里克利(前495—前429)A
	措施	1 各级官职向所有公民开放,并以抽签方式产生。 2 民主政治的主要机构是公民大会、500人会议和民众法庭。 3 向担任公职和参加城邦政治活动的公民发放工资。 4 贵族会议权力丧失,只处理一些与宗教有关的事务。B
经济	斯巴达	1 以农业为主,实行土地国有制。 2 工商业不甚发达,使用国有奴隶,奴隶来源于被征服的居民。
	雅典	1 奴隶的使用以小规模为主。 2 小农经济和小作坊经济在国民经济中占据优势。 3 商品经济活跃,奴隶多被用于从事商品生产。C
文化	史诗	《荷马史诗》是古希腊史诗创作的代表。D E
	戏剧	古希腊的戏剧分为悲剧和喜剧,公元前5世纪进入鼎盛时期。F G
	建筑	古代希腊的建筑以大理石为基本材料,神庙建筑集中体现了这一特点。H
	艺术	艺术品都体现了高度写实又充满理想加工的古典风格。I
	哲学	古典时代是古代希腊哲学高度繁荣的时期,苏格拉底、柏拉图和亚里士多德被誉为“三大哲人”。J K L M

A 伯里克利

伯里克利是古希腊奴隶主民主政治家的杰出的代表,同时也是古代世界最著名的政治家之一。他出身雅典名门,从小就受到了良好的教育,跟随当代智者学习了政治理论和哲学思想。公元前443年,伯里克利就任雅典执政官,他代表了雅典工商业奴隶主和中下层自由民,其国内政策以加强民主政治为核心。自公元前462年改革开始,伯里克利在雅典逐步通过了一系列的法令和措施。

B 雅典的民主政治

古典时期,希腊民主政治的发展处于空前绝后的巅峰时代,其中最具代表性的就是雅典民主制度的建立。伯里克利就任雅典执政官后创立了直接民主制度,每个公民都有担任公职的机会,原有贵族会议的权力几乎丧失殆尽。伯里克利改革使雅典的民主政治达到了巅峰。历史上把这一时期称为“伯里克利时代”。

图中是伯里克利的雕像。

C 手艺的价值

希波战争中后期开始，希腊的奴隶制经济日益繁荣起来。不仅奴隶的数量急剧增长，使用奴隶生产的部门也越来越广泛。在经济发展的同时也带动了手工业的发展，在繁华的商业中心，手工业者分工合作，作坊因此成为重要的生产场所。

图中这个搅拌碗，制作于公元前5世纪，碗上的图案再现了花瓶画师和陶工在作坊干活的场景，他们分工明细，有条不紊，反映出了当时手工业的发达。

E《荷马史诗》

《荷马史诗》		
简介		《荷马史诗》相传由公元前9世纪的盲诗人荷马所作，因而得名。而实际上它是由民间艺人吟唱的口头文学作品，于公元前6世纪中叶第一次被写成文字。
内容	《伊里亚特》	《伊里亚特》主要叙述了特洛伊战争中退出战场的希腊联军将领阿喀琉斯重返战场帮助希腊联军获胜的故事。
	《奥德赛》	《奥德赛》讲叙的是特洛伊战争结束以后，希腊的奥德修斯渡海返乡，在外飘泊了10年，最后重新与家人团聚的故事。
	其他	《荷马史诗》中穿插了许多希腊神话和传说的内容，同时也反映出公元前11世纪至公元前9世纪之间古代希腊的社会状况，还涉及迈锡尼时代的一些社会风尚。

D 史诗

史诗是叙述英雄传说或重大历史事件的古代叙事长诗，多以古代英雄歌谣为基础，经集体编创而成。史诗大多反映的是具有重大意义的历史事件或者神话传说。史诗几乎可以说是人类最早的文学创作，它和古代的神话、传说有着天然的联系，而它的发展最终又是对神话思想的一种否定。根据所反映的内容，史诗可分为两大类：即创世史诗和英雄史诗。

F 美狄亚的悲剧

希腊悲剧是古典时期最重要的文学成果之一，这时期产生了三大悲剧诗人：爱斯奇里斯、索福克里斯和幼里披底斯。而美狄亚的悲剧则是悲剧作家最频繁描述的题材。由于丈夫伊阿宋的移情别恋，美狄亚由爱生恨，将自己亲生的两名稚子杀害，同时下毒杀死了伊阿宋的新欢，逃离伊阿宋身边，伊阿宋也因此抑郁而亡。

图中的陶瓶上描绘了这部悲剧的尾声，杀死自己孩子的美狄亚正驾着龙车离去，伊阿宋站在房间角落惊惶地望着她。

G 宙斯的求爱

希腊古典时期不止出现了三位伟大的悲剧诗人，同时还孕育出了一位杰出的喜剧诗人，即阿里斯多芬。他们都是雅典公民，剧作经常在雅典演出获奖。在喜剧里，宙斯的求爱冒险故事成为剧作家偏爱的题材。

图中出自意大利南部的陶瓶上就描绘了这一喜剧的内容。宙斯扛着梯子正在接近他爱慕的对象，而被追求的女孩正坐在窗前露出一个侧脸。

H 雅典娜神庙

古代希腊的建筑主要以大理石为基本材料，以方顶柱廊式结构造型为基本特点。恢宏壮丽的神庙建筑集中体现了这一艺术特点。

图中是帕斯特姆的雅典娜神庙，约建于公元前570年。昔日的神庙不仅体现了希腊人对神的敬畏，而且展现了希腊高超的建筑水平。

I 希腊的英雄

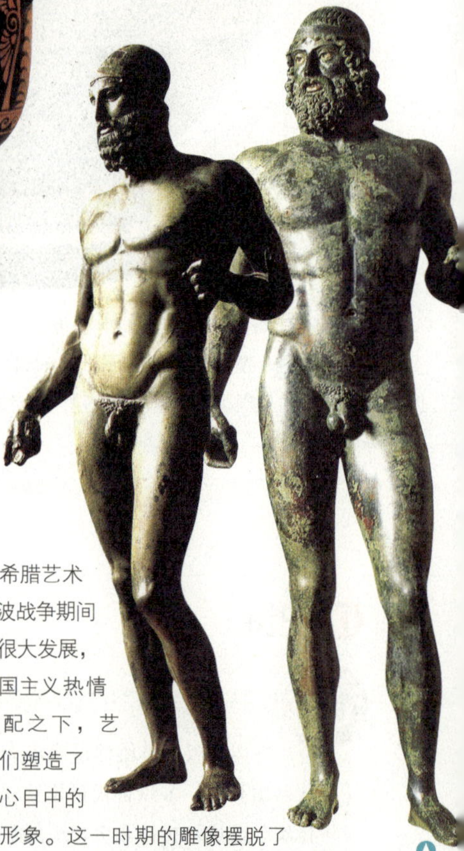

希腊艺术在希波战争期间得到很大发展，在爱国主义热情的支配之下，艺术家们塑造了自己心目中的英雄形象。这一时期的雕像摆脱了拘泥风格的残余，使现实主义风格更进一步。而青铜由于具有更大的抗拉性，成为人们所喜爱的材料。

图中是1972年在南意大利海边发现的两尊希腊战士青铜像，其制作年代都在公元前5世纪，应该是纪念战争胜利之作。

J 苏格拉底之死

苏格拉底是古希腊最著名哲学家之一，他属于唯心主义阵营，但是在教育方法上却认为应该辩证地认识传统观念中的谬误。由于他对雅典的民主提出质疑，公元前399年，雅典公民法庭以引进新神、败坏青年和反对民主等罪名对他判处死刑。

图中是法国画家雅克·路易·大卫1787年创作的油画，名为《苏格拉底之死》。画中的苏格拉底在面临死亡时仍毫无畏惧，高举手臂向弟子们阐述自己的观点。

K 柏拉图

苏格拉底的学生柏拉图则是古希腊另一位伟大的哲学家，他是更彻底的唯心主义者，认为理念才是万物之本。他创办的阿卡德米学院是一所集传授知识、研究学术和培养人才为一体的学校。

图中是罗马时期制作的马赛克镶嵌画，完成时间大约在公元1世纪，画中展现了学员们激烈讨论的场景。随着雅典学园的不断发展，其影响日益扩大，直到公元529年被东罗马皇帝查士丁尼关闭。

L《理想国》

《理想国》是柏拉图重要的对话体著作之一，也是西方政治思想传统的最具代表性的作品。书中同通过描述苏格拉底与他人的对话，给后人展现了一个完美优越的城邦。在这部著作中，柏拉图把国家分为三个阶层，即受过严格哲学教育的统治阶层、保卫国家的武士阶层、平民阶层。在这里统治者被赋予了无上的权力，而第三阶层的人民是低下的，可以欺骗的。

M 亚里士多德

作为柏拉图的学生，亚里士多德更以学识渊博而著称，并且对柏拉图的唯心谬论进行了批判。他认为理念从属于人的思维，客观上理念并不是世界的存在。但是他的唯物论并不彻底，他虽然承认物质的客观存在，却认为物质受其形式的支配，从而陷入二元论的泥沼。

B.C. 431 —— B.C. 404

07 伯罗奔尼撒战争

关键词:两大同盟 西西里远征

希波战争后，雅典崛起成为新的希腊霸主，其对外扩张引起了斯巴达的强烈不安，二者之间的矛盾遂逐渐激化，最终以伯罗奔尼撒同盟和提洛同盟两大集团相对立的形式表现出来。

公元前 431 年至公元前 404 年，为了争夺希腊的控制权，两大同盟之间爆发了伯罗奔尼撒战争。最终雅典战败，进入了衰落期，同时该战争也结束了希腊的民主时代。

伯罗奔尼撒战争

伯罗奔尼撒战争	
战争起因	提洛同盟成立后，雅典成为希腊最大势力，这引起了以斯巴达为首的伯罗奔尼撒同盟的仇视，双方对抗与日俱增。A
第一阶段	1 **公元前431年春**，伯罗奔尼撒同盟中的底比斯袭击希腊的盟友普拉提亚，成为战争导火索。 2 **公元前431年6月**，斯巴达侵入雅典，战争全面爆发。 3 第一阶段的战争，双方互有胜负，最后双方签订了《尼西阿斯和约》，规定保持50年和平。B
第二阶段	1 **公元前415—前413年间**，雅典发动了夺取叙拉古的西西里远征，结果全军覆没，雅典元气大伤。C 2 西西里远征结束后，斯巴达不断出兵侵入雅典国内，致使其经济遭到严重破坏。 3 **公元前405年**，羊河战役爆发，雅典海军全军覆没，被迫求和。D 4 **公元前404年4月**，雅典与斯巴达签订和约，雅典解散了提洛同盟，伯罗奔尼撒战争结束。E

A 两大同盟

雅典崛起后，希腊世界出现了由雅典和斯巴达领导的两大势力集团，二者分别建立了以各自为首的提洛同盟和伯罗奔尼撒同盟。

地图清晰地标明了这两大集团的势力范围和其他中立国的分布领域。雅典的同盟比较分散，而斯巴达的同盟相对集中。

B《尼西阿斯和约》

公元前431年，伯罗奔尼撒战争正式爆发，公元前431至前421年间是战争的第一阶段。这一时期双方互有胜负，相持不下。而雅典则爆发了严重的瘟疫，死者甚众，形势对其不利。公元前422年，雅典的主战派首领克里昂与伯拉西达均战死，主和派遂得势。于是公元前421年，在主和派的坚持下，雅典与斯巴达缔结了《尼西阿斯和约》，条约规定交战双方退出各自占领地，交换战俘，保持50年和平。但这只是双方之间暂时的休战，两国的基本矛盾依然存在。

C 西西里远征

西西里战争	
公元前415年初	公元前415年，雅典出动战舰130多艘，轻装步兵1300人，重装步兵5100人，出征科林斯的殖民地西西里，准备夺取叙拉古。
公元前414年春	雅典计划封锁叙拉古，但科林斯和斯巴达的支援使雅典的计划落空。
公元前413年春	进入公元前413年后，战争转入海上，叙拉古人及其同盟者终于粉碎了雅典人入侵，雅典损失惨重，逐渐失去其海上优势。

E 停战和约

公元前404年雅典投降，被迫与斯巴达签订屈辱的和约。和约规定雅典解散提洛同盟，加入伯罗奔尼撒同盟，斯巴达自此取得了希腊霸权。战争给希腊世界带来前所未有的破坏，致使小农经济与手工业者破产，不少城邦因为丧失大批劳动力而使土地荒芜，工商业停滞。随之而起的奴隶起义也沉重地打击了奴隶主的统治，进一步加速了希腊城邦的衰落。因此伯罗奔尼撒战争不仅结束了雅典的霸权，而且也使整个希腊奴隶制城邦制度逐渐退出了历史舞台。

D 羊河战役

西西里战争使雅典损失惨重，其海军和陆军几乎全被毁灭。之后斯巴达又加强陆上进攻，致使雅典的经济陷入崩溃。公元前405年，斯巴达海军在莱山德指挥下，在赫勒斯滂附近的羊河全歼了雅典海军，继而从海陆两面包围雅典城。雅典被迫求和，伯罗奔尼撒战争正式结束。

B.C. 400　　B.C. 337

08 异军突起的马其顿

关键词:腓力二世 马其顿

公元前 4 世纪，希腊城邦危机日益严重，各个城邦都在混战中衰落下去，城邦奴隶制也已经走到了历史的尽头。此时，位于希腊北部的马其顿趁机兴起，凭借腓力二世的改革一跃成为希腊世界的重要国家。

异军突起的马其顿	
腓力二世	腓力二世统治期间，马其顿由一个小国崛起为希腊世界的重要城邦。A
改革措施	1 政治上，加强王权，削弱贵族议事会和民众大会的权力。 2 经济上，推行币制改革，鼓励对外贸易。 3 军事上，设立由国王直接指挥的常备军，并创立了“马其顿方阵”。
征服希腊	1 **公元前355年**，腓力二世南下，控制了希腊中北部。 2 **公元前340年**，希腊城邦组成了以雅典为首的反马其顿同盟，准备抵抗马其顿的入侵。 3 **公元前338年**，马其顿大军与希腊同盟军会战于科罗尼亚，希腊联军大败，马其顿基本实现了对希腊的征服。B C 4 **公元前337年**，“科林斯会议”召开，希腊各邦承认了马其顿的霸主地位，希腊城邦时代终结。

A 腓力二世

公元前359年，腓力二世即位为王，马其顿在其领导下才真正强大起来。腓力二世在位期间，积极推行对外扩张政策，他首先占领了爱琴海北岸一带，继而南侵希腊，于公元前338年取得了希腊领导权。公元前337年，腓力二世遇刺身亡，其子亚历山大即位。

图中是塔尔苏斯金库的金质纪念章，上面刻着的是马其顿国王腓力二世的头像。

B 科罗尼亚战役

公元前338年，在巴尔干半岛上马其顿王国和希腊反马其顿同盟军在希腊中部的科罗尼亚附近进行了一场交战，即科罗尼亚战役。此役是马其顿统一全希腊过程中最重要的战役，其结局以希腊同盟军遭到惨败而告终，为马其顿统治全希腊奠定了霸权基础。

C 战争的主题

图中的箭筒出自弗吉纳的腓力二世之墓，制作时间为公元前4世纪。图中的箭筒上面装饰着繁复精细的浮雕，描绘着一座城市被攻占的情景，士兵们挥舞着长剑和盾牌攻入城内，吓坏的少女们正在四处逃散。这幅浮雕生动地表现了攻城的场景和战争的残酷。

B.C. 333 B.C. 324

09 亚历山大帝国

关键词:十年东征 亚历山大帝国

公元前 336 年，年仅 20 岁的亚历山大被拥立为王，开始了他对希腊的铁腕统治。公元前 334 年亚历山大亲率大军开始了历史上规模空前的十年东征。

公元前 331 年，亚历山大击败大流士三世，成为波斯帝国新的统治者。随后，他继续挥师东进，大军的铁蹄一直到达印度河流域。公元前 324 年，亚历山大班师回到巴比伦并定都于此，东征结束，亚历山大帝国建立。

公元前 323 年，亚历山大突患热病去世，死后帝国为其将领们瓜分，最终形成了塞琉古王朝、托勒密王朝和占安提柯王朝三国鼎立的局面。

亚历山大帝国

亚历山大东侵

1 **公元前334年春**，亚历山大率军东征，在小亚细亚的格拉尼库河与波斯交战，波斯军溃败。A

2 **公元前333年**，亚历山大与大流士三世会战于叙利亚的伊苏斯城郊，大流士弃阵而逃，波斯大军随之崩溃。B

3 **公元前332年**，亚历山大攻陷腓尼基的推罗，之后进入埃及并被埃及人尊为“埃及法老”。C

4 **公元前331年春**，亚历山大再度北上，与大流士三世在高加美拉进行最后的决战，大流士再次落荒而逃，亚历山大成为波斯帝国的新统治者。D

5 征服波斯后，亚历山大继续东进至印度河流域，公元前324年，亚历山大回到巴比伦并定都于此，东征结束。E F

帝国的建立和分裂

（**前478年—前449年**）

1 亚历山大建立了一个横跨欧亚非三洲的庞大帝国，客观上第一次把东西方部分世界联为一体。

2 **公元前323年**，亚历山大病逝，帝国分裂成塞琉古王朝、托勒密王朝和安提柯王朝。

A 渡过格拉尼库河

公元前334年，亚历山大东渡今达达尼尔海峡，与波斯军队相遇于格拉尼库河，双方随即发生了一场激战。最后由于波斯王大流士三世的轻敌导致了波斯骑兵溃退，亚历山大取得了第一战的胜利。

图中是画家Francesco Salvatore Fontebasso所创作的油画《渡过格拉尼库河》，画中描绘了亚历山大率领大军与大流士三世作战的场景。

B 伊苏斯战役

从公元前334年到公元前332年，亚历山大征服的地方从黑海扩展到尼罗河流域。公元前333年，他率兵南进与大流士三世会战于叙利亚的伊苏斯城郊，在此战中大败大流士。之后，亚历山大占领了腓尼基的城邦比布罗斯和西顿。

图中是庞培农牧神宫中名为《伊苏斯战役》的镶嵌画，画中是参加战役的亚历山大。

C 征服埃及

亚历山大进入埃及后，兵不血刃地征服了埃及，并被埃及人尊为“太阳神之子”、“法老的合法继承人”，受到了当地贵族的热情欢迎。他与祭司达成协议，享有法老的权力。

图中是卢索尔神庙改成的教堂，教堂内壁上刻有法老装扮的亚历山大，他正向面前的古埃及畜牧神致敬。

D 攻占巴比伦

公元前331年，亚历山大再度北上，与大流士三世在亚述古都尼尼微近郊的高加美拉进行最后的决战，史称“高加美拉战役”。亚历山大从容布阵，奋勇冲杀，大流士再次落荒而逃，包括波斯都城巴比伦和苏萨在内的半壁江山落入亚历山大之手。

图中描绘了亚历山大攻占巴比伦的场景，大流士落败而逃后，波斯人不再抵抗，打开了巴比伦的城门。

E 亚历山大凯旋

公元前330年，亚历山大成为波斯帝国新的统治者，但是他对外扩张的野心并未得到满足。他在中亚转战三年，于公元前327年进入印度西北部，很快征服当地各邦。但是当他打算继续东侵时遭到部下的强烈反对，只好班师回朝。公元前325年，亚历山大回到巴比伦并定都于此，自此十年东征结束。

图中是画家勒·布朗绘制的油画《亚历山大凯旋》，取得了胜利的亚历山大头戴战盔，目光微垂，俯视着战车下对他欢呼的民众。

F 宫廷礼仪

为了巩固自身的统治，亚历山大在被征服的地区都以合法继承人自居，他恢复了波斯的宫廷礼仪，让大家接受正式召见的仪式。

图中是名为《普罗基奈斯》的浮雕，上面刻画了波斯宫廷的召见仪式。波斯王端坐在宝座上，接见杰出人士，被接见的人应弯腰鞠躬并亲吻他的右手，以示尊敬。

B.C. 333　　B.C. 30

10 希腊化时期及其文化

关键词:希腊化时期　文化艺术

从前 334 年亚历山大东征到前 30 年罗马消灭托勒密王朝，这近 300 年的历史通常被称为“希腊化时代”，同时将这段时间在亚历山大帝国废墟上建立起来的一众国家称作“希腊化国家”，把他们的文化称作“希腊化文化”。

希腊化时代的文明是一种综合了古代东西方文明诸因素后而发展起来的独特的、新型的阶段性文明，它对以后的地中海地区及整个世界历史的发展都产生了深远的影响。

希腊化时期的文化	
哲学	1 斯多葛派：唯心主义的哲学流派，认为事物的发展变化由神性决定。 2 伊壁鸠鲁派：宣扬无神论，提倡寻求心灵的快乐。 3 犬儒学派：主张清心寡欲，鄙弃荣华富贵，力倡回归自然。A 4 怀疑主义：一切都不可知是该学派的核心思想。
文学艺术	1 文学上的成就不太显著，但在内容和形式上都有所创新。 2 悲剧继续问世，戏剧的主题转向了中上层市民的生活趣事。 3 艺术上出现东西方文化融合的趋势。
史学	史学继续发展，历史著作体例大为增加，出现了国别史、世界性通史、断代史以及文明史等。
宗教	希腊与马其顿的宗教相融合，并受到了西方的影响。B
科学	科学与哲学分离，各学科日益专门化。天文学成就最大，数学、地理、化学等都成为相互渗透又相对独立的学科。

A 犬儒学派

犬儒学派的创始人是安提斯泰尼，公元前3世纪时风行一时。犬儒派人士生活简朴，主张清心寡欲，力倡回归自然。他们对社会持批判态度，对一切世俗的荣誉都无所追求，实际上是一种消极的遁世主义。

犬儒学派最著名的代表人物是第欧根尼，他曾是一个银行家的儿子，因铸造伪币而被逐出了城邦。之后第欧根尼来到雅典成为安提斯泰尼的学生，开始了他的哲学之旅。

图中是第欧根尼生活的场景。

B 镀金银匾

希腊化时期的文明是一种综合了古代东西方文明诸因素后而发展起来的新型的阶段性文明，所以在这一时期的艺术品当中都能看到东西方文化融合的趋势。

图中是从阿富汗阿依·卡诺姆城中一座庙的废墟上发现的一块匾，匾上面刻着一只昂首阔步的狮子拉着一辆马车，车上坐着的分别是象征胜利的女神和亚洲的自然女神西波丽。匾的形象和它的艺术风格都显示出在希腊化时代东西方文化的融合趋势。

前700-476

罗马城建立的时间大约为公元前753年，从罗马建城到约公元前509年共和国的建立，这段时间被称为“王政时代”。王政时代结束后，罗马进入共和国时期。在各种政治力量的斗争中屋大维以胜利者的姿态结束了共和政体，帝制时代就此来临，图为复原的罗马帝国广场一角。公元3世纪，罗马帝国陷入重重危机，地方离心力加强、经济衰退、“蛮族”入侵等等问题困扰着曾经强大的帝国，罗马分裂为东、西两部分。

第三章

世界帝国——古罗马

B.C.753 B.C.700

01 罗马人的“七丘之城”

关键词:罗马建城 狼孩传说

罗马城建立的时间大约为公元前 753 年，当时的罗马尚未形成城邦，各氏族的村落散布于诸山岗之巅，各有自己的首领。到了公元前 7 世纪后期，经过联合统一，部落或部落联盟首领才转变为王。公元前 7 世纪末，大批伊达拉里亚人迁居罗马，不久建立了塔克文王朝。

罗马	
始祖	传说罗马人的始祖是阿芙洛狄忒之子即特洛伊的王子埃涅阿斯。A
传说	据传说，罗马城的建立者罗慕路斯就是埃涅阿斯的后代之一。他是国王努米托儿的女儿与战神马尔斯之子。B
建城	**公元前753年**，罗慕路斯建立罗马城，当时其范围包括了七座山丘，故又名“七丘之城”。

A 罗马人的始祖

传说罗马人的始祖是阿芙洛狄忒所生的特洛伊城的王子埃涅阿斯。特洛伊陷落后埃涅阿斯漂泊到意大利和当地国王的女儿结婚，他的后代罗慕路斯在约为公元前753年建立了罗马城。

图中是现存于那不勒斯国立考古博物馆的庞贝壁画，壁画上描绘的是埃涅阿斯在即将逃离特洛伊之前让人从他的腿上取出箭头的情景。画面左上角就是女神阿芙洛狄忒。

B 狼孩的传说

传说罗马是由一对孪生兄弟所建，即罗慕路斯和勒摩斯，他们是国王努米托雷的女儿私与战神马尔斯结合所生。当时的努米托雷被其胞弟篡位驱逐，这一对孪生兄弟也被叔父抛入台伯河。落水婴儿被一只母狼用奶汁哺喂成活，后被一猎人养育成人。长大后，兄弟俩在被弃之地建立新城。后来兄弟失睦，兄杀其弟，新城就以兄长之名正式命名为“罗马”。

图中的铜雕是这只母狼正在喂养罗慕路斯和勒摩斯这对孪生兄弟。

B.C. 753　B.C. 509

02 王政时代的罗马

关键词:王政时代 库里亚大会

从罗马建城到公元前 510 年共和国的建立，这段时期被称为“王政时代”，在此期间，罗马受到了七位国王的统治。前四王时期，罗马是一个大的部落联盟，实行军事民主制；后三王时期，罗马已完成了向奴隶制国家的转变，王权真正建立起来。王政时代最后一个王——“高傲者”小塔克文为政暴虐，独断专横，引起了人民的强烈不满。公元前 509 年，人民起义驱逐了塔克文家族，推翻了王政，建立了共和制，罗马历史翻开了崭新的一页。

王政时期		
前四王时期	国王	前四王时期国王依次分别为：罗慕路斯 A 、努玛、图努斯、安库斯。
	管理机构	1 “库里亚大会”，由王召集，凡成年男子皆可参加，有权处理公社最重要的问题。B 2 由300个氏族长组成的元老院，真正拥有审批或否决库里亚会议决议之权。 3 国王集军事首长和最高祭司职能于一身，由选举产生。
后三王时期	国王	后三王时期的罗马已完成了向奴隶制国家的转变，王权真正建立起来。国王依次分别为：老塔克文、塞尔维乌斯和小塔克文。
	管理机构	1 按财产多少把公民划分为五等，确定其相应的义务与政治权利。 2 创设森都里亚大会，取代库里亚大会成为新的公民大会。 3 建立新的地域部落代替原来按照血缘建立的关系。

A 罗马与萨宾之战

罗慕路斯是罗马的第一个王，他统治时期的最著名事件莫过于抢劫萨宾妇女。传说罗马建成后因缺少妇女繁衍后代，罗慕路斯便举行盛大聚会吸引众人过来参加。在聚会上，罗马人趁乱抢走了几百名萨宾妇女，受辱的萨宾人因此向罗马宣战。后来已为罗马人之妻的被劫持妇女出来阻止这场战争，两个部落才休战，签订和约，合而为一。

图中是法国画家雅克·路易·大卫所创作的《萨宾妇女》，画中描绘的就是萨宾妇女阻止战争的场景。

B 库里亚大会

王政时代前期，罗马的军事民主制主要有三大主要管理机构，分别是库里亚大会、元老院和国王。库里亚大会用来决定公社的一切重要问题，如通过或否定法律、宣战等。

图中所示的是重建后的库里亚，左右两侧的大理石台阶即是300位元老院议员的座位席，大厅的上座留给主持会议的议员。

B.C. 509　　B.C. 287

03 共和国的曙光

关键词：共和国 十二铜表法

公元前 510 年，王政时代结束，罗马迎来了共和国时期。从贵族中选举产生的执政官取代了国王成为新的国家首脑，垄断了国家的权力。为此，平民与贵族之间的矛盾日趋尖锐，从公元前 5 世纪到公元前 3 世纪，二者之间斗争了两百多年。在此过程中，平民的政治、经济、法律和社会地位确实有明显提高。

平民与贵族的斗争是罗马早期共和国最重要的政治事件，此间新法律的制定和新官职的设立使罗马的国家机器更加完善，为它向地中海周边地区的大规模扩张奠定了基础。

共和国的曙光

共和体制	1 两名执政官任期一年，权力相等，只有意见一致时才能行使职权。 2 元老院把握着在国家处于紧急状态时自命独裁官等重要实权。
平民与贵族的斗争	1 **公元前494年**，罗马同邻近部落发生战争，平民通过不合作的“撤离运动”迫使贵族妥协，承认平民有权选出两名保民官。 2 **公元前450年—前449年**，罗马制定了历史上第一部成文法典《十二铜表法》，第一次以成文的形式规定了公民的权利与义务，制约了贵族的滥权。A 3 **公元前445年**，坎努利乌斯法案通过，废除了平民不得与贵族通婚的限制，取消贵族和平民之间的血缘差别。 4 **公元前376年**，李锡尼和绥克斯图法案通过。平民得以进入罗马的权力机构，担任各种高级官职。 5 **公元前326年**，波提利乌斯法案获得通过。该法案废除了债务奴隶制，成为罗马平民走向自由的开端。 6 **公元前287年**，霍腾西乌斯法案通过，平民获得与贵族在法律上的平等地位，共和国前期的平贵斗争至此结束。B

A《十二铜表法》

公元前450年至前449年，在平民斗争的压力下，贵族被迫同意制定了《十二铜表法》，它因最初刊刻于十二块铜板上而得名。《十二铜表法》是罗马历史上第一部成文法典，条文众多，内容广泛。它第一次以成文的形式规定了公民的权利与义务，有效地避免了贵族对司法权的肆意操控，在一定程度上制约了贵族的专横和滥权。因此，《十二铜表法》既是平民反对贵族斗争的一大胜利，也是罗马法发展史上的一个里程碑。

B 平民的胜利

公元前287年，霍腾西乌斯法案通过，规定平民会议对全体罗马公民皆具法律效力，确立了平民与贵族在法律上的平等地位。至此，罗马共和国前期的平贵斗争结束。

图中是争取到自己权利的罗马平民正在杂货铺里经营自己的生意。

B.C. 500　　B.C. 272

04 征服意大利

关键词:维爱战争 萨莫奈战争

统一意大利是罗马国家发展中最重要的阶段之一，也是罗马建立霸权的重要步骤。同时，罗马对意大利的扩张也是伴随着平民反对贵族斗争相互交错进行的。公元前5世纪至前396年，罗马与伊特鲁里亚的维爱城进行了战争，最终维爱被灭。维爱战争之后罗马控制了北意大利，随后经过三次萨莫奈战争，中意大利也落入罗马的统治之中，最后，公元前272年，罗马又击退了希腊殖民城市他林敦，至此征服了波河以南的全部意大利。

征服意大利	
古代意大利	古代意大利的地理范围包括意大利半岛及其南端的西西里岛，罗马则位于意大利半岛中部。A
维爱战争	1 **公元前477年**，罗马开始征讨伊特鲁里亚的维爱城，罗马人失利，双方签订了40年停战协定。 2 **公元前428年—前426年**，第二次维爱战争爆发，罗马获胜，双方缔结20年的停战协定。 3 **公元前405年—前396年**，罗马发动第三次维爱战争，维爱城被攻陷，城中居民均被卖为奴隶。B
高卢	**公元前390年**，波河流域的高卢人大举进攻罗马，罗马失利，被索取巨额赔款。C
萨莫奈战争	1 **公元前343年—前341年**，罗马将势力扩张到了意大利中南部，与当地的萨莫奈人爆发第一次战争。D 2 **公元前327年—前304年**，第二次萨莫奈战争爆发，罗马控制了坎帕尼亚。 3 **公元前298年—前290年**，通过第三次萨莫奈战争罗马控制意大利中部，为统一全意大利打下了基础。E
希腊	**公元前282年**，罗马同希腊殖民城市他林敦发生冲突，前272年，他林敦投降。至此，罗马征服了波河以南的全部意大利。F

A 古代意大利

意大利的地理范围包括意大利半岛及其南端的西西里岛，罗马则位于意大利半岛中部。意大利气候温和，土地肥沃，非常有利于农业的发展，西西里曾是古代欧洲的粮仓。但意大利良港很少，岛屿不多，海岸线平直，航海条件比不上希腊。意大利的古代居民主要是印欧人，包括拉丁人、萨宾人、萨莫奈人、伊达拉里亚人等。

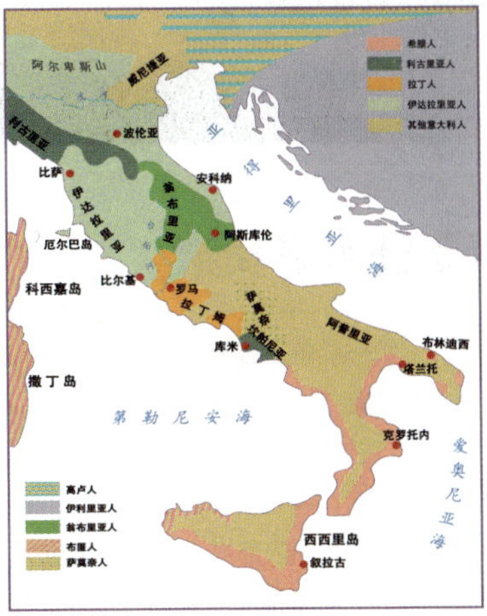

图中是公元前5世纪时意大利的地图，图中标明了意大利的地理位置和各族人的分布情况。

B 伊特鲁里亚的士兵

共和国初期，罗马面临着非常严峻的外部威胁，经常遭到东部和南部部落的骚扰和入侵，北方强大的邻居伊特鲁里亚也对其虎视眈眈。为了消除这一外部危机，罗马人进行了三次维爱战争，终于在公元前396年攻陷了罗马城东的维爱城，这是罗马征服意大利的第一步。战争的胜利使罗马控制了台伯河流域及右岸的广大地区。

图中的青铜雕像就是伊特鲁里亚的士兵，来自共和国北方最危险的对手。

C 高卢人

维爱战争之后，罗马遭到了来自波河流域的高卢人的侵袭。公元前390年高卢人进入罗马城，他们围攻卡皮托利乌姆卫城长达七个月之久，最后，高卢人接受赎金后才撤离罗马。

图中是高卢入侵后罗马人建立的防御墙，这面高达7.5米的城墙直到公元前378年才完全建成。

D 第一次萨莫奈战争

高卢入侵后，罗马经过半个世纪的战斗终于恢复了它在拉姆丁的领导地位。日益强大后的罗马开始向南扩展，与意大利的萨莫奈人发生冲突，于是从公元前343到前341年，罗马发动了第一次萨莫奈战争。

图中是坎帕尼亚的谷神星神庙。第一次萨莫奈战争后之后，罗马控制了坎帕尼亚的重镇卡普亚。

E 征服萨莫奈

第一次萨莫奈战争结束后，罗马又相继发动了第二次和第三次萨莫奈战争。三次战争均以萨莫奈的失败而告终，萨莫奈人向罗马人求和，并割让了土地。通过三次萨莫奈战争，意大利中部落入罗马的统治之中。

图中地图显示了第二次和第三次萨莫奈战争后罗马领土的变化。

F 完全征服意大利

完全征服意大利

1 公元前282年，罗马舰队驶入他林敦海湾，同希腊殖民城市他林敦发生冲突。

2 公元前280年，伊庇鲁斯国王皮洛士出兵援助他林敦。皮洛士虽两次击败罗马军队，但损失巨大，得不偿失，最终被罗马击败，退回希腊。

3 前272年，他林敦投降，罗马至此征服了波河以南的全部意大利。

B.C. 264　　B.C. 146

05 布匿战争

关键词:迦太基 布匿战争

罗马统一了意大利半岛后，便把扩张的矛头转向了西地中海的迦太基。公元前 264 年到公元前 146 年间，罗马与迦太基进行了 3 次战争。因罗马人称腓尼基人为“布匿”，所以双方之间的战争被称为“布匿战争”。第一、第二次布匿战争是双方为争夺西部地中海霸权而进行的扩张战争，第三次布匿战争则是罗马以强凌弱的侵略战争。第三次布匿战争后，罗马征服了迦太基，并使之成为罗马的一个行省。

布匿战争	
背景	1 罗马统一了意大利半岛后，将扩张的矛头转向了西地中海。 2 公元前3世纪，迦太基成为地中海最强大的国家之一，与罗马呈对峙之势。A
第一次	**公元前264年—前241年** 为争夺西西里岛的墨西拿，罗马与迦太基之间爆发第一次布匿战争。迦太基战败被迫求和，将西西里及其附近利帕里群岛让给罗马，罗马遂在西西里建立第一个行省。B
第二次	1 **公元前217年春**，迦太基军队侵入意大利中部，在特拉西梅诺湖歼灭罗马军队。C 2 **公元前216年**，罗马军队在坎尼会战中被汉尼拔军队歼灭，意大利的很多城市臣服迦太基。D 3 **公元前209年**，罗马进入反攻阶段，攻占了迦太基人建在伊比利亚的新迦太基城。 4 **公元前202年**，迦太基在扎马战役中被罗马击败。迦太基失去所有伊比利亚半岛的领土。E
第三次	迦太基战败后，到公元前2世纪时又迅速复兴。对此忌恨的罗马于公元前149年向迦太基宣战。迦太基遂被摧毁，设为罗马行省，独立的迦太基国家不复存在。F G H

A 迦太基

迦太基位于今北非突尼斯，原是腓尼基人在公元前8世纪初建立的殖民城市。它是商业活跃的国家，大约从公元前600年开始就通过战争排挤了其他商人和殖民者，垄断了地中海的贸易。到公元前3世纪，迦太基已经成为地中海最强大的国家之一。

图中描绘的就是繁荣的迦太基城。

B 墨西拿事件

墨西拿位于西西里岛东北端，早在皮洛士战争期间，叙拉古就雇佣军中的一批意大利人强占了此城。公元前265年，占据此地的意大利人与叙拉古僭主发生冲突，处于不利形势。在此情况下，这些意大利人分为两派，分别求助于迦太基和罗马。迦太基抢先控制了墨西拿，引起罗马的不满。公元前264年罗马军队开进西西里，布匿战争就此揭开序幕。因此，“墨西拿事件”是第一次布匿战争的导火索。

C 特拉西梅诺湖战役

公元前217年，迦太基统帅汉尼拔率军侵入意大利中部。大胆冒险穿越阿尔努斯河下游的沼泽地，绕过罗马执政官弗拉米尼军团的坚固阵地，向南意大利佯动。弗拉米尼获悉敌方动向后，为了阻止汉尼拔向罗马进发，在执政官塞维利乌斯的军队赶到之前便开始追击。罗马的军团行进时既不侦察也不警戒，迦太基人利用这点在特拉西梅诺湖和群山之间狭窄的通道上设下埋伏。拂晓时罗马人（3.1万人)进入该通道，遭到突然袭击。浓重的晨雾对设伏十分有利。罗马军团还没有来得及转换成战斗队形，就在白刃战中溃退，被赶进湖中，共死亡1.5万多人，其余皆被俘。汉尼拔军约损失1500人。

D 坎尼战役

第一次布匿战争后，罗马人并未满足于眼下的胜利，而迦太基也不甘心于已有的失败，战后在西班牙建立新迦太基城，伺机反击罗马。双方于前218年爆发了第二次布匿战争。公元前216年，迦太基卓越的统帅汉尼拔率领军队与罗马军队会战于坎尼，即著名的坎尼战役。汉尼拔用半月型战阵围攻罗马军队，打败了罗马。

图中是保存在罗马博物馆的壁画，画中描绘了在坎尼战役中取得胜利的汉尼拔。

E 扎马战役

坎尼战役的失败，罗马举国震动，统治者一方面重新组织军事力量与汉尼拔周旋，另一方面派军攻克新迦太基城，切断了汉尼拔的后方支援。同时罗马人也找到了自己的优秀统帅西庇欧。双方于前202年决战于扎马，汉尼拔被打败，第二次布匿战争结束。迦太基从此失势，完全成了罗马的附属国，罗马控制了西地中海。

右图是画家阿勒特·皮耶科代克所创作的油画，画中描绘的是西庇欧在扎马击败汉尼拔的情景。

F 摧毁迦太基

迦太基战败后，由于其商业上的丰富积累，到公元前2世纪时又迅速复兴，这招致了罗马的忌恨，决意消灭迦太基。罗马借口迦太基破坏和约，于公元前149年向迦太基宣战，迦太基人被迫反抗。迦太基居民同仇敌忾，守城三年，最终还是在公元前146年战败。所有居民被贩卖为奴，迦太基城被夷为平地。

图中是19世纪画家爱德华·波音特所画的油画《摧毁迦太基》，罗马士兵用投石器攻打迦太基的城门。

G 行省迦太基

在向地中海扩张的过程中，罗马通过建立行省来统治当地的居民。从公元前2世纪中叶起，罗马逐渐形成一套行省的管理制度。新的行省建立时，元老院会针对此行省作出原则性的规定，然后派出十人委员会，协助征服该行省的军事统帅具体执行。行省中对罗马忠诚而友好的城市被列为自由城市，而抵抗到底的城市则被摧毁，土地充做罗马的公有地。罗马在攻陷迦太基后就在废墟上建立了一个行省，称为阿非利加。

图中是17世纪法国艺术家克劳德·奥兰所创作的油画，画面表现的是罗马殖民者正前往行省迦太基。

H 行省制度

行省制度	
概念	行省指意大利境外那些必须向罗马国家纳贡的属地。
建立	行省设置约始于公元前3世纪下半叶，公元前130年前后已建立 9个行省。随着罗马行省数目的增加，遂形成相应的管理制度。
管理	1 行省由元老院制定治理该行省的法规，包括确定行省区域范围、城镇数目及行省居民的权利和义务与应缴纳贡赋的品种与数量。 2 罗马对行省采用包税制，行省的土地、资源等被宣布为罗马国有财产，由国家经营、转让或出租。 3 元老院向每个行省委派总督1人、副总督3人和财务官1人。总督通常由卸任的执政官担任，在行省内拥有生杀予夺大权。

B.C. 215　B.C. 148

06 对东地中海的征服

关键词:东地中海 希腊

为了彻底征服府地中海，布匿战争之后罗马继续向东扩张，先后发动了三次马其顿战争和一次叙利亚战争。马其顿战争和叙利亚战争之后罗马征服了希腊和小亚细亚，并在埃及建立了保护国。至此，罗马人控制了整个地中海周边地区，版图跨越欧、亚、非三洲，奠定了以后罗马帝国的框架。

征服东地中海

战争

1 **公元前215年—前148年**，罗马发动了四次**马其顿战争**，将马其顿变为罗马的一个行省。A B

2 **公元前132—公元前129年**，为反对本国奴隶主的压迫及罗马的兼并，帕加马爆发了大规模的奴隶起义，后被罗马联合其奴隶主残酷镇压。帕加马被罗马吞并，置为亚细亚省。

结果

罗马控制了东地中海，建立起了横跨欧、亚、非的三洲的大帝国。

影响

通过对希腊的征服，希腊的文化与习俗为罗马人所接受，其文化发展出现了**希腊化**的现象。C

A 战斗中的希腊战士

控制了西地中海的罗马并不满足于现状，继续向东扩张，从公元前215年至公元前168年间，罗马又发动了三次马其顿战争。马其顿战争后，罗马确立了其在希腊的统治地位。至此整个地中海变成了罗马的内湖，罗马达到了称霸地中海的目的。

图中是出土于公元前2世纪的石棺细部，上面刻画的是希腊战士对抗罗马士兵的情景。

B 被征服的雅典

在对希腊的战争中，希腊城邦遭到罗马军团的血腥洗劫，雅典这个古老的都城也难逃劫难，在战争中遭到了严重的破坏。作为曾经的政治中心，雅典成为罗马征服希腊的标志。罗马在征服雅典的过程中也吸收了它古老璀璨的文明，后来这座城市成为罗马帝国的大学中心。

图中是雅典古城的遗址，被破坏过后的雅典在郁葱的草木中只留下了断壁残垣。

C 希腊化的神庙

征服希腊的战争对罗马来说得到的不仅是财富和土地，同时还有古希腊璀璨的文化和艺术。罗马向东拓展的过程中直接接触到了希腊的文化中心，希腊的知识分子和手艺人开始为罗马服务，公元初期罗马的高度发展的文化就是由此经验中萃取而来。

图中的神庙就是在希腊文化影响下建造的神庙。

B.C. 137　B.C. 132　B.C. 104　B.C. 101

07 西西里奴隶大起义

关键词:西西里 奴隶起义

罗马在对外扩张取得重大胜利的同时，其国内的奴隶制经济也获得极大发展，奴隶主对奴隶的剥削和压迫也日益严重。奴隶不堪忍受奴隶主的残酷统治，于公元前 137 年在西西里爆发了第一次奴隶大起义。之后起义风云迭起，公元前 104 年，西西里岛又爆发了第二次奴隶大起义。这两次起义都被罗马统治者残酷镇压，起义的奴隶大多被处死。西西里奴隶起义虽然以失败而告终，但却沉重地打击了罗马奴隶主的统治，揭开了共和国后期大规模社会斗争的序幕。

西西里奴隶大起义

背景

1 西西里土地肥沃，奴隶制大田庄聚集，奴隶众多，有利于组织反抗斗争。

2 奴隶主的残酷统治使奴隶与奴隶主之间的矛盾激化。

A B

第一次起义

1 **公元前137年**，叙利亚籍奴隶攸努斯发动起义，后与克里昂领导的阿格里琴托的奴隶起义队伍联合占领了恩那城，建立了政权，称“新叙利亚王国”。

2 **公元前132年**，起义被罗马执政官鲁皮留镇压下去，克里昂阵亡，攸努斯被俘后死于狱中。

第二次起义

1 **公元前104年**，因西西里总督受贿中止释放奴隶，赫拉克利亚城首先爆发奴隶起义，起义领袖萨维阿斯被拥立为王。

2 随后，起义军与雅典尼昂领导的起义军在特里奥卡拉城会合，并定都于此，设立了议事会和民众大会。

3 **公元前 101年**，起义被执政官阿克维利乌斯残酷镇压。

A 被压迫的奴隶

西西里土地肥沃，素以粮仓而著称，被划为罗马的行省后，这里的肥沃土地被罗马奴隶主占有。他们建立起大农庄，驱使奴隶从早到晚劳动，并残酷剥削和压榨奴隶。这种情况下，奴隶主与奴隶之间的矛盾日益激化。

图中是公元4世纪发现于西西里岛上皮阿萨·阿美利纳豪宅的镶嵌壁画，画中极少见地描绘了奴隶受虐待的景象。

B 奴隶贸易

罗马共和国后期，西西里岛先后爆发了两次大规模的奴隶起义。这两次起义都得到了奴隶们的积极响应，沉重地打击了奴隶主的统治，但最后均被罗马统治者镇压。

西西里奴隶起义的根源是奴隶主的残暴统治，当时的奴隶甚至被视为主人的财产，可以随意出售。

图中是爱琴海的得洛斯岛，被罗马征服后它成为一个自由港口和奴隶贸易中心。

B.C. 133　　B.C. 78

08 改革和独裁

关键词:马略改革 苏拉独裁

西西里奴隶起义发生的同时，罗马社会内部进行了一系列改革。首先，格拉古兄弟掀起了以土地改革为中心的社会改革运动，接着军人出身的马略进行了一系列军事改革。马略的军事改革解决了罗马因小农衰微导致的兵源枯竭问题。但改革也使原来的公民兵变成了长期服役的职业军队，造成了一些军事将领的拥兵自重，为日后苏拉的军事独裁政治创造了条件。

改革与独裁

格拉古兄弟改革	原因	1 罗马土地集中程度加剧，破产农民迫切要求重新获得土地。 2 鉴于农民破产有损兵源和安定，有识贵族也希望开展土地改革。A
	经过	**公元前133—前121年**间格拉古兄弟先后推行了以土地问题为中心的改革活动。
马略改革	原因	1 格拉古兄弟改革未解决兵源问题。 2 罗马在对抗北非努米底亚国王的朱古达战争中战败。 3 **公元前107年**，马略当选执政官，开始实行军事改革。B
	改革	马略实行军事改革结束了罗马的公民兵制度，使公民兵变成长期服役的职业军队。C
同盟者战争		**公元前90年—前88年**，罗马的意大利“同盟者”为争取与罗马的平等地位发动了武装抗争，争取到了公民权。D
苏拉独裁		1 恢复独裁官的职位，任期不限。E 2 恢复了元老院旧日的权力和特权。

A 格拉古兄弟改革

为了解决罗马的兵源问题，公元前134和公元前123年，罗马贵族出身的提比略·格拉古和盖约·格拉古兄弟先后进行了改革。格拉古兄弟改革主要以限制豪强兼并土地，保护小农利益为主，这触犯了元老贵族的利益，改革最终以格拉古兄弟被谋害而告终。

图中是格拉古兄弟衣冠冢上面的铜像，用来纪念他们对罗马的贡献。

B 马略

马略出身贫民，公元前107年任共和国执政官。公元前106年，马略偕部将苏拉进军北非，结束朱古达战争，凯旋罗马。他任职期间，针对罗马当时军队兵源匮乏的情况，进行了一系列军事改革。公元前88年，马略在与苏拉的权势之争中落败，逃亡北非。次年马略攻占罗马，第7次任执政官，不久病逝。

C 马略改革

马略改革

1 以募兵制代替征兵制。马略改革打破了公民兵制的财产限制，实行募兵制大大改善了兵源不足的状况。

2 延长士兵服役的年限。募兵制实行以后，士兵的服役年限相应延长至16年。此外，老兵退役后可以从国家那里分得一块份地作为补偿。

3 实行固定的军饷报酬。士兵的薪饷和武装由国家供给以保证士兵的生活。

4 改革军队编制，调整战术队形。随着军队性质的改变，军队人数也随之扩大，针对当时的军队组织和战术队形马略也作了相应的改革。

5 统一武器装备。马略改革中规定，所有重装步兵一律配备杀伤力极大的投枪和短剑，武器的改进和统一大大地提高了整个军团的作战能力。

D 同盟者战争

罗马行省中的自由城市分为同盟和非同盟城市两类，前者的地位较为稳定，后者则根据元老院的法令来取得地位。罗马征服意大利后，众多同盟者在政治之上没有公民权，却要为罗马提供军饷和辅助部队，这引起了同盟者的强烈不满。公元前90年至公元前88年，同盟者为争取平等地位掀起了一场反对罗马的武装抗争，史称“同盟者战争”。这次战争之后，意大利人获得了罗马公民权，促进了罗马人和意大利人的融合，为罗马意大利民族的形成奠定了基础。

E 苏拉独裁

苏拉原是马略手下的一个部将，因在同盟战争中立下赫赫战功逐渐声名鹊起。公元前89年，苏拉在与马略争夺米特拉达弟的战争指挥权中取得了胜利。随后，在元老院的支持下，苏拉被“选举”为终身独裁官。为了巩固其独裁统治，苏拉恢复了元老政体，贵族重获了旧日的特权，保民官权力被剥夺殆尽，罗马共和国形同虚设。

苏拉独裁是在罗马奴隶制城邦处于严重危机的情况下，元老贵族企图挽救其衰败命运而采取的个人军事专政。因此苏拉的独裁统治并没有解决罗马所面临的问题，反而使局势更加恶化。公元前79年，苏拉放弃独裁官职位隐退，次年死去。在苏拉死后不久，他所颁布的法律随即被废弃。但是，苏拉独裁统治的形式为后来的野心家开创了先例。

B.C. 73 B.C. 71

09 斯巴达克斯起义

关键词:意大利 斯巴达克斯

公元前 73 年到公元前 71 年，意大利本土爆发了举世闻名的斯巴达克斯起义。这是在西西里奴隶起义的二十五年后，又一场轰轰烈烈的奴隶大起义。连续的奴隶起义沉重打击了罗马的奴隶主阶级，削弱了罗马国家的政治军事力量，加速了罗马政体由共和制向帝制过渡的历史进程。

斯巴达克斯起义

	斯巴达克斯起义
背景	1 根本原因是奴隶主的残酷统治导致阶级矛盾激化。 2 直接原因是角斗士不堪忍受非人待遇，遂爆发起义。
领袖	斯巴达克斯（约前120年—前70年），色雷斯人，曾服役于罗马军队，后为争取自由而逃走，被俘卖为奴。A
经过	公元前73年，斯巴达克斯领导卡普亚的角斗士发动起义，至公元前72年，起义队伍已壮大至12万人。公元前71年，起义被罗马大奴隶主克拉苏镇压。B
影响	1 沉重打击了罗马奴隶主阶级，削弱了罗马国家的政治军事力量。 2 动摇了罗马共和国的统治秩序，加速了罗马政体由共和制向帝制过渡的历史进程。 3 推动了奴隶制生产关系的变化，导致隶农制的剥削形式逐渐增多。

A 英勇的斯巴达克斯

斯巴达克斯是色雷斯人，曾服役于罗马军队，后为争取自由而逃走，被罗马军队俘虏沦为角斗士。公元前73年，斯巴达克斯被卖到卡普亚城角斗士训练所，要在角斗场上互相残杀或与野兽相搏，以供罗马人取乐。斯巴达克斯和他的伙伴们不堪忍受角斗士的悲惨境地，决定起义。

B 斯巴达克斯起义

公元前73年，斯巴达克斯在卡普亚发动起义。起义得到奴隶的纷纷响应，队伍一度壮大至12万人，活动范围几乎遍及意大利南部。受到威胁的罗马统治者任命大奴隶主克拉苏全力镇压起义，公元前71年，斯巴达克斯在战斗中牺牲，其余部仍继续战斗达十年之久。这次起义沉重的打击了奴隶主的统治，加速了罗马政体由共和制向帝制过渡的历史进程。

图中是起义军和罗马军行军路线以及重大战役发生的年代和地点。

B.C. 60　　B.C. 44

10 “前三头”结盟与凯撒独裁

关键词:克拉苏 庞培 凯撒

斯巴达克斯起义平息后，罗马落入“前三头同盟”的政局之中。所谓的“三头”分别指的是：克拉苏、庞培和凯撒。其中，克拉苏于前 53 年在帕提亚阵亡，“三头同盟”遂成为“两头对峙”。

克拉苏死后，在高卢节节胜利的凯撒气势渐长，引起了庞培与元老院的恐慌，于是双方决定联手压制凯撒。凯撒遂率兵占领罗马，一场新的内战随即爆发。公元前 45 年，内战以凯撒的胜利暂告结束，凯撒被元老院任命为终身独裁官。继苏拉后，罗马又一次迎来了独裁的统治。

前三头政治

三头结盟

1 斯巴达克斯起义平息后，罗马的权力真空被凯撒、克拉苏，庞培三巨头填充。A B C

2 **公元前60年**，秘密政治同盟结成，史称“前三头同盟”。D

3 **公元前56年**，为了加强同盟团结，三头在埃特鲁里亚的路卡举行会议，史称“路卡会议”。

4 **公元前53年**，克拉苏在帕提亚阵亡，“三头同盟”遂成为“两头对峙”。

三头火拼

1 **公元前49年**，凯撒势力坐大，遭元老院和庞培的压制。凯撒进军罗马，庞培和元老贵族逃亡希腊。

2 **公元前48年**，双方在法萨卢展开决战，庞培战败，逃至埃及后被杀。E

恺撒独裁

1 **公元前45年**，凯撒被元老院任命为终身独裁官。

2 进行政治改革，调整元老院构成成分，选一些非贵族出身的官员进入元老院。

3 在经济上实行直接税并在各行省分配土地给退伍老兵和贫苦农民。

4 **公元前44年**，凯撒被刺于元老院议事厅，凯撒独裁结束。F

A 凯撒凯旋

凯撒出身于名门贵族，与民主派领袖有着密切的关系，在平民中颇有威望。出于政治的需要，他成为前三头政治同盟的一员，并当选为公元前59年的执政官。执政官期满，凯撒出任高卢总督，于公元前52年镇压了高卢起义，山北高卢并入罗马版图。凯撒权势增长，一时名声大噪。

图中是文艺复兴时期的一幅油画，描述了凯撒打败高卢后凯旋的场景。

B 克拉苏

克拉苏是古罗马著名的军事家和政治家，曾协助苏拉在内战中夺权建立独裁统治。通过奴隶贸易、经营矿产等手段，克拉苏积攒了万贯家财，成为罗马的大财阀。公元前72年至前71年期间，克拉苏带领罗马军队残酷地镇压了斯巴达克斯起义，从此在政治上崭露头角，成为“三头政治同盟”中的一员。

C 庞培

庞培是罗马统帅，他骁勇善战，于公元前66—前65年征服本都，平定了叙利亚一带，权力到达顶峰。公元前60年，庞培当选为执政官，成为“前三头同盟”的一员。但凯撒势力的增长，引起了庞培的嫉妒，元老院也对此感到恐慌。公元前52年，庞培与元老院合作共同压制凯撒，庞培被任命为“没有同僚的执政官”，实际上开始了他在罗马的独裁统治。

图中的庞培雕像，由雕塑家吉利奥·马佐尼1540年雕于罗马。

D “前三头同盟”

前三头同盟	
三头同盟协议	1 恺撒当选前59年的执政官。 2 恺撒在任期内设法批准庞培在东方所实行的各项措施，并设法通过一些有利于骑士的法案。
路卡会议	1 恺撒续任高卢总督五年。 2 庞培和克拉苏则出任公元前55年的执政官，任满后庞培出任西班牙总督。 3 克拉苏则为叙利亚总督。

E 法萨卢之战

公元前53年，克拉苏在对安息帝国的战争中阵亡。克拉苏死后，三头同盟只剩两头对峙。凯撒在高卢节节胜利使其势力日渐坐大，引起了元老院和庞培的恐慌。公元前49年，元老院意图卸除凯撒的权力，责令其在高卢任期满后解散军队，否则以公敌论处。恺撒拒绝，断然进军罗马，庞培和元老贵族被迫逃亡希腊。公元前48年，双方在法萨卢展开决战，庞培战败，逃至埃及后被杀。自此，前三头只剩凯撒一人。

F 刺杀凯撒

公元前45年，凯撒被元老院任命为终身独裁官。为加强统治，恺撒在元老院内安插亲信，并将土地分给各行省的退伍老兵和贫苦农民，这触犯了元老院贵族的实际利益，遭到他们的强烈反对。公元前44年，共和派贵族将恺撒刺死，恺撒独裁结束。

图中是画家凡山卓·卡布奇所绘制的油画，名为《凯撒的暗杀》。画中表现了凯撒在元老院被刺杀的场景。

B.C. 43 B.C. 27

11 “后三头”政治与共和国的覆灭

关键词:屋大维 安东尼 后三头政治

恺撒的统治结束后，罗马迎来了政坛上的三位重要人物，他们分别是恺撒的大将安东尼，恺撒的直接继承人屋大维，骑兵长官雷必达。三人于公元前 43 年公开结成政治同盟，史称“后三头同盟”。

“后三头同盟”后期，庞培之子势力日益增强。公元前 36 年，屋大维联合雷必达肃清了庞培之子势力，并在此过程中解除了雷必达的军权。接着屋大维又在亚克兴海角战役中除去了安东尼，至此屋大维完全掌握了罗马的统治权。此后在屋大维一系列的改革中，罗马迎来了帝制时代。

“后三头同盟”

三头结盟

1 恺撒死后，罗马政坛上又出现了三位重要人物：屋大维、安东尼和雷必达。A B

2 **公元前43年**，安东尼、屋大维和雷必达公开结成政治同盟，史称“后三头同盟”。C

3 **公元前40年**，三头重新划分势力范围，安东尼统治东方行省；屋大维统治西方行省，雷必达统治阿非利加，意大利由三人共管。

4 **公元前36年**，屋大维肃清了庞培之子的势力，又解除了雷必达的军权，形成了与安东尼的两头对峙的局面。

两头对峙

1 **公元前37年**，安东尼与埃及女王克里奥帕特拉的结合为屋大维进攻埃及落下口实。

2 **公元前32年**，屋大维正式向埃及宣战。D

3 **公元前31年**，屋大维军与安东尼决战于亚克兴海角，屋大维获得胜利。E

4 **公元前27年**，屋大维凯旋罗马，元老院赠与他“奥古斯都”的称号。F

A 屋大维

屋大维是凯撒的甥孙，公元前44年，被凯撒收为养子并指定为继承人。凯撒遇刺后，他接管了凯撒的部分权力。公元前43年，他与安东尼、雷必达结成“后三头同盟”，三方协议分治天下五年。这种瓜分而治的协议后来由罗马公民大会予以正式批准，从此，这种违反共和原则的“三头政治”具有了公开法定的性质。

图中是屋大维的雕像。

B 安东尼

安东尼是凯撒的支持者，凯撒独裁后，他成为凯撒最重要的军队指挥官和管理人员之一。凯撒被刺后，作为凯撒的骑兵统帅，安东尼与屋大维和雷必达一起组成了后三头同盟。公元前33年，后三头同盟分裂。公元前30年，安东尼与埃及女王克利奥帕特拉七世一同自杀身亡。

C “后三头同盟”

后三头同盟协议

1 安东尼统治高卢。

2 屋大维控制阿非利加、西西里与撒丁尼亚。

3 雷必达担任公元前42年的执政官，掌握西班牙。

4 意大利和罗马由三人共治。

5 安东尼、屋大维负责征讨占领东方行省的共和派。

D 向埃及宣战

公元前36年，屋大维解除了雷必达的军权后，遂与安东尼呈两头对峙。安东尼与埃及女王的婚礼正好为屋大维向东方进军提供了口实。公元前32年三头权限期满，屋大维正式向埃及女王宣战。

图中这幅油画描绘的是安东尼去见克利奥帕特拉女王，此时的女王正坐在自己装饰华丽的小舟上。

E 亚克兴海角战役

公元前31年屋大维与安东尼联军决战于希腊西海岸的亚克兴海角。亚克兴海角战役是罗马内战史上最重要的一次海战，也是罗马内战结束的标志。战争的结局以屋大维获得胜利而告终，安东尼与克利奥帕特拉逃往埃及双双自杀，此后埃及被并入罗马版图，成了罗马帝国的一个行省。

图中的油画描绘的就是这一场著名的海战，双方的士兵正手持长矛在战船上奋勇迎战。

F 屋大维凯旋

亚克兴海角一战之后，长期陷于内战和分裂的罗马重新统一起来。公元前27年，屋大维凯旋罗马后，元老院赠与他“奥古斯都”的称号。之后，屋大维建立了元首制，实行个人军事独裁，罗马迎来了帝制时代。

图中的阿哈·巴西斯的浮雕，完成于公元前13年。浮雕表现的是罗马人民庆祝奥古斯都返回罗马的场景，不同的服饰代表各自不同的身份。

B.C. 509　　B.C. 27

12 罗马共和国的文化

关键词:共和国 文化

早期的罗马受伊达拉里亚和希腊文化的影响，特别是希腊半岛对罗马的影响最大。随着不断地对外扩张，罗马先是兼并了南意大利的希腊殖民城邦，后又征服了希腊半岛，于是优秀的希腊艺术作品和各种科学著作大量传播到意大利，对罗马文化的发展产生了巨大的影响。因此，罗马人在吸收许多民族文化的基础上创造出了独特的拉丁文化。

共和时期的文化	
宗教	1 多神教是罗马的原始宗教信仰。A 2 与东方国家发生接触后，罗马也出现了对东方神祇的信仰。B 3 盛行对祖先的崇拜是罗马宗教的另一大特点。C
文学	1 **公元前3世纪**罗马才开始出现真正的文学创作，安德罗尼库斯是罗马历史上的第一个诗人，首次将《奥德赛》译成拉丁文。 2 **公元前2世纪**罗马出现了戏剧的繁荣，阿克齐乌斯和普劳图斯分别是著名的悲剧和喜剧作家。D
史学	布匿战争期间罗马才出现了真正的历史著作，老加图是罗马史学的真正奠基者，其代表作为《创始记》。E
哲学	1 罗马的哲学注重实用，共和后期罗马调和了希腊哲学的各种思想，形成了罗马的折中主义。西塞罗是其中典型的代表人物。F 2 卢克莱斯是共和后期唯物主义哲学的主要代表人物，他继承了伊壁鸠鲁的“原子论”，认为世界都按物质本身的特有规律发展。
法律	罗马最古老的成文法是《十二铜表法》，它制定于公元前5世纪中叶，是习惯法的汇编，后来成为罗马法发展的基础。

A 卡匹托尔山三神

罗马的原始宗教是多神教，后来受到希腊的影响才开始出现拟人化的神像。罗马人信奉的神祇也多模仿希腊，如罗马的守护神——卡匹托尔山的三神，他们的原型就是来自希腊宗教，希腊的天神宙斯和天后希拉被附会为朱庇特和朱诺，雅典娜被附会为密涅瓦。

图中就是卡匹托尔山的三神的雕塑，坐在中间的是天神朱庇特，朱诺坐在他的左边，坐在右边的是象征智慧女神的密涅瓦。

B 伊西斯

罗马的宗教不仅具有浓厚的希腊色彩，同时也受到一些东方国家的影响，在与东方国家接触后罗马也出现了对东方神祇的崇拜，其中之一就是埃及的女神伊西斯，她是专门司生育的和繁殖的女神。

图中出土于埃尔科拉诺的湿壁画描绘的就是祭祀女神伊西斯的场景，从画面中我们可以感受到人们对待祭祀仪式的严肃和虔诚。

C 亡人的祭拜

罗马人相信死者的亡灵是家庭和氏族的保护者，所以他们之中盛行对祖先的崇拜，在宗教仪式中也属葬礼留下的记载最多。罗马人认为人死之后仍是城邦的一部分，他们的神灵存在于世界的边缘地带，只要家属虔诚祭祀，亡人就可以继续存在，所以祭拜亡人是罗马人重要的宗教行为。

图中的雕塑表现的就是罗马人祭拜亡者的场景，祭祀的人带着祭品正站在坟墓的入口前。

D 喜剧作家

罗马的戏剧分为悲剧和喜剧两种，因为受到希腊的影响，戏剧的取材多模仿希腊，但是也有一些是反映罗马历史和现实生活。公元前2世纪罗马出现了戏剧繁荣，一批优秀的剧作家应运而生。普劳图斯就是其中之一，他一生共写了130部喜剧，流传下来的有20部，著名的有《孪生兄弟》、《一坛黄金》和《撒谎者》。

图中的马赛克画像表现的就是普劳图斯戏剧中的一个场景，这幅画作出土于苏斯城，完成于公元3世纪。

F 西塞罗

在哲学思想方面，罗马人不像希腊人那么善于思辨，而是比较注重实用。共和国后期，罗马人调和了希腊各派哲学中的思想，形成了罗马的折中主义，西塞罗便是其中最典型的代表。他在哲学方面的创作有《论至善和至恶》《论神性》等。他是第一个将古希腊哲学术语译成拉丁文的人，他的文体被誉为拉丁文的典范，对后世有着重要的影响。

图中就是西塞罗的雕像。

E 老加图

老加图在拉丁文学的发展方面有重大影响。他是第一个使用拉丁语撰写历史著作的罗马人，也是第一个值得一提的拉丁语散文作者。在他之前，罗马主要的文学语言是希腊语。老加图的著作有《创始记》，是一本历史著作，讲述罗马自建城以来到第二次布匿战争结束的历史，也包括意大利其他城邦和部落的历史。该书分为7卷，其中第4、5卷是专门记述布匿战争的。全书已失，仅存一些被其他古典作家引用的片断。《农业志》是一本论述奴隶制大庄园经济的著作，全文尚存，是老加图最受赞誉的作品，大约完成于前160年。此书对于研究意大利前2世纪的经济状态有重大意义。

B.C. 29　　B.C. 14

13 “奥古斯都”的统治

关键词:奥古斯都 屋大维

公元前 29 年，作为内战最后的胜利者，屋大维返回罗马，被元老院授予“奥古斯都”的美誉，成为罗马唯一的掌权者。屋大维在统治期间开创了“元首制”，用首席元老和第一公民的名义来对罗马进行统治，它保留了共和时期的各种政治机构和官职，利用旧的统治形式行新的君主统治之实。这一制度使罗马和平延续了几个世纪。屋大维统治期间，罗马政治稳定、经济发展、文化昌盛，被称为罗马的“黄金时代”。

公元 14 年，屋大维病逝，其继子提比略继承元首位。

“奥古斯都”的统治	
政治	1 保护贵族及有产平民，对奴隶实行严厉的统治。 2 建立中央集权的官僚制度，借地方总督的权威直接监控行省官吏，对贪污受贿严加惩处。A 3 增设元首亲自监督的中央集权制法庭。 4 扩大兵种、整顿军队，建立近卫军，所有部队都是长期服役的职业兵。
经济	1 改造财政制度。B 2 注重公共设施建设，兴建了众多剧场、水道、浴池等。C
文化	1 颁布法令整顿社会道德，复兴罗马传统风尚。 2 恢复罗马旧宗教，力图在此基础上寻求全帝国的统一。

A 奥古斯都的神庙

屋大维建立“元首制”后开始用首席元老和第一公民的名义来对罗马进行统治，建立了元首制的统治形式。屋大维在权力达到顶峰的同时，个人也被神化，在意大利和行省都建造了供奉他的神庙。

图中是在意大利北部城市威尼西亚修建的屋大维的神庙。

B 税收改革

从公元前2世纪中叶起行省税收已经成为罗马国家的主要经济来源，鉴于此，屋大维在建立元首制之后改革了国家的财政制度。他重新对各行省实行人口和财产普查，在此基础上确定税收的征集。屋大维财政制度改革的成功促进了罗马经济的繁荣发展。

图中的浮雕描绘的就是莱茵兰地区公民缴税的场景，税务官正在把货币倒出来，查点数额。

C 修建广场

屋大维在统治期间颁布了一系列法令，复兴古时淳朴的风尚，并且大兴土木，兴建神庙、剧场、水道、浴池，一时间罗马到处都是崭新的广场和街道，罗马城焕然一新。

图中是奥古斯都广场上居高临下的半圆形后殿，它征着国家的至高权力。

B.C. 27　　A.D.192

14 帝国的繁荣

关键词:帝国的版图 商业发展

奥古斯都统治结束之后至3世纪前，罗马先后经历了朱里亚·克劳狄王朝、弗拉维王朝和安敦尼王朝的统治。到安敦尼王朝时，罗马帝国进入了全盛时期。这一时期帝国的疆域扩大到了极点，内政的建设也进一步促进了帝国经济的发展和繁荣。而哈德良统治时还是罗马国家制度官僚化的重要发展阶段，这一时期元首权力继续加强和扩大，官僚机构日趋完善，帝国实力达到极盛。

帝国的繁荣

政治

1 朱里亚·克劳狄王朝（14—68）时几代元首或暴虐或孱弱，最后一位皇帝尼禄更是历史上著名的暴君。最终人民不堪其残暴统治纷纷揭竿而起，结束了朱里亚·克劳狄王朝的统治。

2 弗拉维王朝（69—96）时罗马进入了帝国发展的中期，元首被赋予了更广泛的权力。

3 安敦尼王朝（96—192）时，罗马帝国进入了全盛时期，被称为罗马的“黄金时代”。这一时期的繁盛主要是由图拉真和哈德良两位元首缔造的。A B C

经济

1 农业中普遍采用轮作制，并种植豆类恢复土壤肥力。出现了新的工具，如带轮的犁和水磨。

2 手工业得到显著发展，生产部门增加，产品种类繁多，分工更加细致。D

3 帝国的统一使各地交通畅通无阻，商业活动活跃起来。E

4 在手工业和商业发展的基础上，城市也达到了前所未有的繁荣。F

A 帝国的版图

安敦尼王朝时，在图拉真的扩张政策下，整个西方世界几乎都被囊括进了罗马的版图之中。无限扩张的疆域代表着罗马贵族的野心，同时也表明了罗马帝国国力的强盛。到处林立的行省和殖民地使帝国盛极一时，但是如何保护如此庞大的帝国也成为帝国军团所面临的新的难题。

图中是公元2世纪罗马帝国的版图，它显示了军队建筑的道路系统的覆盖范围，每一罗马里便有一个里程碑作为路程的标志，并赞颂修建此干道的皇帝的功绩。

B 元老院

哈德良统治时期改变了图拉真的扩张政策，转而致力于内政建设。这一时期是罗马国家制度官僚化的重要发展阶段。元首顾问会议成为国家机构的一部分，在“能者为官”的政策下官僚机构日趋完善，帝国的管理效力上升到了一个新的水平。

图中是库里亚的遗址，它是罗马帝国鼎盛时期重要的政治机构，几乎存放着罗马当时所有的官方文件。

C 哈德良长城

哈德良统治时期，罗马帝国的过度扩张，使其不得不面临来自自身的危险，如何维持现有的统治成为帝国面临的新的难题。在这种情况下哈德良下令停止对外扩张，开始对外谋求和平。哈德良长城因此建立起来，并以哈德良命名。

图中是位于不列颠岛的哈德良长城，是罗马帝国在占领不列颠时修建的，从建成后到弃守，它一直是罗马帝国的西北边界。

D 磨石工

帝国鼎盛时期，手工业生产部门增加，产品种类繁多，技术分工细密。当时罗马的手工行业多达80余种，手工业生产以小作坊为主，作坊皆临街而设，前有店铺，便于销售。使用奴隶生产的大作坊则以外销为主，其产品远销意大利各地，甚至各行省。

图中的浮雕大约完成于公元2—3世纪，描绘的是切石厂工人劳作的画面：磨石工人正在切割小砾石，其中一个工人把石头扛在肩上，像是遵从工头的命令运到工地上去。

E 罗马的港口

帝国的统一使各地的交通畅通无阻，商业活动活跃起来，区域性贸易和对外贸易都空前地兴旺发达。海上航道、陆路通道和古老的商道成为帝国贸易的动脉，商队来往，络绎不绝。

图中是在罗马港口奥斯提亚发现的坟墓图画，图中的搬用工正在向小商船上装粮食，运往首都罗马。

F 罗马的城镇

在手工业和商业发展的基础上，罗马的城市达到了前所未有的繁荣，罗马和亚历山大里亚等一些大城市成为内外贸易的枢纽和商业集散地，而在西部行省中，新的城市也纷纷兴起，成为手工业和商业中心。

图中是萨迪斯体育馆的复合建筑，该城是罗马在小亚细亚最富有、最繁华的殖民地。

B.C. 27 A.D. 192

15 帝国的文化

关键词:自然科学 哲学 文学 建筑

罗马文化是在吸收和继承希腊及东方文明的基础上形成的，同时它又在结合了罗马社会特点的情况下不断创新，发展出了自己的文化特色。在帝国繁荣的基础之上，帝国的文化也进入了兴盛时代。

帝国的文化

自然科学	1 老普林尼是罗马自然科学方面最具代表性的人物，其代表作为《自然史》，内容包括天文、地理、历史等方面。 2 罗马的地理学成就突出，斯特拉波是当时著名的地理学家，公元1世纪初就编著了《地理学》。A 3 在天文学方面，公元2世纪托勒密创作了《天文学大全》，继承并完善了地心说。 4 罗马的医学深受希腊的影响，公元2世纪时御医盖伦对解剖学、医疗学等方面的研究对西方医学影响深远。
哲学	1 罗马帝国前期，唯心主义哲学占据统治地位，最具有代表性的是主张个人道德修养的新斯多葛派。B 2 公元2世纪唯物主义哲学思想的代表人物是琉善，他抨击宗教，推崇伊壁鸠鲁的唯物论思想。
文学	罗马帝国初期被认为是罗马文学的“黄金时代”，著名的诗人有维吉尔、贺拉西和奥维德。C D
史学	帝国时代的著名历史家有李维、塔西陀、普鲁塔克、阿庇安等。阿庇安的《罗马史》是西方史学中“纪事本末体”的创始者。
建筑	帝国时期罗马建筑达到空前规模，多采用希腊营造法，普遍采用石拱结构，经久耐用，并且威严肃穆。E F

A 《地理学》

罗马帝国在扩张的同时，它的地理学也得到了极大的发展。公元1世纪初，希腊人斯特拉波就绘制过一幅包括欧洲、非洲和亚洲的世界地图。同时他还把当时西方所积累的地理知识作了总结，编著了一部《地理学》。

B 新斯多葛派

帝国前期的哲学流派里唯心主义占据着统治地位，新斯多葛派抛弃了早期的唯物论因素，宣扬宿命论和禁欲主义，完全蜕化为宗教伦理思想。随着帝国趋于衰落，新斯多葛派思想更加消沉，此时，新柏拉图派和神秘主义思潮也在罗马繁衍开来。

图中斯多葛派著名的哲学家爱比克泰德正在与哈德良皇帝谈论哲学。

C 维吉尔

维吉尔是古罗马奥古斯都时期最重要的诗人，他生于阿尔卑斯山南高卢曼图亚附近的安得斯村一个富足的农民家庭。富裕的生活使维吉尔受到了良好的教育，少年的维吉尔先后被送进克雷莫纳和米兰的学校学习。17岁时，维吉尔赴罗马学习，跟随当时最优秀的老师学习修辞学和哲学。约公元前44年，维吉尔回到故乡，一面务农，一面从事诗歌创作。其著名代表作有长诗《牧歌》、《爱奈特》、《伊尼特》，史诗《埃涅阿斯纪》。

D 艾费兹的图书馆

罗马帝国时的文学仍局限于一个狭窄的圈子，作品的传播必须通过大庭广众的阅读或赠送出去才能得以传播。图书馆的产生为文学的传播提供了另外一种方式。

图中是修建于艾费兹的图书馆，建筑物以书卷橱柜的样子为特色，这样的图书馆一般都有专业人员负责双语书籍的借阅，有些图书馆甚至还规定了开馆和闭馆的时间。

E 阿弗罗狄西亚斯的剧场

罗马人在忙碌的同时也会充分享受他们的闲暇生活，观看戏剧成为比较普遍的选择之一。受希腊的影响，罗马的剧场里上演的大多是希腊作品，但反映罗马生活的剧目也流行起来。罗马的剧场不仅用来演出剧目，还被用作举行竞技比赛的场所，如比较为人所熟知的就是角斗场。

图中的剧场位于阿弗罗狄西亚斯，剧场为半圆形，基座为大理石，看台上的石凳大约能容纳8000名观众。

F 图拉真纪功柱

图拉真广场是罗马最宏大的广场，整座广场的主体建筑于公元112年落成，而图拉真圆柱则于次年落成。广场的宏伟和壮丽包含了帝国时代罗马的精髓。广场上的图拉真纪功柱，上面螺旋式的大理石浮雕用来纪念皇帝的功绩。

图中图拉真纪功柱上的浮雕，描绘的是罗马军团与外省军团同大夏人作战的场景。

A.D.300　A.D.400

16 帝国的3世纪危机

关键词:罗马帝国 3世纪危机

3世纪以后，罗马的隶农逐渐被强制附着于土地，隶农自由身份的丧失导致了罗马农业、手工业的衰落。农业、手工业的衰落又引起商业和城市的萧条。而这时的统治集团内部纷争激烈，帝位更迭频繁，地方势力称雄削弱了中央政权，外族的入侵更加剧了政局的混乱。从3世纪开始，罗马奴隶社会爆发了全面危机，史称“3世纪危机”。

3世纪危机	
政治	1 帝位更迭频繁，政治混乱。3世纪中期，出现了“三十僭主”的分裂局面，中央政府名存实亡。A 2 国内民众起义不断，270年爆发的巴高达运动规模最大。 3 日耳曼蛮族的入侵给帝国带来严重威胁。 4 社会矛盾激烈导致罗马兵源不足，日耳曼人开始掌握军事大权。军队的蛮族化使帝国危机雪上加霜。
经济	1 奴隶制日渐腐朽，奴隶起义频繁导致农业萎缩。 2 奴隶劳动生产率低下，手工业衰落。 3 农业和手工业的衰退导致了商业萧条，城市没落。
文化	1 统治者骄奢淫逸，贪图享乐。B C 2 公民道德的丧失，好逸恶劳，基督教成为普遍的精神寄托。

A 被杀的皇帝

德西乌斯统治时期，帝国政府陷入瘫痪状态，而且北方边境还受到“蛮族”的严重威胁，251年这位皇帝在抗击“蛮族”的战争中阵亡。

图中的油画里德西乌斯皇帝正在检阅自己的军队。作为抗击“蛮族”战争中第一个被杀的帝国皇帝，他的死亡是帝国衰亡的前兆。

B 千禧年庆典

248年，菲力浦皇帝举行了一场不合时宜的千禧年庆典。当时的罗马正处于内忧外患的境地，国内政局混乱，而帝国的边境则时刻受到“蛮族”的威胁。他在位时间仅有5年，249年即被德西乌斯所取代。

图中是罗马皇帝菲力浦的雕像。

C 竞技场

陷入经济危机后，帝国的官僚体系耗费了庞大的经费开支，使国家财政发生困难。统治阶级的奢侈浪费也使罗马的社会危机进一步恶化。

图中是修建于北非突尼斯的圆形露天竞技场，即使受到“3世纪危机”的影响，罗马政府仍乐于修建如此庞大的露天竞技场。

B.C. 200 A.D.392

17 基督教的发展与演变

关键词:基督教 宗教迫害 演变

基督教大约产生于1世纪中叶，最早出现于罗马统治下的犹太下层群众中间，不久便传遍了整个罗马帝国。基督教产生初期因其具有反对阶级压迫的战斗精神而受到罗马统治者的镇压，其后，随着基督教的流传，教义也逐渐变化，原始基督教的战斗精神日趋淡化，逆来顺受的教义逐渐被提到首位，它甚至美化皇权，承认现存社会制度的合理性。

到3世纪时，基督教开始竭力宣传帝国和基督教利益的一致性，力图向奴隶主政权靠拢。而帝国的统治阶级对基督教也不再镇压迫害，开始采取宽容政策，至此基督教完全退化为奴隶主阶级进行思想统治的工具，实现了基督教与帝国政权的结合。

基督教的发展与演变

产生

1 **公元前2世纪**，犹太下层居民中流行一种宣扬“救世主”将会降临的秘密教派，基督教就此产生。

2 原始的基督教由于不信奉罗马旧神也不礼拜皇帝，遭到罗马统治集团的迫害和镇压。A

发展和演变

1 **2世纪**下半叶始，基督教的性质和地位发生了变化，希冀来世的消极思想占了上风。罗马当局对基督教的政策也由镇压变为恩威并用。B

2 罗马皇帝君士坦丁于313年颁布了米兰敕令，承认基督教的合法地位。

3 **325年**尼西亚宗教会议统一教义。

4 **392年**，狄奥多西皇帝定基督教为国教。

A 宗教迫害

原始的基督教不信奉罗马旧神也不礼拜皇帝，因此遭到罗马统治集团的迫害和镇压。他们禁止教徒举行礼拜，没收他们的财产，甚至屠杀传教者。图中是犹太教堂的壁画，描绘的即是基督教被压迫的场景，地上是被毁坏的容器以及被杀害的教众。

B 被接受的基督教

2世纪到3世纪，基督教进一步发展，教会日益增多，许多奴隶主阶级都加入了基督教，罗马境内的教堂遍布帝国各地。罗马统治者也开始了解基督教，逐步改压迫为宽容政策。

图中是画家热罗姆绘制的名为《基督殉教者最后的祈祷》的油画，画中描绘了基督教众进行祈祷的场景。

A.D.284 A.D.305

18 走向专制的戴克里先改革

关键词:戴克里先 四帝共治

3世纪末期，经过克劳狄、奥勒良等4位伊利里亚军人皇帝的统治，帝国的政治危机有所缓解，再次出现统一稳定的局面。284年，宫廷近卫军首领戴克里先被拥为王，他在统治时期进一步加强了中央集权，正式确立了君主专制制度。

戴克里先在位时在政治、军事和财政等方面进行了一系列改革。同时为了统一人的思想，戴克里先还主张复兴罗马古老宗教，对基督徒大加打击和迫害。

戴克里先的专制统治对于帝国的社会危机起到了一定的缓和作用，但是终究挽回不了罗马奴隶制社会的衰落。

戴克里先改革	
背景	1 克劳狄、奥勒良等4位军人皇帝在位时全力镇压国内起义，并采取“以蛮制蛮”政策遏止了“蛮族”进攻，帝国再次出现统一稳定的局面。 2 **公元284年**，宫廷近卫军首领戴克里先登位为王，为加强统治，戴克里先进行了改革。A
政治	1 废弃“元首制”，正式确立君主专制制度。 2 把帝国分为四个地区，由他及其四个助手分别统治，史称“四帝共治”。B 3 重新划分为100个行省，实行军政分治。 4 重组军队，吸收“蛮人”入伍，实行志愿兵和义务兵役制两种征兵形式。
经济	1 改革税制，把帝国分为若干个固定的税区，农村居民一律课征人头税和土地税，城市无地者只纳人头税。 2 颁布限价敕令，限定商品最高价格。
文化	主张复兴罗马古老宗教，对基督教大肆迫害。C

A 戴克里先

戴克里先称帝后将元首的称号改为“多米努斯”，正式确立了君主专制制度。为了拯救罗马危机，加强奴隶主阶级的统治，戴克里先称帝后进行了一系列改革，其中包括行省的划分、军队重组以及税制改革等措施。

图中是刻有戴克里先头像的金币。

B 四帝共治

戴克里先称帝后为了应付内外的紧张局势，以小亚细亚的尼科米底亚为界，将帝国的西部事务交由马克西米安管理，两人成为共同的统治者。之后两人又各自任命一名副手，把自己管辖的一部分地区交由其掌管，这样帝国就被分为了四个统治地区，史称“四帝共治”。

图中就是戴克里先与他的“副帝”马克西米安。

C 宗教迫害

戴克里先在加强专制统治的同时，还主张复兴罗马古老宗教，并对基督教加以迫害。但戴克里先的宗教政策并没有得到其统治集团的支持，在他退位后，这种迫害基督教的政策就停止执行了。

图中是上由安卓·帕拉迪奥设计的意大利别墅的山墙中楣，上面描绘了基督教徒在罗马皇帝脚下被处死的情景。

A.D.304 A.D.337

19 君士坦丁的集权统治

关键词:君士坦丁 集权统治

戴克里先退位后，君士坦丁经过一番夺权斗争，于 324 年成为帝国唯一的统治者。君士坦丁统治时继续加强中央集权的专制统治，强化国家对社会经济生活的干预和限制。他维护隶农制，并力图把隶农降到和奴隶相似的地位，并于 313 年颁布《米兰敕令》，承认了基督教存在的合法性。

君士坦丁的集权统治	
背景	**323年**，君士坦丁登上罗马帝国的皇位，遂着手于改革。A
政治	1 废除了四帝共和制，独掌全国。B 2 把帝国划分为四大行政区:高卢、意大利、伊利里亚、东方。各行政区的民政长官由 4 个近卫军首领担任。 3 进一步扩充官僚机构，由国王直接任免官吏。 4 进行军事改革，在行省中实行军政分治的政策，以宫廷近卫军代替近卫军，使军事大权掌握在国王的手中。 5 为加强对多瑙河和幼发拉底河防务的监督，迁都拜占庭，并将之更名为君士坦丁堡。C D
经济	维护隶农制，并力图把隶农降到和奴隶相似的地位。
宗教	**313年**颁布《米兰敕令》，承认基督教的合法性。E

A 权力之争

305年，戴克里先让位，君士坦丁之父君士坦提乌斯一世就成了罗马帝国西半部的君主。翌年君士坦提乌斯一世去世，君士坦丁击败劲敌成为罗马帝国西半部名正言顺的统治者。与此同时，帝国的东半部则由另一位将军李锡尼统治着。323年君士坦丁主动出击，于324年，在亚德里雅那堡和克里索普利斯打败了李锡尼。自此，君士坦丁赢得了最后的权力之争成为罗马帝国唯一的君主。

B 君士坦丁大帝

323年君士坦丁登上罗马帝国的皇位，他即位后遂加强中央集权，废除了四帝共治，成为了帝国唯一的统治者。同时他还进一步扩充官僚机构，由国王直接任免官吏，继续加强中央集权的专制统治。

图中刻在金币上的是君士坦丁的头像。

C 君士坦丁堡

330年，为了加强对多瑙河和幼发拉底河防务的监督，君士坦丁迁都到东方的拜占庭，并将其更名为“君士坦丁堡”，号为新罗马。他在新都建立了一个元老院，但是这时的元老院已经有名无实，至此君主专制最终确立起来。

图中是君士坦丁堡的遗址，位于伊斯坦布尔海峡的古城墙正面朝着蔚蓝的大海。

D 君士坦丁堡的水渠

图中是君士坦丁在位时修建的高架渠，用来供给君士坦丁堡的用水。这项工程经由后来的瓦伦斯皇帝接手，直到公元378年才完成。高架渠的修建使得这座新都凭借一面临山两面靠水的地势就可以防御来自各方面的进攻。

E 《米兰赦令》

312年，君士坦丁为了支配罗马帝国，与另一位罗马皇帝马克森提在罗马郊外的莫尔维安桥展开血战。他因梦到基督的记号而以基督为名征战。这次战役君士坦丁战胜了马克森提，获得了巨大的胜利。借此事件，君士坦丁发表了《米兰赦令》，基督教不但获得解放，而且成为了罗马的国教，对基督教的迫害从此结束了。

A.D.337　　A.D.476

20 迈入历史坟墓的帝国

关键词:帝国分裂 “蛮族”入侵

君士坦丁的统治结束后，统治集团内部发生了长期的争夺王位的混战，靠镇压起义起家的狄奥多西夺取了罗马政权。狄奥多西去世后把帝国一分为二交给他的两个儿子掌管，罗马帝国正式分裂为东罗马帝国和西罗马帝国。

东罗马帝国又称拜占廷帝国，后来渡过了危机，走上了封建化道路，而西罗马帝国则在此起彼伏的人民起义和势不可当的“蛮族”侵袭中土崩瓦解。公元476年，西罗马末代皇帝罗慕路斯被日耳曼雇佣军将领奥多雅克废黜，西罗马帝国最终走入了历史的坟墓。

罗马的衰亡

分裂

1 **337年**，君士坦丁去世，帝国再次陷入权力之争。靠镇压起义起家的狄奥多西夺取了罗马政权。

2 **395年**狄奥多西去世，临死将帝国分为东、西两部分，罗马帝国正式分裂。其中东罗马渡过了危机，走上了封建化道路。

衰亡

1 **4世纪**起，西罗马帝国统治腐朽，人民起义运动逐渐兴起，迅速席卷帝国各地，加速了帝国的灭亡。A

2 **4世纪下半叶**，“蛮族”成群迁徙，大举攻入帝国，西罗马皇帝成为“蛮族”将领的傀儡。B

3 **476年**，日耳曼雇佣军将领废黜了西罗马最后一位皇帝，西罗马最终走向灭亡。

A 斯提里克

斯提里克是狄奥多西一世手下大将，战功显赫，后来被任命辅佐西罗马帝国幼主霍诺留。有传言说他与阿拉里克秘密结盟，纵容“蛮族”侵入高卢，因此遭到霍诺留的猜忌，并于408年将他处死。斯提里克被处死后，西罗马折损了一员大将，在一定程度上加速了西罗马的灭亡。

图中是斯提里克的象牙雕像。

B 西哥特王阿拉里克

4世纪末，罗马帝国分裂后，西哥特人在其首领阿拉里克的率领下，进军意大利。410年，阿拉里克进攻罗马，在城中奴隶的帮助下，第一次攻陷了这座被誉为“永恒之城”的罗马城。西罗马帝国的大部分领土也在此后不久被入侵的日耳曼人瓜分殆尽。

图中的油画描绘了阿拉里克攻陷罗马的情景，这次对罗马城的攻陷预示了西罗马的灭亡。

376·1453

5世纪西罗马帝国在“蛮族”的入侵中分崩离析，“蛮族”诸国在这片土地上建立起来，其中以法兰克王国最为强大。法兰克王国宫相丕平建立加洛林帝国并几乎统一了西欧，843年，帝国一分为三。与大陆隔海相望的不列颠岛经过几个世纪的王国混战，终于在10世纪统一。罗马教会在这一时期经过改革权威大增并与世俗政权摩擦不断。

第四章

西罗马的崩溃与西欧封建社会的发展

A.D.376 A.D.568

01 民族大迁徙与“蛮族”王国

关键词:民族大迁徙 “蛮族”王国

古希腊人和罗马人把他们周边不甚开化的民族统称为“蛮族”。1 世纪初，罗马帝国正式将日耳曼人定居的莱茵河与多瑙河上游划入帝国版图。到 2 世纪时，为寻求新的谋生土地，日耳曼人越来越多地对罗马边境进行袭击。4 世纪起，罗马帝国统治危机的加深，日耳曼人掀起了征服罗马帝国的“民族大迁徙”浪潮。

“蛮族”的入侵是对垂死罗马帝国的最后一击。476 年，西罗马皇帝被“蛮族”将领奥多亚克废除，西罗马帝国随之土崩瓦解。南下的日耳曼诸族分别建立了“蛮族王国”。

罗马的衰亡

原因	1 日耳曼人的原始公社制解体，部落首领渴望向外掠夺新的土地和财富。 2 人口自然增长的压力使日耳曼人不得不向外地迁徙。 3 罗马奴隶制的危机和帝国的衰落，无力抵御外族入侵，使“蛮族”深入帝国腹地。
过程	1 **376年春**，日耳曼民族中的西哥特人移居色雷斯，为民族大迁徙的开始。418年，西哥特人以土鲁斯为中心建立西哥特王国。A 2 **406年底**，苏维汇人、汪达尔人和阿兰人涌入罗马，先后建立苏维汇王国和汪达尔—阿兰王国。 3 **约457年**，勃艮第人在高卢东南部建立勃艮第王国，定都里昂。 4 **486年**，法兰克人占据高卢北部，建立法兰克王国。 5 **5世纪中叶**，盎格鲁、撒克逊和裘特部落进入不列颠，建立许多小王国。
结果	日耳曼民族大迁徙摧毁了罗马帝国，建立了日耳曼诸王国。B

A 民族大迁徙

西哥特人是最早进入罗马帝国的日耳曼人，他们于376年以“同盟者”的身份移居巴尔干半岛北部的色雷斯，是为民族大迁徙的开始。继西哥特人之后涌入罗马帝国的是日耳曼民族的苏维汇人、汪达尔人和非日耳曼民族的阿兰人；紧接着越过莱茵河涌入罗马帝国的是勃艮第人和法兰克人；然后是盎格鲁、撒克逊和裘特各部落，他们横渡北海进入了不列颠。最后是伦巴德人，他们建都拉文纳，是为民族大迁徙的终结。

B “蛮族”国家的建立

进入罗马的日耳曼部落摧毁了罗马奴隶制帝国，建立了日耳曼诸王国，先后确立起了新的封建制度，其中以力量最强、存在最久的法兰克王国最为典型。其他的日耳曼王国还有西哥特王国、汪达尔王国、勃艮第王国、东哥特王国、伦巴第王国、奥多亚克王国等。

图中是5—7世纪哥特人与伦巴德人所建立的国家。

A.D.486　A.D.751

02 克洛维与墨洛温王朝

关键词:克洛维 查理·马特

法兰克人是日耳曼人中的一支，4 世纪起，法兰克人越过莱茵河，进入高卢，不断扩张。486 年，法兰克人中的萨利克人，在其首领克洛维的率领下击败了罗马人，相继占领了卢瓦尔河、塞纳河沿岸地区，建立了法兰克王国。由于克洛维出身于墨洛温家族，所以其建立的王国被称为墨洛温王朝，它是统治法兰克王国的第一个王朝。克洛维死后，国土由其儿子瓜分，王权在内战中衰落，王国的统治权落入宫相之手。715 年，查理·马特继承宫相之职后，在全国推行了采邑制度改革，法兰克王国的封建制进一步加深。

墨洛温王朝	
四八一年	克洛维成为法兰克人酋长之一，势力局限于莱茵河口以南的滨海一带。A
四八六年	克洛维消灭了罗马在高卢的残余势力后，开始确立王权，进而将王朝势力扩展到高卢大部分地区和莱茵河东岸。
五一一年	克洛维死后，其子分别以巴黎、奥尔良、苏瓦松和梅斯为中心平分王国领土。
六八七年	在长期混战中，王权逐步被削弱，实权落到宫相手中。687 年宫相丕平二世统一全国。
七三二年	宫相查理·马特击退外族的进犯，宫相之权加强。B
七五一年	查理·马特之子矮子丕平废墨洛温王朝的末王自立为王，开创了加洛林王朝。

A 克洛维

克洛维是墨洛温王朝的开创者，他在位期间皈依了天主教，利用教会势力来巩固自己的统治。在罗马教会的支持下他对西哥特人发动战争，征服了高卢，511年被东罗马皇帝封为执政官。他还把萨利克人的习惯汇编成《萨利克法典》。在他的统治下，法兰克成为当时西欧最强大的新兴封建国家。

图中是克洛维攻克罗马城的场景。

B 查理·马特

宫相原是主管王室田产的官吏，后来逐渐成为总揽国家事务的重臣。715 年，查理·马特继承宫相之职。他在位时，首先击退了外族的入侵，接着在全国推行了采邑制，这一系列措施都有力地加强了中央王权的统治。

A.D.751　　A.D.843

03 加洛林帝国

关键词:查理曼大帝 加洛林帝国

747 年查理·马特之子丕平继承父位任宫相之职，独揽政权。751 年，丕平逼退墨洛温王朝的最后一位国王，成为法兰克的国王。丕平死后，其子查理在位时期，将领土扩展到极致，加洛林家族在名义上复辟了罗马帝国的统治区域，查理本人也被称为“查理曼大帝”。800 年，查理接受了罗马教皇为其举行加冕典礼，称“罗马帝国的皇帝”。

814 年，查理曼去世，“虔诚者”路易继位。路易死后，其子为争夺领土而发生内战。843 年，《凡尔登条约》签订，帝国被正式瓜分。

加洛林王朝	
崛起	1 **752年**，矮子丕平加冕为王，加洛林王朝开始。 2 **768年**，查理曼继位，开始推行对外扩张政策。A 3 **800年前后**，查理曼统治下的法兰克王国的版图大致相当于西罗马帝国在欧洲的版图，史称“查理曼帝国”，也称加洛林帝国。B C 4 **800年圣诞节**，教皇利奥三世为查理加冕，称查理曼，即查理大帝。D 5 **814年**，路易继位，被称为虔诚者路易，勉强维持查理曼帝国的统一。
分裂	1 **840—843年间**，路易诸子为争夺帝国领地发生内战。 2 **843年**，《凡尔登和约》缔结，加洛林帝国解体，为三个独立的王国所取代。E

A 查理曼大帝

查理曼大帝在位时，加洛林王朝因其扩张而盛极一时。为了统治辽阔的疆域，他继续推行采邑制度，让受封的贵族向自己效忠并提供军役等封建义务，使封君封臣制成为王权统治的政治基础。同时他还奖掖文化教育，促成了基督文化的复苏，即所谓的“加洛林文艺复兴”。

图中是查理曼大帝的画像。

B 查理曼帝国

为了开拓疆土，查理曼大帝即位不久后就在罗马教会的支持下，对周边地区进行旷日持久的讨伐战争。在他统治的46年中，法兰克的领土扩大了一倍，建立了囊括西欧大部分地区的庞大帝国，其版图大致与原西罗马的版图相当。

图中是查理曼帝国的版图，地图上标明了查理即位后法兰克王国领土的扩张情况和查理帝国的疆域范围。

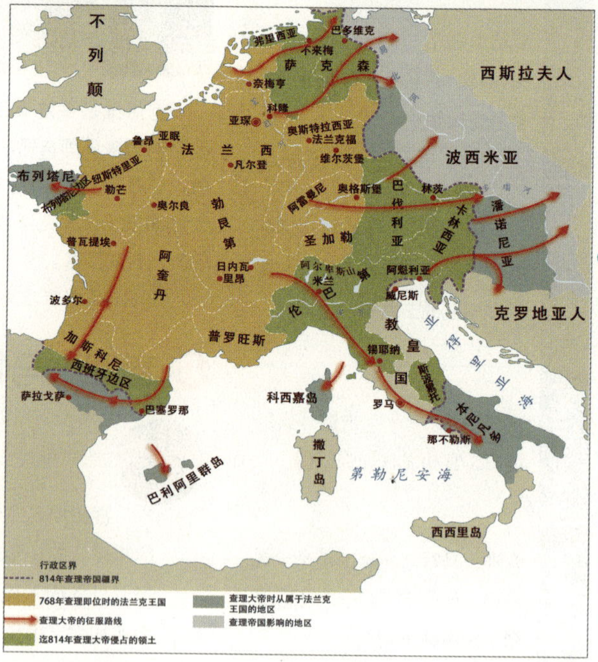

C 加洛林王朝的扩张

加洛林王朝的扩张

1 774年，查理击败伦巴第人，控制了意大利北部。

2 772年至804年，查理多次进攻萨克森人，使其皈依基督教并夺取易北河流域广大土地。

3 787和801年，查理两次出兵西班牙，夺得尼布罗河以北土地，建立西班牙边区。

4 787年，查理占领巴伐利亚。

5 796年，查理征服多瑙河中游的潘诺尼亚。

D 罗马人的皇帝

800年，查理曼远赴罗马，在圣彼得堡大教堂接受了罗马教皇为之举行的涂油加冕典礼。加冕后的查理曼大帝头戴金冠，接受朝拜，称“罗马人的皇帝”。814年，拜占庭帝国皇帝承认这一称号，因此加洛林王朝被称为“加洛林帝国”或“查理曼帝国”。

图中是查理曼大帝的雕像。

E 帝国的瓦解

查理曼死后，其子路易继位。路易死后，其子在843年的《凡尔登条约》里决定三分法兰克帝国，地理上的德意志地区为东法兰克王国，地理上的法兰西地区为西法兰克王国，介于东、西法兰克之间的地区在后来形成意大利国家，这一条约大致奠定了法、德、意三国的疆界。

图中是843年帝国分裂的情况。

A.D.987　　A.D.1100

04 孱弱的法王

关键词:休·加佩　封建割据

加洛林王朝分裂后，西法兰克王国在其统治下封建割据日益严重，国力日趋不振。9—10 世纪时西法兰克又遭到北欧诺曼人的侵袭，封建大贵族趁机扩张自己的势力，政治分裂进一步加深。9 世纪后期，因抗击诺曼有功的罗伯特家族逐渐崛起。987 年，加洛林王朝的末代王路易五世死后无嗣，罗伯特家的休·加佩被公推为王，开创了加佩王朝。

加佩王朝初期，封建割据严重，王权孱弱，休·加佩之后的几任国王开始利用其拥有的最高封建宗主权，逐步加强王权。

孱弱的法王	
加佩王朝	**987 年**，巴黎伯爵休·加佩被大领主们公推为王，开始了加佩王朝的统治。A
孱弱的王权	1 加佩王朝初期，法国还处于封建割据状态，有60多个大领主分别统治诺曼底公国、安茹伯公国、佛兰德尔伯国、勃艮第公国、阿奎丹公国、土鲁斯伯国等大领地。B 2 大领主享有各种封建特权，除铸造货币外，大领主在领地内还拥有司法、行政等权力，国王不得干预。

A 休·加佩

查理曼帝国分裂后，加洛林王朝的统治者大多孱弱无能，无法驾驭势力趋强的地方大贵族。9世纪后期，贵族中的罗伯特因抵抗诺曼人有功，被封为法兰西公爵。随后罗伯特公爵之子——巴黎伯爵厄德也因抗击诺曼人有功，逐渐控制了加洛林王朝的实权。987年，巴黎伯爵休·加佩被法国大领主们公推为王，开始了加佩王朝的统治。

图中是巴黎伯爵休·加佩的画像。

B 封建割据

加佩王朝初期，法国仍处于王权孱弱、封建割据的状态。国内的60多个大领主享有各种封建特权，时常不纳王命。这些贵族在自己的领地行使独立的司法权和行政权，国王也不得干预。这种分裂情况下，在全国范围内形成唯一的政治权威，已成为时代对政治提出的新要求。

图中位于左侧的是这一时期的法王罗内尔二世的画像。

A.D.919　A.D.973

05 神圣罗马帝国的皇帝

关键词:奥托一世 神圣罗马帝国

843 年《凡尔登条约》签订后，分裂出的东法兰克王国构成了德国的基础。911 年加洛林王朝的最后一位君主去世，加洛林王朝终结。919 年，萨克森公爵亨利开创了萨克森王朝，是为亨利一世。亨利一世死后，其子奥托即位，为奥托一世。奥托在位期间，国王的权力空前强大。他先是通过武力或联姻的方式平息了各地公爵的叛乱，而后又于 951 年起，三次出兵意大利，结束了那里的封建无政府状态，成为意大利国王。962 年，他接受罗马教皇的加冕，成为“罗马帝国皇帝”，开始了中世纪神圣罗马帝国的历史。

通过对意大利的侵略，德国的君主更便利地利用教皇的政治资源对德国教会进行控制，因此从 11 世纪到 12 世纪，德国陷入了教权与皇权相互冲突的政治局面。

11世纪前的德国

亨利一世	即位	**919年**，亨利一世被选为东法兰克国王，开始了萨克森王朝的统治。
	统治政策	1 扶植教会势力，依靠骑士、家臣同大封建主作斗争。 2 **933年**，大败马扎尔人，使其不再侵袭德国，从而巩固了王权。
奥托一世	即位	**936年**，奥托一世即位，继续加强王权。
	统治政策	1 打败北欧丹麦人和马扎尔的入侵，巩固了德国的边防。 2 多次平定国内叛乱，巩固王朝的统治。A 3 分别于951 年、961 年和966 年三次出兵意大利，成为意大利国王。 4 **955年**，击溃匈牙利的入侵，捍卫了王朝的统一。B 5 **962年**，接受教皇约翰十二世的加冕，成为“罗马帝国皇帝”，开始了中世纪神圣罗马帝国的历史。

A 平定叛乱

奥托一世即位后不断采取措施加强王权，为此公爵们常常发动叛乱。929年到941年，奥托一世镇压了其弟巴伐利亚公爵亨利一世的叛乱。944年，奥托一世封自己的女婿康拉德为洛林公爵，但953年，洛林公爵同士瓦本公爵发动叛乱，被奥托一世迅速镇压。

图中是953年奥托一世集结军队镇压洛林公爵的场景。

B 奥格斯堡之战

除了平定国内叛乱外，奥托一世还要经常应对来自外界的入侵。862年，匈牙利人出现在巴伐利亚东部边境后，经常劫掠德意志各地。955年，奥托一世率军在莱希河畔奥格斯堡附近将匈牙利人彻底击溃，阻止了匈牙利人的西进，捍卫了德意志王国的独立。

图中是奥托一世率领军队与匈牙利人作战的场景。

A.D.700　　A.D.800

06 盎格鲁—撒克逊人的不列颠岛

关键词:不列颠岛 七国时代

5 世纪开始，“民族大迁徙”的浪潮也席卷向不列颠，日耳曼人中的盎格鲁—撒克逊人进入这个岛屿。6 、7 世纪时，盎格鲁—撒克逊人建立了七个小王国，史称“七国时代”。七个王国中以威塞克斯王国实力最强。

9 世纪末阿尔弗烈德即位国王后，经过数次大战，在 879 年迫使丹麦人签订了《威德摩尔和约》，统一了丹麦区之外的英国领土。到 10 世纪，英格兰已形成统一的王国。

11世纪前的德国	
七国时代	1 **5 世纪**时罗马帝国放弃英格兰，盎格鲁—撒克逊人进入不列颠岛。 2 **6 、7 世纪**时，不列颠岛上建立了七个小王国，被称为“七国时代”。A 3 这些国家逐渐形成了几个较大的王国，转化为最初的封建王国。
威塞克斯王	1 **802年**埃格伯特成为威塞克斯国王，他四处扩张，于829年逐步统一了各王国，“英格兰”一词从那时开始使用。B 2 **8世纪后期**，丹麦人开始侵略不列颠。9 世纪末阿尔弗烈德即王位，经过数次大战，统一了丹麦区之外的英国领土。 3 **10世纪**，英格兰已形成统一的王国。

B 威塞克斯王

802年，埃格伯特成为威塞克斯国王，随后，他四处扩张，于829年逐步统一了各王国，“英格兰”一词大约从那时开始使用，埃格伯特也成为英格兰史上第一个真正意义上的国王。871年，后继者阿尔弗烈德即位，他遏制住了丹麦人的进攻，统一了丹麦区之外的英国领土。

图中是埃格伯特的画像。

A “七国时代”

5世纪，盎格鲁—萨克逊人进入不列颠岛后，在这些地域建立起了一些王国。当时所建立的王国的数目远远不止七个，但随着时间的推移，一些大国逐渐吞并了周边的小国，最后才形成了“七国时代”的格局。英格兰王国的雏形就是由此而来。

图中是“七国时代”时不列颠的格局。

A.D.1042　　A.D.1087

07 诺曼征服

关键词:威廉一世 末日审判书

10 世纪末，大陆上的丹麦人重新入侵英格兰。1018 年，丹麦王卡纽特即英国王位，并兼挪威和丹麦国王。卡纽特死后，英国统治权落入戈德温家族手里，1042 年，“忏悔者”爱德华即英国王位。

1066 年，爱德华死后无嗣，哈德罗伯爵被推选为王，同年爱德华的表弟法国诺曼底公爵威廉侵入英国，打败哈罗德，在伦敦加冕称王，为威廉一世。威廉即位后在英国推行了封君封臣制，王室成为最大的地产拥有者，为封建君权的发展奠定了物质基础。同时，他让教会为其举行加冕典礼，加强了王权的神圣性。

诺曼征服	
卡纽特	1 **1018年**，丹麦王卡纽特即英国王位，并兼挪威和丹麦国王。 2 卡纽特统治期间奉行基督教，制定法典，并按阿尔弗烈德旧制统治英国。
爱德华一世	1 **1042年**，爱德华打败丹麦人，登上王位。A 2 爱德华对基督教信仰虔诚，被称作“忏悔者”。**1045—1065年间**，他修建了西敏寺。
威廉一世	1 **1066年**，法国诺曼底公爵威廉侵入英国，打败英王哈罗德，加冕称王，为威廉一世。B 2 “诺曼征服”将大陆的封君封臣制导入不列颠，加速了英国的封建化进程，使之最终确立其封建制度。 3 **1086年**，威廉一世清查全国的地产、资源和所有权，结果载入《末日审判书》，作为纳税和施政依据。C

A 爱德华一世

1042年，爱德华即位为英国国王，在其统治时期，威撒克斯伯爵权势显赫，垄断朝政。为形势所迫，爱德华王逐渐疏于政务，醉心宗教事业。1045—1065年间，他修建了西敏寺，由于他对宗教的虔诚，历史上称他为“忏悔者”爱德华。

B 征服者威廉

1066年，英王爱德华去世，诺曼底公爵威廉纠集诺曼底贵族和法国各地骑士，以其是王位合法继承人为由，发兵攻打英国。同年，威廉被加冕为英国国王，为英王威廉一世。随后，又经过5年征战，威廉彻底征服了英格兰，因此他也被称为“征服者”威廉。

图中的“征服者”威廉正坐在装饰华丽的御座上。

C 《末日审判书》

1086年，威廉一世组成了一个专门委员会，在全英范围内调查各级封臣及自由人的财产状况，以此来加强对领主的控制。此次调查结果被载案入册，于次年编成《土地清丈册》。该调查过程十分严格，清查的项目也非常详细，所以调查册又被称为《末日审判书》。

图中为《土地清丈册》的片段。

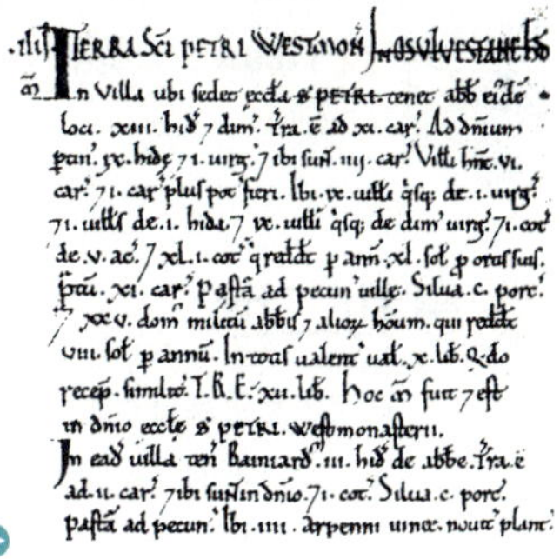

A.D.1154　　A.D.1189

08 金雀花王朝的亨利二世

关键词：威廉二世 王权

1087 年，威廉二世即位，他和后继者亨利一世统治时期，英国王权得到进一步加强，皇家赋税由郡守统一征收，国王的司法统治权遍及全国。1135 年，亨利一世死后，王权掌握在亨利一世之侄斯蒂芬手里。远嫁法国的马蒂尔达公主为争夺王权与斯蒂芬进行了长达 19 年的内战。长期的战乱削弱了王权，也毁灭了亨利一世时期所建立的安定与繁荣。

1154 年，亨利一世的长孙亨利·不兰他日奈继位，为亨利二世，开始了金雀花王朝的统治，金雀花王朝在法国又名安茹王朝。

亨利二世		
即位		1154年，亨利二世加冕为英格兰国王。A
威塞克斯王	政治	夷平贵族擅自建造的城堡，解散贵族的雇佣军。
	军事	1 颁布《军事条例》，规定为王室服役是自由人的义务。 2 允许贵族以交纳“盾牌钱”代替服役。
	司法	1 1166年颁布《克拉伦登条例》，规定王室法庭可对地方罪犯起诉和检举。 2 扩大王室巡回法官的职权，使其定期视察地方村镇。 3 1164年，亨利二世试图收回教会的司法权与坎特伯雷大主教发生冲突。1170年，主教被杀害。B
	经济	1 1166年，征收“个人财产税”。 2 1188年，在英格兰地区推行“什一税”。

B 主教贝克特

图中是贝克特主教的画像。

亨利二世的改革推动了王权的强化，也因此与罗马教廷的神权产生了矛盾，主要表现为他与大主教贝克特之间的冲突。贝克特是英王亨利二世的密友和臣僚，1162年，被任命为坎特伯雷大主教。接受了亨利的委任后，贝克特却一改往常，极力维护教会的自由和利益，反对王室特权，于是两人之间发生了激烈的冲突，贝克特主教被亨利派的四名武士刺死。

A 亨利二世

亨利二世（如图）即位后，为了巩固王权，首先摧毁了贵族在内战中修建的私家城堡，收回王室被侵占的领地，接着又着手整顿王国的政府机构，强化了御前会议的政治功能。1166年，他颁布了《克拉伦登条例》，规定王室法庭可对地方罪犯起诉和检举，建立了完备而固定的司法系统，对法律体系的改革使他成为英国宪政的奠基人之一。

A.D.1189 A.D.1307

09《自由大宪章》与国会

关键词:大宪章 英国议会

理查德一世在位期间，穷兵黩武，长期在国外征战，王权由此而转弱。到其弟约翰统治时期，英国的王权遭遇了巨大的统治危机，1215 年，贵族以武力迫使约翰签订了《大宪章》。

1216年约翰身死,其子亨利三世继位,又与贵族发生矛盾。1262年,贵族起兵反叛,俘虏了亨利三世。1265 年，亨利三世之子爱德华击败贵族，亨利复位。

1272 年，爱德华一世即位，英国行政和司法制度得到进一步发展。从 14 世纪起，由于财政和形势的需要，国王不断召集议会，议会的作用也就逐渐凸显起来。

《自由大宪章》与国会

理查德一世

1189—1199年在位

1 **1189年**，理查德即位为英国国王，称理查德一世。A

2 理查德一世长期在国外征战，为征军费向城市大量出卖特许状，“地方自治体”因此兴起，成为英国政治中的新的因素。

约翰

1199—1216年在位

1 **1199年**，理查德之弟约翰即位为英国国王。B

2 **1204年**，在与法王奥古斯都腓力的首次斗争中丧失了法国的诺曼底。

3 **1213年**，在与教皇英诺森三世的斗争中失败，被迫承认教皇的宗主权。

4 **1214年**，在布汶战役中再次大败于法王。

5 **1215年**，贵族以武力迫使约翰签订了《大宪章》。C

亨利三世

1216—1272年在位

1 **1216年**，约翰9岁的幼子，亨利三世即位。D

2 **1258年**，为限制王权，贵族提出了《牛津条例》。

3 **1261年**，亨利获教皇支持，废除了《牛津条例》。

4 **1265年**，由勒斯特伯爵西蒙领导的军队击败王室军队。西蒙随即组建政府，以国王的名义治理英国。

5 **1265年**，亨利之子爱德华击败西蒙，亨利复位。

A 理查德一世

理查德一世在位期间，长期在国外征战，且多住在其在法国的领地，疏于国政，王权由此转弱。同时，由于需要大量的金钱支持战争，理查德没有节制地向城市大量出卖特许状，从而使一批自治市、“地方自治体”迅速兴起，成为英国政治中的新的因素。

图中是理查德一世的加冕仪式。

B 约翰

约翰是一位失意的国王，他在位期间，国土沦丧、税赋加重、通货膨胀严重。不论是平民、王室还是教会都同他有矛盾。1216年，在对外战争失败、国内叛乱不休的内忧外患中，约翰死去，留给年幼的儿子一个混乱的国家。

爱德华一世

1272—1307年在位

1 **1272年**，爱德华即位，进行改革，中央政府由大法官法庭、财务署、咨议会和王室组成。E

2 议会被保留下来，在王室的控制之下，作为一个税收机构而存在的。F

3 在司法体制方面，重大案件在议会或咨议会协同下由国王处理，一般案件由巡回法官或在三个皇家法庭处理。

C 《大宪章》

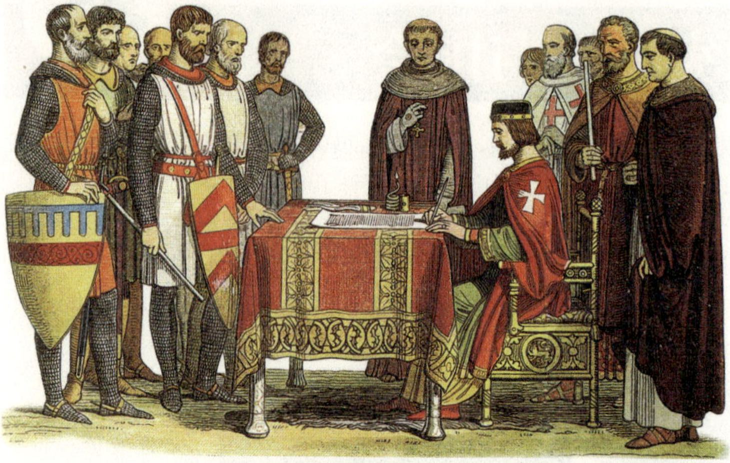

1215年，在大主教兰顿和舆论的支持下，贵族以武力迫使约翰在拉尼米德接受《大宪章》。《大宪章》主要的目的是确认各等级的权利不受侵犯，要求皇室放弃部分权力，以及尊重司法过程，使王权受法律的限制等。《大宪章》是英国建立宪法政治这一长远历史过程的开始。

图中是约翰王签署《大宪章》的情形。

D 亨利三世

1216年，亨利三世即位，为了征收新税而屡次召开议会，这一做法引起贵族们的强烈不满。1265年，亨利在内战中被俘，贵族首领西蒙随即组建政府，以国王的名义治理英国。1265年初，西蒙召开首次议会，成员包括大贵族、王室成员、每郡骑士两人、每市市民两人，这是议会君主制的萌发。同年，亨利之子爱德华领兵在伊夫夏姆击败西蒙，亨利复位。

图中是伊夫夏姆战役的场景。

E 爱德华一世

爱德华一世是金雀花王朝最重要的代表人物之一，他在位期间，奉行积极的内外政策，完备了英格兰的军事制度。正是凭借他所缔造的英格兰军队和战术，英国才能在几十年后的英法“百年战争”前期取得辉煌胜利。其次，《大宪章》制度在英王爱德华一世时得到最终确定。因此在他统治时期的英国无疑是当时欧洲最强大的国家。

F 英国议会

爱德华即位后恢复了与贵族的合作。1295年，爱德华一世为筹措对威尔士、苏格兰和法国进行战争的费用而召开国会，这次的成员构成完全仿效1265年的国会。此后，这种模式的议会便经常召开。国会的举行是英国议会君主制形成的明显标志。

图中是爱德华一世召开议会的场景。

A.D.1108 A.D.1223

10 法国王权的崛起

关键词:法国王权 腓力二世

1108 年，法王路易六世即位，法国王权从此开始真正加强。路易六世即位后，以武力镇压了领地内不驯服的贵族，恢复了国王对王室领土的统治。1180 年，法国著名君主腓力二世即位，法国的王权进一步拓展。法国王室领地在腓力二世统治下扩大了三倍，加佩王朝的国势超过了德意志和英国，成为 13 世纪基督教世界的大国。

法国王权的崛起

路易六世

1108—1137年在位

1 以武力压服了领地内不驯服的贵族。

2 颁发特许状，支持教会和贵族土地上的城市公社，开始把王朝的利益与市民等级的利益结合起来。

3 设置“御前会议”，由国王召集，并任用无受封身份但有能力的教士、市民等级的人员参加。A

4 制止了英王亨利一世在诺曼底的扩张。

腓力二世

1180 —1223年在位

1 建立了对诺曼底、安茹及其领地的统治，将王室领地扩大了三倍。

2 以接受薪俸的“行政官”取代了封建“教长”，为全国性的行政体制奠定了基础。

3 有计划地实行了王室财政制度化，系统征收关税、过境税和“萨拉丁什一税”，逐步加强了法兰西的王权。B

A 路易六世

路易六世致力于巩固法国的王权，其在位时通过颁发特许状，支持教会和其他贵族土地上的城市公社，取得了市民和贵族的支持。在此基础上，路易铲除了贵族城堡，恢复了对王室领土的统治。此外，路易六世在行政方面还设置了“御前会议”，会议兼有咨询、立法和司法的功能。经过路易六世的改革，加佩王朝的统治已经比较稳定。

B 腓力二世

腓力二世是法国国王路易七世之子，他在位时，积极对外扩张使法国王室的领地扩大了三倍。在王室领地上，他以接受薪俸的职业“行政官”取代已封建化了的“教长”，为全国性的行政体制奠定了基础。同时他还通过实行王室财政制度化，逐步加强了法兰西的王权。图为腓力二世加冕式。

A.D.1285　A.D.1314

11 腓力四世的等级君主制

关键词:腓力四世 等级议会

1285年，腓力四世即位，他在位期间，法国王权进一步加强。他推行强硬的兼并政策以加强君主集权的统治。在扩张王权的过程中，由于战争的增多和官僚机构的开支增大，王国财政日显拮据。为了筹措经费，腓力四世开始向教会征税，从而与教皇发生冲突。为争取全国力量的支持，腓力四世首次召开了三级会议，并在此基础上建立了等级君主制。

同时，腓力四世在位期间为了争夺领土也与英国发生多次战争，这也成为英法“百年战争”的前奏。

腓力四世（1285—1314）

1 在位期间，腓力四世致力于扩大王室领地，统一法国，但由于诸侯顽强抵抗和英国的干涉，成果有限。

2 腓力四世统治期间，对法国的行政、司法、财政机构进行了改革，中央集权加强。A

3 为筹措军费，腓力四世没收了法国教会财产并强征“什一税”，因此与教皇发生冲突。

4 **1302年**，为了在同教皇对抗中获得支持，腓力四世召开了三级会议，这是法国历史上第一次三级会议。B

A 腓力四世的法庭

B 三级议会

为争取同教皇斗争的力量支持，腓力四世于1302年首次召开了有高级僧侣、贵族和市民三个等级代表参加的三级会议。三级会议的召开，标志着法国封建王权的发展进入到等级君主制阶段，法国的王权建立在了更为广泛牢固的基础上。

图中是一位官员正在对文书口述一份报告。

为了提高法律的权威，腓力四世在位期间致力于完善国家的司法制度，他专门任用了一批精通罗马法的法律专家制定了一系列法律。在其改革下，巴黎法院成为一个常设的司法机构，扮演着最高法院的角色。同时，地方司法和行政系统也逐步完善。

图中是中世纪时，法国法庭审判时的情景。

A.D.1337 A.D.1453

12 英法百年战争

关键词:百年战争 圣女贞德

1337年到1453年,因王位继承和领土争端问题,英国与法国进行了一场长达116年的战争,史称"百年战争"。百年战争是自诺曼征服以来,英、法两国领土之战的继续与发展。战争期间,两国的经济均受到严重破坏,经济衰退,人口减少。但是,长期的战争也统一了民族情感,要求国家统一的意识逐步深入到社会各阶层,促进了两国统一民族国家的形成。

英、法百年战争

第一阶段

1337—1360年

1 **1340年**,英军在斯吕斯海战中打败法军,夺得制海权。

2 **1346年**,英军在克雷西会战中大胜。A

3 **1358年5月底**,法国爆发扎克雷起义,同年8月被贵族镇压。B

第二阶段

1360—1400年

1 法王查理五世展开复仇行动,在多场战役中大败英军。C

2 **1380年**,英军退守沿海区域与法国签署停战协定。

3 **1381年**,英国爆发了瓦特·泰勒起义,后被统治者镇压。D

第三阶段

1415—1429年

1 **1415年**,英军于阿金库尔战役大败法军。E

2 **1420年**,法王查理六世签订《特鲁瓦和约》,法国已沦为英法联合王国的一部分。

第四阶段

1429—1453年

1 **1428年**,圣女贞德指挥法军击败英格兰,扭转了整个战局。F

2 **1437—1453年**,法国收复加莱除外的全部领土。

3 **1558年**,法军攻陷加莱,百年战争结束。

A 克雷西会战

1328年,法王查理四世去世,英王爱德华三世以其外甥的资格与腓力六世争夺王位,触发了战争。1337年,爱德华三世率军进攻法国,战争开始。1346年,双方在克雷西会战,英军大捷。1360年,法国王子查理被迫签订《布勒塔尼和约》,把加莱及法国西南部大片领土割让给英国。至此,"百年战争"第一阶段结束。

图中是英、法双方在克雷西会战的场景。

B 扎克雷起义

1356年,英、法双方会战于普瓦提埃,法军大败,法王约翰二世及众臣被俘。王子查理为了筹集赎金,对农民增加捐税。不堪重负的农民于1358年在法国北部博韦区揭竿而起。起义随后便被残酷镇压,农民牺牲近2万人,起义领袖吉约姆也遭杀害。

图中是起义者被残酷镇压的场景,农民被士兵们残忍地杀害,甚至被推到河里淹死。

C 反败为胜的查理五世

1364年，法王查理五世即位，开始展开复仇。他在统治时期，法国改革了税制和军制，加强了炮兵，逐步收复了失地，英国只占领少数沿海据点。1396年，双方缔结了休战20年的协定，英国仅保留加莱等几个沿海城市。1399年，英王查理被废，金雀花王朝为兰加斯特王朝所取代。

图中是查理五世在1382年攻陷根特的城市。

E 阿金库尔战役

1415年，在亨利五世的率领下，英军以由步兵弓箭手为主力的军队于阿金库尔战役击溃了法国由大批贵族组成的精锐部队。此战是英法百年战争中著名的以少胜多的战役，法军在战争中损失惨重，仅大大小小的贵族就战死了5000多人，法军大元帅被俘。这场战斗扭转了英国之前被动的形势，此后英军节节胜利，直到圣女贞德出现再次扭转战局。

D 瓦特·泰勒起义

百年战争期间，英国统治者为了进行战争而不断增税，接踵而来的沉重赋税导致了阶级矛盾的急剧激化。1381年英国爆发了由瓦特·泰勒领导反封建起义，起义不久便扩大到全国40个郡中的25个郡。英王查理二世假意作出承诺颁布解放农奴证书，起义领袖瓦特·泰勒在与国王的谈判期间遇刺身亡，起义宣告失败。

图中是瓦特·泰勒被伦敦市长刺杀的场景。

F 圣女贞德

1428年，英军包围了奥尔良，1429年，在法国女英雄贞德领导下，奥尔良战争反败为胜。法国此次的胜利为百年战争的转折点，此后，法军逐步收复失地。1453年，法国基本上实现了领土的统一。

图中是贞德被英军俘虏，并以女巫罪等罪名被判处火刑的场景。

A.D.1049　　A.D.1122

13 帝国与教廷之争

关键词:教权 皇权 格列高利七世

10—11 世纪时，通过对意大利的侵略并建立帝国，神圣罗马帝国的君主进一步强化了对德国教会的控制，因此当时的教会通常从属于俗世的统治阶级，罗马教廷势力衰微。另一方面，教士的堕落腐化也威胁到教会精神权威的地位，为此天主教会在内部展开了一次重大改革运动，因这次改革以法国克吕尼修道院为中心，故名为“克吕尼运动”。借助于该运动，教皇的权威逐渐崛起，从而引起了皇帝与教皇的冲突，主要表现为主教授职权之争。

帝国与教廷之争

背景

1 神职人员的腐化堕落威胁到教会的精神权威的地位，基督教会因此计划改革。

2 宗教理想与社会现实的巨大冲突，终于导致了11世纪基督教革新运动的爆发。

权力之争

1 **1049年**，神圣罗马帝国的皇帝亨利三世任命的教皇利奥九世开始全力推动改革。A

2 **1056年**，亨利三世早亡，年仅6岁的亨利四世继位，德国王权衰微。

3 **1059年**，拉太朗宗教会议通过了《教皇选举法》，宣称将由红衣主教选举教皇。

4 **1073年**，格列高利七世被选为教皇。B

5 **1075年**，格列高利颁布《教皇敕令》，宣布教会只能由教皇管理。

6 **1056年**，亨利四世即位，成年后因巩固王权与格列高利的改革发生冲突。

7 **1077年**，亨利四世前往意大利向教皇忏悔，格列高利恢复了亨利的教籍。C

8 **1083年**，亨利出兵意大利并包围了罗马。1085年，格列高利客死萨勒诺。

9 乌尔班二世主持教会改革工作期间，继续奉行格列高利的政策。D

10 **1106年**，亨利五世即位，因教皇拒绝为其加冕遂囚禁教皇和诸红衣主教。E

11 **1122年**，德皇和罗马教皇关系有所缓和，双方签订了《沃尔姆斯宗教协定》，授圣职权之争至此告一段落。F

A 教皇利奥九世

1049年，亨利三世任命的教皇利奥九世开始全力推动教会改革。不同于要求建立神权政治体制的激进派，利奥九世属于改革中的温和派，主张改革教会自身，教士严格执行独身的教规，提高教士的道德水准。在1049年罗马宗教会上，他当众处死买卖圣职的苏特里地区主教。但激进派并不满意利奥的改革，教权之争仍继续。

图中是11世纪时所画的利奥九世与国王的画像，右为利奥九世。

B 格列高利七世

1073年，格列高利以全票当选为教皇，即格列高利七世。格列高利是激进派理论的代表，在他看来教皇的权力来自上帝，不仅在教会内他有至高无上的权力，在整个基督教社会中也超过世俗统治者，因此将教会高于国家的原则发展到了顶点。在位20余年间，他继续厉行改革，并同神圣罗马帝国皇帝亨利四世展开了曲折尖锐的主教叙任权之争。斗争几经反复，直到1083年亨利出兵意大利，格列高利困守罗马城内，后弃城南逃，1085年客死萨勒诺城。

C 皇帝的忏悔

格列高利被选为教皇后，其推行的改革直接损害了皇帝的权力。亨利四世与其反目，被格列高利开除了教籍，这一决定当即引起了帝国政治上的混乱。迫于形势，亨利于1077年前往意大利向教皇忏悔，等待了3天才获得了教皇的原谅。

图中是亨利四世身披罪衣，赤足冒雪，请求教皇原谅的场景。

D 乌尔班二世

1088年，原克吕尼修道院院长，乌尔班二世当选为教皇，继续奉行格列高利的政策。他支持亨利的诸子和诸侯叛乱，使帝国政局动荡。1098年，意大利皮亚琴察宗教会议上通过了乌尔班二世的“改革法”。这些改革大多数条例成为12世纪教会法典的一部分，在罗马教会沿用数百年。

图中是乌尔班二世画像。

E 囚禁教皇

1106年，亨利五世即位。1110年，他领兵入意大利，囚禁教皇和诸红衣主教，迫使教皇承认皇帝的权力。翌年，教皇恢复自由，随即推翻被囚禁时的许诺，双方矛盾重新激化。直到亨利五世当政末期，德国皇帝和罗马教皇的立场才都有所缓和。

图中是亨利五世囚禁教皇的场景。

F 《沃尔姆斯宗教协定》

1122年，教皇加里斯都二世和神圣罗马帝国皇帝亨利五世在德国的沃尔姆斯签订《沃尔姆斯宗教协定》。该协定规定：德意志境内的主教和修道院长由教士选举，选举时须有皇帝或其代表参加；主教在领地上的权力由皇帝来授予，以权标作为其象征；宗教权力由教皇授予，以指环作为其象征，等等。自此，皇帝与教皇的权力之争告一段落。

A.D.1152　　A.D.1190

14 红胡子腓特烈一世

关键词:腓特烈一世 征伐意大利

1152 年，腓特烈即位为霍亨斯陶芬王朝的罗马人民国国王，1155 年，加冕为神圣罗马帝国皇帝。在位期间，他一方面采取措施加强对诸侯统治，另一方面积极对意大利扩张，目的是为了有效地控制罗马教廷。为了抵抗他的入侵，意大利城邦在教皇的支持下组成了“伦巴第同盟”，腓特烈一世对意大利的侵略最后以失败而告终。在与教皇的争斗中，腓特烈一世为了获得支持，给予了诸侯太多的权力和领地，造成了皇权的衰落。

腓特烈一世	
国内政策	**1152年**，腓特烈即位为罗马人民国国王。在位期间，他采取了一系列措施加强对诸侯的统治。A
入侵意大利	1 **1154年**，意大利爆发起义，腓特烈一世出兵镇压，并重申了他对意大利的统治权。 2 **1158年**，意大利北部城邦组成同盟反抗腓特烈一世，被腓特烈暴力镇压。 3 **1160年**，腓特烈一世再次入侵意大利，占领了米兰。B 4 **1167年**，意大利城邦组成了新的同盟，击败了腓特烈一世的入侵。 5 **1174年**，腓特烈一世卷土重来，被意大利城市同盟击败。1177年，腓特烈一世与亚历山大三世签订了《威尼斯和约》，同意不再插手教皇国内部事务。 6 **1186年**，腓特烈一世发动对意大利的最后一次远征，仍然以失败告终。

A 腓特烈一世

腓特烈一世即位后，于1158年颁布了采邑法令，要求所有接受采邑者为皇帝服兵役。为了把王室直辖的领地连成一片，他还把大的诸侯领地分割成多块，因此，1156年时奥地利从巴伐利亚公国分出来，成为独立公国。

图中是腓特烈一世的画像。

B 征伐意大利

为了征服伦巴第诸城市，腓特烈一世从1154年到1186年间，先后六次出兵意大利，摧残了意大利不少的城市和乡村，掠夺了大量的财富。长期的战争使皇权弱化，诸侯的势力日益坐大，为今后的诸侯割据埋下了伏笔。

A.D.1254　　A.D.1356

15 “大空位时代”和诸侯割据

关键词:大空位时代 选帝侯

在长期的对外扩张中，德国王室无暇内顾，国内封建主的势力增长，导致了皇权的衰落。因此，13世纪中叶以后，德意志长期处于分裂割据状态，各诸侯争权夺利，混战不休。从1254年到1273年间，国家进入可怕的空位时期。此时的德意志已分崩离析，由三名教会诸侯和四位世俗诸侯组成的选帝侯控制了皇帝的选举权，遏制了中央权力。帝国的君主政体改为贵族联邦政体，中央集权已经不存在。

过程

大空位时代	1 腓特烈二世去世后，其子康拉德四世即位，四年后便去世，其子康拉丁也在与教廷的斗争死于非命。A 2 康拉德四世去世后到1272年，由于诸侯权势显赫，各自为政，混乱不堪，德意志出现选不出国王的“大空位时代”。 3 **1273年**，哈布斯伯爵鲁道夫一世当选德意志国王，结束了空位时代。B
诸侯割据	1 **1312年**，亨利七世加冕为神圣罗马帝国皇帝，在此之前的1308年，他已被推选成为卢森堡王朝的第一位德意志国王。C 2 **1355年**，查理四世加冕为神圣罗马帝国皇帝，他在位时期进一步向“选帝侯”妥协。D 3 **1356年**，查理四世颁布《黄金诏书》，从法律上正式肯定“选帝侯”对皇帝选举的特权。E

B 鲁道夫一世

1273年，在世俗诸侯和教会诸侯的帮助下，哈布斯堡的鲁道夫一世打败了波希米亚国王奥托卡二世，登上皇位，结束了德意志历史上的“皇位虚悬时期”。这位55岁的皇帝，在位期间，致力于扩大王室领地的势力，促使哈布斯堡王室成为德意志最重要的家族之一。1298年，鲁道夫之子阿尔伯莱希特被选为皇帝，之后，德意志皇位相继落入卢森堡和巴伐利亚家族手中。

图中是鲁道夫一世的画像。

A 被斩首的康拉丁

1211腓特烈二世即位为德意志皇帝，他在位期间，对德意志诸侯作了诸多的重大让步，诸侯们在自己的领土上享有很高的自治权，势力更加显赫。康拉德四世亡，德意志出现了近二十年的大空位时代。1268年，康拉丁被斩首示众，标志着霍亨斯陶芬王朝的终结。

图中是康拉丁在那不勒斯被斩首的场景。

C 亨利七世

亨利七世是卢森堡王朝的第一位德意志国王，他于1310年进入意大利，1312年，在罗马由教皇正式加冕为神圣罗马帝国皇帝。许多意大利志士都希望亨利七世能领导四分五裂的意大利实现统一，但他实际上是要恢复封建领主在意大利的权力。这一行径导致了许多商业城市反对他，最终亨利七世没能取得任何重要战果。

图中是亨利七世在接待犹太商人的代表团。

E 《黄金诏书》

黄金诏书	
内容	1 皇帝由当时权势最大的7个选帝侯在法兰克福城选举产生。 2 选举会议由美因茨大主教召集并主持，神圣罗马帝国皇帝不再需要罗马教皇的承认。 3 世俗选帝侯由长子继承，领地不可分割。 4 选帝侯在其领地内政治独立，拥有征税、铸币、盐、铁矿开采等国家主权，以及最高司法裁判权。 5 选帝侯拥有监督帝国的新职权。
影响	《黄金诏书》从法律上确认了七大诸侯选举皇帝的特权，从此皇帝完全丧失了政治集权的可能性。

D “选帝侯”

在皇权孱弱的形势下，德意志许多诸侯和自由城市的权力与日俱增。与此同时著名的七大诸侯开始垄断皇帝的选举权。为了保护自己的权益，避免强大的王权出现，这些诸侯往往选举小邦诸侯当皇帝，封建诸侯扼制王权的形势已成定局。

图中是骑着马的查理四世跟“选帝侯”之一的特里尔主教。

A.D.11世纪 A.D.15世纪

16 意大利的城市

关键词:佛罗伦萨 威尼斯

11、12世纪,意大利出现了高度自治的城市公社,这些城市一般都有教皇颁发的特许状,享有立法、司法、行政等多项政治权力,俨然是独立的政治共同体。1254年,霍亨斯陶芬王朝崩溃后,这些高度自治的城市成为城市共和国,这些小国都是工商业繁荣的国家。13到15世纪是意大利城市共和国最繁荣的时期,其中最典型的是威尼斯和佛罗伦萨共和国。

意大利的城市

1 **11、12世纪**,意大利出现了高度自治的城市公社。

2 **1254年**,霍亨斯陶芬王朝崩溃,意大利中部为教皇辖地,北意大利脱离了帝国,一些城市发展成为城市共和国。

3 **13—15世纪**,意大利城市共和国进入繁荣时期,出现了一些著名的城市共和国,如威尼斯和佛罗伦萨。A B

A 威尼斯

12—13世纪时,威尼斯取得了在东方贸易中的优势地位,随后逐渐发展成为一个以从事东西方中介贸易为主的国际大都市,拥有20万工商业居民。它于1284年所铸造的货币“杜卡特”成为当时国际市场上通用的货币。威尼斯号称共和国,但实行的是商人贵族的寡头政治,政权掌握在少数城市贵族手中。国家元首称总督,从威尼斯豪门贵族中选出,终身任职。

图中画家安东尼奥·卡拉创作于18世纪的油画,画中穿梭不停的船只和雄伟的建筑表明了威尼斯的繁华。

B 佛罗伦萨

佛罗伦萨原是罗马殖民城市,它是一个纺织业、银行业和信贷业中心。14到15世纪,佛罗伦萨的毛纺织业中出现手工工场,鼎盛时达到200多家。其所铸造的货币“佛罗林”也是地中海区域的通用货币。佛罗伦萨实行的也是寡头政治体制,由最富有的手工工场主、银行家和大商人掌握国家政权。

图中是两名佛罗伦萨放债人在柜台上进行交易,这种柜台在意大利语中称为工作台,“银行”一词便由此而来。

C 城市同盟

城市同盟	
产生原因	1 为了在城市竞争中维护共同利益。 2 为了与封建领主和国王对抗。
莱茵同盟	1 **1226年**，莱茵河城市成立以美因兹为首的莱茵同盟，包括科隆、沃姆斯、施佩耶尔等六十来个城市。 2 **1254年**，同盟发表宣言，规定同盟成员应选出代表四人，组成同盟大会，决定有关事项。 3 **1239年**，莱茵同盟受封建主打击，于1450年解散。
士瓦本同盟	1 **1331年**，由奥格斯堡、纽伦堡及部分瑞士城市组成。 2 **1378年**，士瓦本同盟的加盟城市达到84个，后因与封建主斗争失败，于1388年被迫解散。
汉萨同盟	1 13世纪中期形成。1293年，吕贝克被选为同盟总部所在地。 2 **1370年**，汉萨同盟战胜丹麦，订立《斯特拉尔松德条约》，同盟垄断波罗的海地区贸易，实力雄厚。 3 **15世纪**，汉萨同盟转衰，1669年解体。

D 行会

随着城市的兴起和手工业生产的繁荣，为了对付封建主的侵扰和捍卫同业者的共同利益，城市手工业者按行业组成了特殊的团体，即行会组织。12世纪以前，行会在争取城市独立和保护脆弱的城市手工业等方面起到了积极作用。但是随着生产发展，行会的种种规定就越来越阻碍生产力的发展。14世纪起，西欧的行会开始解体。

E 商人公会

商人公会是欧洲中世纪时期从事国际贸易的商人组成的协会。1020年左右由盖尔德斯的蒂尔的商人组成的行会是商业公会的前驱。11世纪末，在法国圣奥梅尔的一个类似团体的章程上已使用“商人公会”这一名称。大多数商人公会只收同一城市的居民为会员。到15世纪初，欧洲的商人公会大都已湮没无闻，或者只做为一种组织涣散的团体存在，起不到任何实际的经济作用。

A.D.6世纪　A.D.14世纪

19 中世纪的西欧文化

关键词:经院哲学 基督教文化

罗马帝国的衰亡使西欧和中欧陷入一片混乱，强有力的中央政府不复存在，经济生活也被彻底被打乱。社会生活的动荡导致了学术文化的衰退，西欧的文化水平急剧下跌，基督教会成了欧洲文化不亡的唯一一线希望。

在中世纪最初的几百年间，基督教士是西欧古典文化的唯一继承者，只有基督教士还在钻研着古典文化的各项成果。中世纪西欧的文学诗歌、建筑艺术也都同基督教会有关。整个中世纪西欧文化都是以基督教为题材，以基督教思想为背景的。可以说，西欧中世纪文化的主体，就是基督教文化。

中世纪西欧文化	
教会	中世纪的学术活动集中在对《圣经》的繁琐考证上。A
哲学	中世纪西欧哲学与神学二位一体，互为表里，被称为“经院哲学”，代表人物为托马斯·阿奎那。B C
文学	1 拉丁诗歌是中世纪西欧出现较早的文学作品，创作者主要是来自教会的修士。 2 **12世纪**，学生和教师也开始写作，方言文学作品大大增加，主要分为四大类：英雄史诗、骑士抒情诗、骑士传奇和寓言。
建筑	中世纪的西欧艺术成果集中体现在教堂建筑上。哥特式教堂建筑是中世纪西欧艺术最主要的表现形式，教堂一般用石头建造，装饰以雕刻和绘画。D E

A《圣经》

在中世纪的西欧，随着基督教的传播，出现了查理曼时代后期的“加洛林文艺复兴”。这一运动初步改变了中世纪西欧在文化领域上的蛮荒蒙昧状态。

其中比较重要的事件就是查理曼大帝委托阿尔昆对拉丁教父圣·哲罗姆编订的《通俗拉丁文本圣经》进行修订。从797年起，经过3年的时间，阿尔昆终于编订出一部新版的《圣经》。

图中是14世纪存于保加利亚国家历史博物馆的耶稣受难图，耶稣基督的受死和复活是《新约圣经》的主题。

B 经院哲学

经院哲学产生于11—14世纪，是天主教教会在经院中所教授的理论，因此与宗教神学紧密结合。经院哲学属于唯心主义哲学，是中世纪欧洲特有的哲学形态。早期中世纪只是对基督教的圣经、信条加以阐述，进行注释。11世纪时，人们开始运用理性形式，通过辩证方法来论证基督教信仰的合理性。经院哲学家们围绕共相与个别、信仰与理性的关系展开了长期的争论，形成了唯名论与实在论两大派别。唯名论认为只有个别的感性事物才是真实的存在，而实在论则认为共相才是个别事物的本质。

C 托马斯·阿奎那

托马斯·阿奎那是中世纪经院哲学的代表人物，他是自然神学最早的提倡者之一，其代表作为《神学大全》，书里详细阐述了他的神学系统。阿奎那认为神学是一种科学，其最终目标是运用理性的方法来了解上帝的真相，并且透过真相获得最终的救赎。同时，阿奎纳还主张君权神授，认为教权高于王权。

D 教堂

中世纪西欧艺术集中体现在教堂建筑艺术上。教堂既是神权统治的堡垒，也是人们交往活动的主要场所。西欧的教堂分为罗马式和哥特式两种，从中世纪初期到12世纪流行的是罗马式。自12世纪起，随着经济的复苏，物质生活的改善，人们的审美情趣提高，哥特式建堂建筑逐渐出现，到13世纪时风行于西欧。

图中是建于13世纪的沙特尔大教堂。

E 雕塑

中世纪西欧的教堂也是雕塑、绘画的艺术中心。教堂的壁画也主要以《圣经》中的人物和故事为题材。

图中是建于1135年的乔治大教堂门楣上的雕塑，骑士手持长剑的姿势略显僵硬。

395·1584

在西罗马崩溃后，东罗马帝国继续保持了政治、经济上的繁荣，成为东地中海的一个强国。直到1453年，存在了11个世纪之久的伟大帝国才结束了其统治，成为了历史。

在东欧，斯拉夫人先后建立了基辅罗斯、沙俄、波兰王国、捷克王国、保加利亚王国等国家，也开始了统一、融合、独立的历程。图中是圣索菲亚大教堂俯瞰下的君士坦丁堡。

第五章

拜占庭之光

——东欧封建社会的发展

A.D.527　　A.D.565

01 查士丁尼的复辟之梦

关键词:查士丁尼 政治统治 对外扩张

从527年到565年，拜占庭处于查士丁尼皇帝的统治之下。查士丁尼是一个野心勃勃的皇帝，他在即位之初就着手编纂法典，并于529年颁布了《查士丁尼法典》。他统治时期着力于恢复罗马旧制，从533年就开始了长达20年的西方征服战争。但是查士丁尼的复辟政策并不得人心，因而他在西方的统治极不稳固。国内起义不断，外族也长期在帝国边境骚扰入侵，到他的继承者统治时期，帝国在西方的领地已不断丧失。

查士丁尼（527—565年在位）	
立法活动	1 查士丁尼即位之初，即组织法典编纂委员会，由大臣、法学家特里波尼安主持。A 2 529年，编成《查士丁尼法典》。B 3 533年，编成《法学汇纂》五十卷，该书收录了历代法学家论文。 4 533年，编成《法理概要》四卷，该书成为法学原理的教材。 5 565年，编成《新法典》。
对内政策	1 全国设有行政区，行政区的长官直接向帝国皇帝负责。C 2 严格管理手工业和商业。D E 3 宣布东正教为国教，奉行严格控制教会的政策。F G H
对外战争	1 533年，大将贝利撒留进攻北非的汪达尔王国，占领迦太基。I J 2 535年，贝利撒留进攻意大利的东哥特王国，554年完全征服意大利。 3 554年，拜占庭攻占西哥特人占据的西班牙东南部沿海。

A 查士丁尼

查士丁尼是一位颇有政治抱负的君主，他在位期间征服了汪达尔王国和东哥特王国，不仅阻挡了“蛮族”对帝国的侵扰，而且几乎恢复了昔日罗马帝国昔日的荣耀，因此这段时间甚至被称为拜占庭帝国的第一个黄金时代。

图中是镶嵌画中描绘的查士丁尼身穿黄袍，头戴王冠，头顶的光轮象征着天穹。

B《查士丁尼法典》

查士丁尼最大的功绩是529年发表的《查士丁尼法典》。法典总共10卷，包括自罗马皇帝哈德良以来400多年间历代皇帝的法令，对今后法律的制定有着深远的影响。

图中是梵蒂冈文艺复兴时期的一幅画，画中查士丁尼身着古罗马时代的服饰，将法典交给顾问们，而顾问们则身着文艺复兴时期的服饰。

C 帝国的内政

查士丁尼在位时，在内政上推行政治集权的改革，在他的统治下，拜占庭继承了罗马帝国高效的行政管理传统。全国设4个行政区，行政区的长官直接向帝国皇帝负责，实行军政分治。查士丁尼还建立了常备守边部队，并沿边界构筑堡垒，以抵御“蛮族”的入侵。

图中是圣维泰尔教堂的一幅镶嵌画，图中的查士丁尼身穿华服，正向教会献礼，围绕他左右的是宫廷显要人物。

D 帝国的经济

拜占庭帝国人口稠密，手工业和商业都十分发达。在经济繁荣的情况下，城市也随之兴起，帝国东部的城市发展规模很大，如首都君士坦丁堡，中世纪人口已达80多万，是欧、亚两大洲的经济交通中心。东部的工商业城市不仅为帝国提供了充分的物质保证，而且还提供了大量的雇佣军来对付“蛮族”的入侵。

图中是帝国的首都君士坦丁堡。

E 行会制度

行会制度

1 拜占庭的各个手工业和商业行业都有行会组织。

2 政府制定各种行业管理规则，通过行会来管理各个行业。

3 政府会赋予一些行会相关的行业垄断权，或者赋予某些特殊行业免除军事劳役的特权，从而保证行会成员的稳定生活。

4 作为政府在经济管理上不可或缺的工具，行会几乎无所不在，甚至连奴隶也有属于自己的“公会”。

5 行会有时还承担公共工程的建造、税款征集等政府职能。

F 东正教

东正教又称正教、希腊正教，是基督教的一个派别，主要是指拜占庭帝国所流传下来的传统的基督教教会，它与天主教、基督新教并立为基督教三大派别之一。“正教”的希腊语意思是正统。与天主教不同，正教的教会是一些被称为“自主教会”或“自治教会”的地方教会，这些教会彼此独立，却有着共同的信仰。

G 宗教政策

宗教政策

1 拜占庭帝国继承罗马帝国的传统，奉行严格控制教会的政策。

2 帝国的君主成为教会的保卫者。

3 基督教被视为帝国不可缺少的意识形态。

4 教会占有大量土地，免除税赋，并享有征收什一税的特权。

5 政府的宗教政策在支持正教派的两性论（基督的神性和人性并存）或是支持一性论（基督的神性取代了人性）上摇摆不定，并试图使他们和解。

H 圣索菲亚大教堂

查士丁尼是国教东正教的保护者。由此，东正教成为拜占庭皇权的支柱。查士丁尼统治时还大兴土木，在首都君士坦丁堡修建了恢宏的宫殿和富丽堂皇的圣索菲亚大教堂。

图中是查士丁尼重建的圣索菲亚大教堂，教堂的装饰非常华丽，镶嵌画和昂贵的大理石几乎覆盖了所有的地方。

I 征服“蛮族”王国

查士丁尼在位期间，立志要恢复罗马旧制，并于533年开始，进行了长达20年的西方征服战争。533年查士丁尼派大将贝利撒留进攻北非的汪达尔王国，占领了迦太基。这成为帝国征服西欧的开始，554年帝国又攻占了伊比利亚半岛东南部，至此，地中海几乎成为罗马的内湖。

图中是拜占庭的军队。他们装备精良，训练有素，从卫队到胸甲奇兵都手持长矛。

J 拜占庭的兵工厂

拜占庭的军队建立在极高的技术基础之上，他们的兵工厂不仅能够建造划桨战船，而且还负责制造用来攻城的灵活武器。例如，为了便于攻城，拜占庭制造了脚手架或者巨大的梯子，使他们能爬到城墙之上，投射武器。

图中是拜占庭人制造的脚手架。

A.D.6世纪 A.D.8世纪

02 帝国的战争

关键词:帝国战争 军事改革

查士丁尼死后，其征服的土地逐渐丧失。6 世纪末，游牧民族时常进犯，帝国外患频繁。7、8 世纪时，为拯救帝国于危亡，帝国开始实行军区制改革，建立军屯制度并对军队上层进行土地分封，由此形成了军事封建贵族。经过军区制的改革，拜占庭帝国基本解决了兵源和军费上的困难，为其军力的兴起创造了条件。这一改革也使军事封建贵族占有了大量的土地，屯田兵和自由农沦为依附农民和农奴，社会封建化进一步加深。

7—8世纪的拜占庭帝国

希拉克略王朝（610—717年）

1 **610年**，希拉克里乌斯击败了福卡斯，建立了希拉克略王朝。A B

2 **611年**，波斯占领了卡帕多细亚，随后又占领了叙利亚行省和安提阿，并且入侵了埃及和巴勒斯坦。希拉克里乌斯后来重新夺回了这些东部省份。

3 **7世纪中期**，为防御外敌，希拉克里乌斯开始实行军区制改革，加强了帝国军事力量。C

伊苏里亚王朝

1 **717年**，叙利亚军事指挥官利奥废黜君主狄奥多西三世，创建伊苏里亚王朝。

2 为了抵御外敌，利奥三世进一步完善了军管区制度。

A 希拉克里乌斯

查士丁尼死后，拜占庭帝国的国力开始衰落。602年，军队发生暴动，百夫长福卡斯登上帝国皇位。福卡斯的即位受到帝国元老院和大贵族的激烈反对，各省挑起了持续8年的内战。阿非利加省督之子希拉克里乌斯于609年发动起义反对福卡斯，次年顺利进军帝都，夺取王冠，建立了希拉克略王朝。

图中是刻着希拉克里乌斯和君士坦丁三世金币。

C 军事贵族

希拉克里乌斯统治时期，为了抵御入侵，改革了军政分治的政治体制，建立了军事长官领导的地方军事行政区。世袭服兵役的士兵可以从国家公共土地和没收的地产中领到一部分封地。这个制度实施后，因军功而进入上层社会的军事贵族由此崛起。

B 希拉克略王朝

希拉克略王朝（610—717）是东罗马帝国的第四个王朝。在希拉克略王朝统治时期，拜占庭帝国改革了军事和行政管理制度，巩固了帝国的军事力量。希拉克略王朝末期，拜占庭帝国再度出现内乱，694年至716年，帝国的皇帝更换了6次。到8世纪早期时，拜占庭帝国的情况已经濒于无政府状态，帝国的疆域也逐渐缩小，到最后仅占有君士坦丁堡城及其周围的一部分地区。

A.D.726 A.D.843

03 破坏圣像运动

关键词:利奥三世 狄奥多拉

拜占庭帝国进行军事改革后需要大量土地和财产来保障新兴军事贵族的利益，安定军士生活。但当时帝国的大部分土地掌握在教会和修道院之手，同时它们还享有免税和免徭役特权，这严重影响了国家的税收。为了打击教会势力，726 年开始，利奥三世下令禁止供奉圣像，这个命令遭到大部分人的反对，整个国家到处发生暴乱。8 世纪末，帝国曾一度放弃了反圣像崇拜的政策。9 世纪初破坏圣像运动重现，直至 843 年，皇帝狄奥多拉宣布恢复圣像崇拜，这一运动才告结束。但皇权高于教权的政治格局没有改变，教会被没收的土地也不能再收回。

破坏圣像运动

背景	1 人们对圣像、圣物的过分崇拜引起了利奥三世的不安。A 2 利奥三世对教会积聚了巨额财富而又不纳税深感不满。B 3 为了进一步完善军管区制度，需要大量的土地和财富。
过程	1 **726年**，利奥三世宣布反对圣像崇拜，掀起了破坏圣像运动。 2 **730年**，立奥召集御前会议，强迫僧俗高级贵族在反对圣像崇拜的法令上签字，破坏圣像运动正式开展起来。 3 运动开始后，教会和修道院的圣像和圣物被捣毁，僧侣也遭到迫害。C D 4 破坏圣像运动在帝国各阶层间引发了激烈斗争。E
高峰	1 **753年**，君士坦丁五世在查尔西顿召开的宗教会议上通过了反对圣像崇拜的决议。 2 **787年**，伊琳娜女皇在尼西亚宗教会议上宣布恢复圣像崇拜，运动的第一阶段至此结束。 3 **813年**，利奥五世继位，破坏圣像运动重新兴起，进入第二阶段。 4 **843年**，狄奥多拉宣布恢复圣像崇拜，破坏圣像运动至此终止。但是皇权高于教权的原则被确立下来，拜占庭的封建化程度进一步加深 。F

A 圣物

基督教在西方一般没有圣像，只有十字架，而在东部却有许多圣像。8 世纪初，拜占庭人对基督、圣母和圣徒圣像非常崇拜。到9世纪时，圣物在拜占庭人的信仰中也开始占有很重要的位置，圣物成为宗教仪式中不可缺少的物品。这些圣物通常指的是直接和基督有关的珍贵物品，如耶稣受难的器具、遗骨等。

图中是考古发现的疑似圣洗礼约翰之手的遗骨。

B 利奥三世

拜占庭人对圣像和圣物的崇拜让利奥三世感到不安，同时教会积聚了巨额财富而又不纳税的情况也使利奥三世深感不满。于是，在726年，他开展了破坏圣像运动。在这一运动中许多坚持崇拜圣像的僧侣被囚禁、流放甚至被处死，修道院被封闭，教会的土地、财产被没收。

图中是刻有利奥三世头像的金币。

C 破坏圣像

破坏圣像运动开始后，教会和修院的圣像、圣迹和圣物被捣毁，土地和财产被没收。许多坚持崇拜圣像的僧侣被囚禁、流放甚至被处死，修道院被封闭，教会的土地、财产被没收。军事贵族和作战有功的官兵获得了土地。

图中是在破坏圣像运动中被迫害的僧侣。

D 装饰

在破坏圣像运动中，十字架和单线条纹的花饰代替了人物形象，那时的大部分装饰都消失了，除了卡帕多西亚岩间的教堂上还能看到类似的花纹。这些建在石头山顶山洞的教堂，在843年后就没有变动过。

图中是教堂上的十字架花饰。

E 国内斗争

国内斗争	
支持者	反对者
主张和参加破坏圣像的主要是东方各军区的军事贵族、开明僧侣、保罗派信徒以及其他反教会的下层群众。	1 坚持圣像崇拜的主要是正教高级教士、旧贵族、修士以及欧洲地区的民众。 2 君士坦丁堡工商界人士也站在圣像崇拜者一边。

F 狄奥多拉

842年，年幼的米哈伊尔三世继位，皇太后狄奥多拉摄政，后者是坚定的崇拜圣像派。次年，狄奥多拉在控制朝政之后马上宣布恢复圣像崇拜，实行宗教安抚政策，为因这一运动受到迫害的教俗人士平反，圣像破坏运动结束。与此同时，她再次确定了皇权对教权的控制和对宗教事务的干涉权。

A.D.867　A.D.1056

04 黄金时代

关键词：黄金时代 对外征服

9—11世纪，在马其顿王朝（867—1056年）诸皇帝的统治下，拜占庭帝国臻于极盛，被称为帝国的“黄金时期”。这一时期，政治、经济的稳定使皇帝们有实力再次发动对外征服战争。10世纪，拜占庭获得了亚得里亚海的制海权，占领了意大利的一部分和保加利亚的大部分地区。1018年，巴西尔二世打败了保加利亚人，彻底消灭了第一保加利亚王国。

同时，拜占庭教会在这一时期也生机勃勃，巴尔干及东斯拉夫人加入了基督教，并被纳入拜占庭文化的范畴。

黄金时代	
政治	1 破坏圣像运动结束，君权得到加强，法统的观念已牢固确立。A 2 宫廷装饰豪华，礼仪繁缛。B C 3 中央集权的加强使地方军政管理也得到改善。D 4 建立了专门处理外交事务的机构。
经济	1 以君士坦丁堡为中心的商业外贸活动十分繁荣。E F G H 2 商业的发达和农业赋税使帝国国库十分充实。
对外战争	1 975年，收复了巴勒斯坦、小亚细亚。 2 1014年，巴西尔二世打败了保加利亚人；1018年，兼并了保加利亚王国。I J
宗教	1 865年，保加利亚大公鲍里斯接受君士坦丁堡基督教。 2 对南斯拉夫和东斯拉夫人的传教活动也加速进行。K 3 1054年，君士坦丁堡教会和罗马教会彻底分裂。分裂后称“东正教”。L

A 皇帝的权威

马其顿王朝时期，拜占庭帝国的法统观念已牢固确立。新君主作为“上帝在人间的执行者”，由主教在教堂为其加冕，象征着其神圣的统治权由上帝授予。

图中是829年登基的君主狄奥菲鲁斯，皇帝身边围绕的是帝国的“支柱”，他们是官员和教士，身着华服，簇拥在宝座周围。在这里被士兵保护着的皇帝拥有至高无上的权力。到马其顿王朝时期，君主权力得到了进一步加强。

B 宫廷礼节

君权的神圣还体现在宫廷礼仪上面，皇帝在自己豪华神秘的宫廷里接见帝国的高官们。被接见者要身穿皇帝赐予的华服，爬上大厅与皇座之间的阶梯，跪在皇帝面前行完大礼才可以站起来。

图中是高官显贵对皇帝行礼的场景。

C 宫廷显贵

按照宫廷礼仪，皇帝宴请高官与显贵时，会按照每个人的等级高低来安排他们坐在离皇帝或远或近的地方。最尊贵者的座位与皇帝离得最近，所以高位显爵是一种荣誉，一种分等级的荣誉。拜占庭恪守这一宴会制度。

图中是出自于圣尼古拉教堂的壁画《卡娜的婚礼》，皇帝模仿基督邀请最显要的人物到宫廷进餐。

D 行政官员

拜占庭继承了罗马帝国高效率的行政管理传统，并随着情况变化而加以改变。官员的头衔与实际的官职相联系，他们的职位由皇帝任命，并且可以随时撤回。职权赋予权力，而获得形象的是社会头衔。从9世纪开始，低级头衔可以买卖，君士坦丁七世时发布的《礼仪书》附录中甚至列有头衔价目表。

图中是拜占庭帝国担任重要职位的显贵人物。

E 君士坦丁堡

君士坦丁堡原名为拜占庭，位于巴尔干半岛东端，地处欧、亚交通要塞，战略地位十分重要。330年，罗马帝国皇帝君士坦丁一世定都于此地，遂命名为君士坦丁堡。395年，东西罗马帝国正式分裂，君士坦丁堡作为东罗马帝国的首都，成为地中海东部政治、经济、文化中心。476年，西罗马灭亡，拜占庭帝国依然强大，成为存在时间长达11个世纪的帝国，一直是世界上最繁荣的文明之一。

F 光明之城

拜占庭帝国的安全依赖其首都君士坦丁堡，拜占庭人怀着对它的强烈喜爱之情称它为“美丽之城”、“光明之城”。君士坦丁堡是拜占庭人心目中的万城之冠。而对于拜占庭那些虎视眈眈的邻居来说，夺得了君士坦丁堡就等于扼住了帝国的咽喉。

图中是马尼亚凯斯皇帝攻打君士坦丁堡的场景，这位皇帝来到了金门前，但他仍没有推翻马其顿王朝。

G 帝国的商业

从10世纪开始，越来越多的威尼斯商人涌向君士坦丁堡，他们在“黄金角”海湾建立了一个威尼斯区，里面分布着住所和教堂。尽管被剥夺了部分权利，那些商人仍坚持留在那里，这时的君士坦丁堡已表现出作为国际大都市所具有的吸引力。

图中描绘的就是君士坦丁堡的威尼斯区，取自15世纪马可·波罗的手稿《奇迹之书》。

威尼斯的圣马可大教堂，它的修建深受拜占庭艺术的影响。教堂的墙壁上覆盖着镶嵌画，正面也是仿照圣使徒教堂来建造的。

H 威尼斯

圣马可广场的仪式行列

威尼斯原是拜占庭的一个城市，11世纪时从拜占庭独立出去。独立后的威尼斯仍将拜占庭的首都君士坦丁堡视为他们的一个主要商埠，许多威尼斯人都选择到君士坦丁堡生活。

I 保加利亚王国

保加利亚人很可能原属于西伯利亚的种族，原本为欧诺古尔人的一个分支部落。后来由于天气变冷，这些人一起迁徙到了东欧的亚速海一带。681年，保加利亚人在多瑙河南岸打败了拜占庭皇帝查士丁尼二世所领导的军队，拜占庭遂将多瑙河以南与巴尔干山脉之间地区割予保加利亚人。此后保加利亚人在多瑙河下游流域建立汗国，即保加利亚第一王国。在其鼎盛时期，疆域东至黑海，南至爱琴海和亚得里亚海。

J “保加利亚屠夫”

从9世纪起，拜占庭与保加利亚的斗争持续了两个多世纪。976年，巴西尔二世即位，经过16年的浴血奋战，在东方巩固了其统治地位，并于1018年兼并了保加利亚王国，一些罗斯公国也先后称臣。巴西尔二世征服保加利亚后对待俘虏极其残忍，他因此获得了“保加利亚屠夫”的称号。

图中是巴西尔二世的画像，脚下躺着的是被他打败的敌人。

K 圣尼古拉教堂

斯拉夫民族接受了拜占庭帝国传来的基督教。如图所示的位于苏兹达尔的圣尼古拉教堂就是斯拉夫人建立的最早的基督教教堂之一。

图中就是位于苏兹达尔的圣尼古拉教堂。

L 东西教会大分裂

东西教会大分裂	
背景	1 罗马和君士坦丁堡在文化、语言和政治上都存在分歧。 2 双方在宗教信仰的问题上一直鲜有共识。
《尼西亚信经》内容的争议	1《尼西亚信经》原本提到“圣灵是由父而出”，罗马教廷要在《尼西亚信经》里插一个拉丁文字，即“圣灵是由父和子而出”。 2 拜占庭教会反对未经普世会议就加添任何字句。
基督的神性与人性论争	1 罗马教廷坚持基督两性论，即认为基督的神性和人性并存。 2 拜占庭坚持基督一性论，即基督的神性取代了人性。
崇拜图像的论争	1 罗马教廷图像崇拜盛行。 2 拜占庭禁止崇拜图像，掀起“破坏圣像运动”。
结果	1054年，罗马教会和君士坦丁堡教会彻底分裂。

A.D.1261 A.D.1453

05 最后的岁月

关键词:奥斯曼帝国 帝国覆亡

从 11 世纪中期起，帝国就呈江河日下之势。马其顿王朝结束后，新建立的科穆宁王朝开始推行普洛尼亚制，封建分裂倾向加剧。

帝国内部的衰弱招致了外来侵略。到 14 世纪末，奥斯曼土耳其已占领了巴尔干的绝大部分地区和整个小亚细亚，君士坦丁堡已成孤城。终于在 1453 年，土耳其人攻陷了君士坦丁堡，拜占庭帝国灭亡。

最后的岁月

内部衰落

1 **11世纪中期**起，随着外族的入侵，农民大量破产，动摇了帝国的经济基础。

2 **1081年**，科穆宁王朝建立，开始推行普洛尼亚制，社会上形成一个特权世袭贵族阶层，封建分裂倾向加剧。A

外来侵略

1 **1055年**，塞尔柱帝国建立，开始向拜占庭进攻。

2 **1071年**，塞尔柱军队在幼发拉底河大败拜占庭军队，接着攻占了小亚细亚大部。

3 诺曼人趁帝国衰败之际占领了意大利南部领地，1071年夺取了拜占庭在西方的最后一个据点巴里。B

4 **14世纪上半叶**，奥斯曼帝国迅速崛起，土耳其人开始征服拜占庭帝国的领土。

5 **1373年**，拜占庭皇帝向奥斯曼帝国称臣纳贡。

6 **1393年**，土耳其人围攻君士坦丁堡，直到1402年才撤兵。

7 **1453年**，土耳其人攻陷君士坦丁堡，拜占庭帝国灭亡。

A 普洛尼亚制

科穆宁王朝时期拜占庭帝国确立了普洛尼亚制，又称“恩准制”，与法兰克的采邑制相似。普洛尼亚制是帝国的监领地制度，帝国将土地分给公职贵族监领，监领主必须为国家服役，相应的也拥有对监领地上的农民的支配权，自由农民因此也成为了依附农，拜占庭的封建化由此完成。随着普洛尼亚制的发展，监领主又取得了领地的行政和司法权，分裂割据也因此进一步加剧。

B 威尼斯的港口

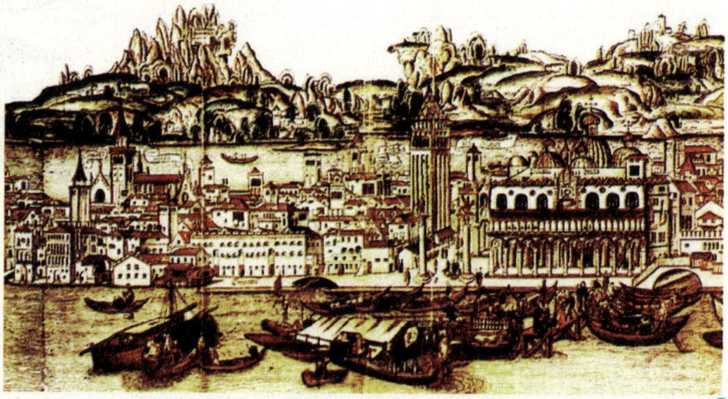

从11世纪起，威尼斯的舰队就强大起来，以至于科穆宁王朝的皇帝阿历克西乌斯一世·科穆宁也不得不向其寻求援助，来对付入侵的诺曼人。12—13世纪时，威尼斯取得了在东方贸易中的优势地位。

图中是布雷当巴克传作于1486年的版画《游记片段》，描绘的是威尼斯的港口。

A.D.395　A.D.1453

06 包罗万象的帝国文化

关键词:包罗万象 文化

“蛮族”的入侵使西欧的文化发展受到了致命打击，而在拜占庭，古希腊、罗马的文献、典籍却被成功地保存了下来。这一贡献对西欧的文化复兴产生了重要影响。

艺术上，拜占庭人既受古希腊、罗马风格的影响，也受到古代亚洲等地艺术的影响。他们的建筑艺术成功地把生动的色彩和精致的造型设计融为一体，并经常选用宗教故事或人物为题材。这种建筑风格渐渐由东正教传教士带往东欧等地，成为希腊、巴尔干地区与俄罗斯盛行的建筑文化。

帝国文化	
文学	1 拜占庭继承了希腊罗马古典文化，政府高度重视图书馆的建设，用于收集和整理古代图书。A B C D 2 拜占庭的文学包括小说、故事集、诗歌等形式，12世纪的《马扎利斯》和《庄园之主》是讽刺散文的代表作品，小说则主要翻译古印度故事。E
哲学	1 新柏拉图主义，论证了宇宙从高到低的“存在”层次，代表人物为普洛科路斯（410—485）。F 2 新亚里士多德主义，代表人物为菲洛普诺斯（490—574）。G
史学	继承了古典史学的传统，取得了丰硕成果，代表人物为史学家普罗可比（500—565），代表作为《战史》。
音乐	1 拜占庭音乐源自古希腊和罗马音乐，目前保留下来的主要东正教的宗教音乐。H 2 出现了创造性的作品圣歌。
宗教	1 帝国的基督教神学受到犹太教神学和古典希腊哲学的影响。325年，确立了基督教的基本信条，即《尼西亚信经》。 2 拜占庭的盛期基督教传入斯拉夫民族，产生了长远的影响。
科学	1 拜占庭人继承了古希腊人重视科学和教育的传统。I J 2 在应用科学中，土木工程学、冶金学、地理学以及化学都得到了高度发展。
建筑	1 拜占庭教堂建筑继承了罗马的风格，其突出的半球形穹顶风格即是在罗马半圆拱顶墙壁基础上发展而来的。 2 城市的引水道、地下排污管道等都借鉴了罗马城建筑的经验。

A 藏书室

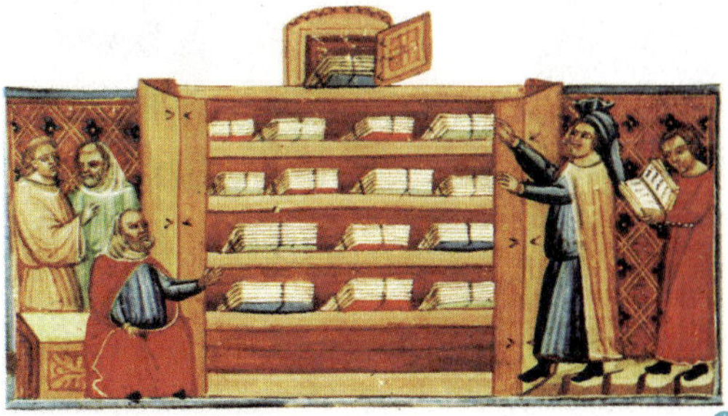

书籍是为拜占庭贵族的日常用品。一些知识渊博的人或者富人都藏有数以百计的图书。而且除了皇宫和主教宫殿，当时的修道院也拥有自己的图书馆。图中就是贵族的藏书室。

B 书籍

中世纪的欧洲文化受到的最大影响都来自于基督教文化，拜占庭也不例外。帝国书业最成功的成果之一是教堂神父的传道解经集，这些著作一再被印制，并且被反复传诵。

图中是出自于9世纪的拜占庭的经书，可以看到在拜占庭人眼里礼拜仪式书不仅是一本书，还是一件宗教信仰物，因此它如同圣物一样装饰着金子和宝石。

C 草楷小写体

800年左右，书写更快、更适合阅读的草楷小写体代替了安色尔字体的大写体。草楷小写体的出现使书籍以更加低廉的价格增加了印制量，这一改进对于文化传播来讲是一个革命性的创新。图中是草楷小写体抄写的《福音书》。

D 抄书人

古希腊的古典著作是通过不断被传抄而得以保存下来的。7世纪以后纸莎草纸被羊皮纸代替，这更加便于书籍的保存。9到12世纪时，由于保存工作的便利和文字使用的规范化，文人们开始更多地从轻便的课本中阅读到古希腊哲学家的著作。图中的画像描绘的就是抄书人在工作。

E 作家

就像圣徒在精神生活中起到的作用一样，教士们在书籍著作中也占有重要地位，当时很多书籍的作者都是修士。修道院同时还承担着复印书籍的作用，成为复制书籍的大工厂，修士们几乎垄断了这项产业。

F 新柏拉图主义

新柏拉图主义认为，世界有两极，一端是被称为“上帝”的神圣之光，另一端则是完全的黑暗。世间唯一存在的就是上帝，照耀着神圣之光，但就像光线会逐渐变弱，神圣之光也无法普照整个世界。灵魂受到神圣之光的照耀，物质则位于那光照不到的黑暗世界。新柏拉图主义强调，世间一切事物都有这种神圣之光，但最接近上帝光芒的还是人类的灵魂，只有灵魂才能与神秘和伟大合而为一。

G 新亚里士多德主义

新柏拉图主义兴起之后，新亚里士多德主义哲学也逐渐兴起。这一流派的哲学主要是运用演绎法与三段论逻辑形式去推理论证其观点。新亚里士多德主义认为世界上既存在永远是第一位的个别事物，同时也存在着一个起决定作用的“灵魂世界”。新亚里士多德主义其实是对亚里士多德的“实体”论的新阐述，这一哲学流派对帝国后来的哲学发展产生了巨大的影响。

H 音乐

音乐对于拜占庭人来讲是一种世俗的消遣，跳舞则成为宫廷最喜爱的娱乐方式之一。乐师们通常演奏的是管弦乐器，管风琴则被归为气乐器。这时音乐已经进入了教堂。

图中是是出自1世纪的《圣经・旧约》，描绘的是正在表演的舞蹈家和演奏家。

I 基础教育

拜占庭的基础教育普及程度相当高，即使在小亚细亚最偏远的小镇上也可以找到老师。基础的教育一般是用来获取古希腊语法的基本知识，这种教育通常采取的是私人付费制。有些修道院也有学校，主要是用来培养未来的修士。

图中是老师正在给学生讲课。

J 学校

拜占庭学校的课程几个世纪来几乎都没有变化，主要是语法、诗歌和修辞的练习。对于官员来说，除了学习修辞外还必须学习必要的法律知识，因此在一些享有盛名的机构会有专门的法学家授课。不仅如此，拜占庭的教育还在课程上加强了哲学教学。

上图取自13世纪的希腊文手稿，描绘的是学生上哲学课的情形。

A.D.862　　A.D.1054

07 基辅罗斯公国

关键词:基辅罗斯 雅罗斯拉夫

8—9 世纪，位于东欧平原上的东斯拉夫人的社会阶级分化日益扩大，各部落之间互相攻伐，战争不断。862 年，诺曼人留里克征服了东斯拉夫人，建立了留里克王朝，建罗斯国。882 年，东斯拉夫人建立基辅罗斯公国。10 世纪初，基辅罗斯多次进攻拜占庭帝国，迫使其屈服，并获得了免交贸易税的特权。10 世纪中叶，罗斯人皈依希腊派基督教，开始与拜占庭交好。雅罗斯拉夫统治时期还在拜占庭影响下修订了《罗斯法典》。1054 年，雅罗斯拉夫死，国土为其诸子瓜分，基辅罗斯瓦解。

基辅罗斯公国

建立	1 **6世纪**，东斯拉夫人逐渐向俄罗斯的欧洲部分等地区迁徙。 2 **9世纪**时，东斯拉夫人的原始社会解体，各部落之间互相攻伐，战争不断。 3 **862 年**，诺曼人留里克征服东斯拉夫人，建立了第一个罗斯王国。 4 **879年**，留里克去世，奥列格继任王公。**882年**，罗斯国迁都基辅，称基辅罗斯。
发展	1 **10世纪**，基辅罗斯征服了周围的斯拉夫人和非斯拉夫人的部落，形成了以东斯拉夫人为主体的国家。A 2 **10世纪**时，基辅罗斯多次进攻拜占庭帝国，迫使其签订了商业性条约，保障了其在拜占庭的商业特权。 3 **10世纪末**，弗拉基米尔一世统治时期，基辅罗斯达到鼎盛，成为东欧强国，基督教被奉为国教。B
灭亡	1 **11世纪中期**，雅罗斯拉夫统治时期，封建大土地所有制有所发展，剥削日益加重，国内阶级斗争日趋激烈。 2 **1054年**，雅罗斯拉夫死后，国土为其诸子瓜分，基辅罗斯瓦解。

A 基辅罗斯

基辅罗斯建国初期，因为没有统一完整的行政官僚体制，所以将对外征战和掠夺作为发展的基本政策。基辅大公都是通过原始的“索贡”方式来征收赋税，扩充国家的财政收入。图中是10到11世纪时基辅罗斯的版图，箭头和色块标明了各位大公在位时对外的进军路线和所占领的区域。

B 弗拉基米尔一世

弗拉基米尔一世（基辅大公，980—1015）统治时期，基辅罗斯达到鼎盛。他是基辅罗斯最有作为君主之一。他在位期间，攻打了波兰和立陶宛，向西扩展了国土，并加强了大公对全国的控制。987年，弗拉基米尔援助拜占庭皇帝镇压了小亚细亚的暴乱，随后皈依基督教，宣布基督教为国教，成为罗斯第一位基督教君主。自此，罗斯的文化深受拜占庭的影响，“沙皇”这个称号也源于拜占庭，意为最高统治者。

A.D.1147　　A.D.1533

08 蒙古的征服与莫斯科公国

关键词:莫斯科公国 伊凡三世

从 11 世纪到 13 世纪中叶，基辅罗斯瓦解后，形成了十几个相对独立的罗斯公国。各公国之间混战严重，蒙古趁机入侵，于 1204 年占领了罗斯公国中较大的公国基辅。至此，基辅罗斯彻底解体，日益强盛的莫斯科公国逐渐将其取代。

莫斯科公国

1 莫斯科是弗拉基米尔—苏兹达尔王公的领地，1147年作为居民点最早见诸史册，成为莫斯科建城的开端。

2 **13世纪**，蒙古入侵罗斯，莫斯科从弗拉基米尔—苏兹达尔公国分裂出来，成为独立的公国。

3 **14世纪**初起，莫斯科公国陆续合并四周王公领地，国势渐强。

4 **14世纪20年代**后，莫斯科公国接受蒙古金帐汗国册封，取得代征全俄贡纳的权力。A

5 **14世纪40年代**，莫斯科公国成为全罗斯最强的公国。

6 **15世纪后期**，伊凡三世（1462—1505在位）完成了对雅罗斯拉夫公国和罗斯托夫公国的兼并。B

7 **1480年**，伊凡三世在乌格拉河战役中击退蒙古，结束了蒙古对罗斯诸国的统治。

A 莫斯科大公国

莫斯科公国原是弗拉基米尔王公的领地，1147年开始建城，并于13世纪合并周围地区，形成独立的莫斯科公国。14世纪初，莫斯科公国因讨好蒙古统治者的政策而获得为其征收税赋的权力。此后，莫斯科公国的领地不断扩大，成为全罗斯最强的公国。

图中是基辅大公尤里·多尔戈鲁基的雕像。1147年，尤里·多尔戈鲁基在争夺基辅王位的战争中获胜后，邀请盟友去莫斯科庆祝，这是史书上第一次提及莫斯科这个地方。尤里·多尔戈鲁基因此被认为是莫斯科城的奠基人。

B 伊凡三世

14世纪时，罗斯人已经发起了对蒙古人的进攻，并且取得了连续的胜利。1472年，伊凡三世即位，开始使用“沙皇”的称号。1480年，伊凡三世的军队与蒙古军队在乌格腊河两岸对峙。由于当时的天气进入冬季，天寒地冻下蒙古人被迫提早撤兵，伊凡三世因此不战而胜。于是，蒙古贵族对罗斯人约两个世纪的统治到此结束。

A.D.1533　　A.D.1584

09 俄国沙皇

关键词:伊凡四世 俄国沙皇

16 世纪初，俄罗斯实现了政治上的独立和统一，但是各地封建王公的割据势力依然强大，国家的官僚机构也不够完善，难以有效地控制地方。所以伊凡四世加冕为沙皇后便开始进行改革，以削弱大贵族的权力，加强王权。

伊凡四世	
背景	**1547年，**莫斯科公国大公伊凡四世加冕称沙皇，沙俄诞生。A
对内政策	1 **1549年，**伊凡四世建立重臣会议，编纂新法典。 2 **1549—1560年，**对中央和地方的政治、行政、军事等方面进行改革以强化中央集权。 3 **1565年，**伊凡四世建立了沙皇特辖地区制，消除了领主政体，确立沙皇专制政体，建立了中央集权。
对外政策	1 **1547—1552年，**伊凡四世远征中灭亡了喀山汗国。B 2 **1556年，**阿斯特拉罕汗国也被吞并，然后伊凡四世又吞并了大诺盖汗国和巴什基尔亚，使北高加索许多民族归顺俄罗斯。 3 **1572年，**粉碎了克里木汗国政权，打破了奥斯曼统治俄罗斯的图谋。 4 **1579年，**占领西伯利亚汗国。

伊凡四世在位时不仅对国内实行专制的统治政策，对外也开始了军事扩张。1547年开始,俄罗斯就向东进军，并于1552年征服喀山汗国。1556年，伊凡四世先是吞并了阿斯特拉罕汗国，后又征服了大诺盖汗国和巴什基尔亚，此后北高加索许多民族归顺俄罗斯，俄罗斯开始成为多民族国家。

图中的圣巴西利亚大教堂，就是为了纪念1552年胜利占领喀山而建。

A 伊凡四世

1547年，伊凡四世加冕称沙皇，1549年宣布对全国实行改革。1549到1560年是俄罗斯的改革时期，其中的军事改革使俄罗斯走向强大。1565年，伊凡四世在全国推行沙皇特辖区制，打破了领主政体对沙皇的一切权力限制，建立了沙皇专制政体。

B 对外扩张

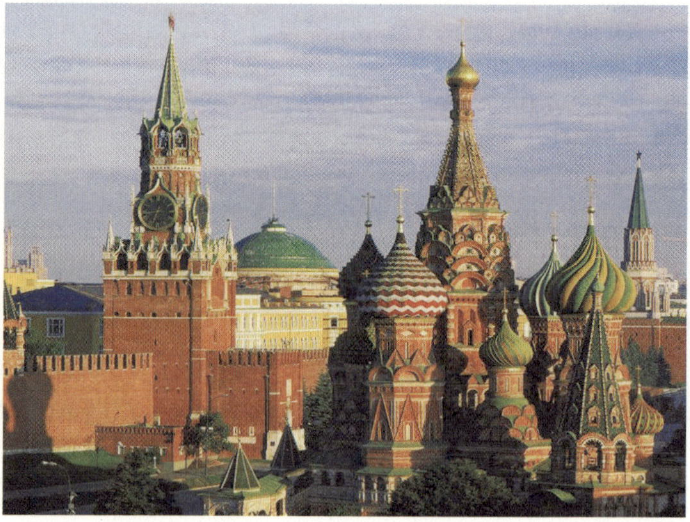

A.D.9世纪　　A.D.15世纪

10 波兰的统一

关键词:统一　波兰立陶宛大公国

波兰国家形成较晚，直到10世纪末才初具雏形。9世纪中叶，位于中欧的西斯拉夫人的部落形成政治性共同体，分为小波兰公国和大波兰公国。10世纪末，大波兰公国统一其他部落，建立了古波兰国家。进入12世纪，波兰逐渐陷入封建割据，直到14世纪初，瓦迪斯瓦夫一世才于1320年完成了统一大业。1385年，通过王室联姻，波兰和立陶宛合并。15世纪，波兰还一度同匈牙利、捷克等联合，成为欧洲实力较强的国家之一。但是在中小贵族的制约下，波兰始终未能建立强大的君主集权制国家。

波兰的统一

1 **6世纪至7世纪**时，西斯拉夫人栖息在维斯瓦河与奥得河流域。

2 **10世纪中叶**，西斯拉夫的原始公社就开始逐步解体，封建土地所有制产生。

3 **10世纪末**，波兰部落逐渐统一了其他部落，建立了早期封建国家。

4 **996年**，波兰接受基督教。

5 **1025年**，博莱斯瓦夫一世（992—1025在位）加冕为波兰国王，波兰成为统一国家。

6 **12世纪中叶**，波兰分裂为几个公国，进入封建割据时期，达200年之久。

7 瓦迪斯瓦夫一世（1314—1333在位）统一大波兰和小波兰，于1320年加冕为波兰国王。A

8 **1385年**，为抵抗条顿骑士团的侵略，波兰王国和立陶宛大公国实行了王朝联合，立陶宛大公瓦迪斯瓦夫二世为波兰国王。B

9 **1410年**，波兰—立陶宛联军在格伦瓦尔德战役中，给了条顿骑士团以毁灭性打击。

10 **1466年**，收复了东波莫瑞。

A 瓦迪斯瓦夫一世

瓦迪斯瓦夫一世是波兰恢复王国地位后的第一位国王，在位时间为1320年到1333年。他于1296年被贵族们选举为波兰大公，之后进行了一系列统一国家的战争，终于在1320年结束了波兰长达两个世纪的分裂状态。

图中是瓦迪斯瓦夫一世的画像。

B 波兰立陶宛大公国

进入12世纪后，波兰逐渐陷入封建割据。1226年，为了对付入侵的蒙古人，条顿骑士团被引入波兰，成为国家统一的长期后患。13世纪，由于条顿骑士团的威胁，波兰和立陶宛决意联合，并于1385年缔结《克列沃协定》。1410年，波立联军在格伦瓦尔德大败条顿骑士团。从此，骑士团势力一蹶不振。

图中是13到15世纪的波兰立陶宛大公国的版图，色块标明了两国联合的进程。

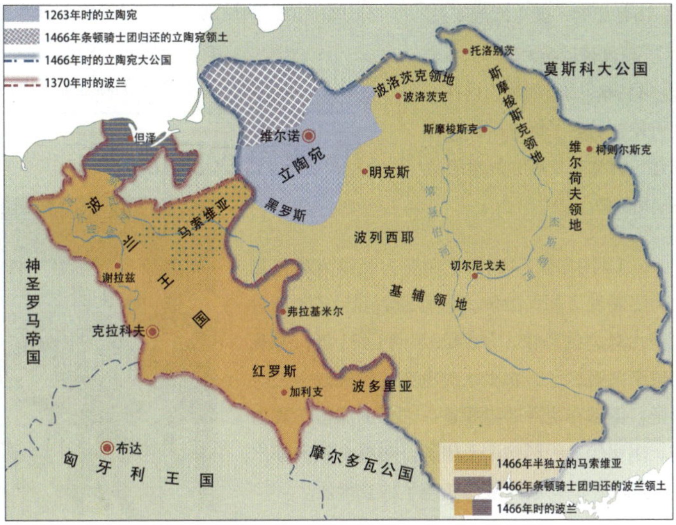

A.D.9世纪　A.D.15世纪

11 捷克的斗争

关键词:胡司宗教改革 农民战争

捷克属于西斯拉夫人的一支，6世纪末到7世纪初，由部落联盟发展成国家，但并未延续下来。9世纪初，大摩拉维亚公国出现，捷克就是组成公国的一个部落联盟。906年，大摩拉维亚公国为匈牙利所灭，捷克成为独立的王国，11世纪依附于神圣罗马帝国。13世纪，捷克成为神圣罗马帝国一个重要组成部分，一直保持着很大的独立性。

14—15世纪，捷克封建化加深，社会矛盾加剧，以胡司宗教改革为导火索爆发了轰轰烈烈的农民战争。这一次农民战争的规模之大，不仅席卷了整个捷克，而且波及了德国，使捷克在一定时期内脱离了德意志的控制，促进了捷克民族独立意识的觉醒。

捷克的斗争

1 **5—6世纪**，斯拉夫人西迁至捷克和斯洛伐克地区。

2 **623年**，斯拉夫部落联盟萨摩公国形成，成为历史上第一个西斯拉夫王国。

3 **830年**，建立大摩拉维亚公国。

4 **10世纪上半叶**，以布拉格为中心的捷克公国成立。

5 **1086年**，神圣罗马帝国授予捷克王公波希米亚国王称号，此后捷克公国便臣服于神圣罗马帝国。

6 **12世纪后半叶**，捷克公国改称捷克王国。

7 **15世纪初**，捷克掀起了胡司宗教改革运动。A

8 **1415年**，胡司被教会处以火刑而死，引爆了捷克反抗罗马教廷、德意志贵族和封建统治的胡司战争。B

A 胡司宗教改革

约翰·胡司是捷克著名的宗教改革家，由于受到英国宗教改革家威克里夫的影响，他对高级教士的腐败与残暴极为不满，并且反对天主教会及德意志帝国对捷克的控制。他将《圣经》译为捷克文，提倡用本民族的语言传道。1415年，胡司被宗教法庭处死，由此导致了胡司战争的爆发。

图中是约翰·胡司的雕塑，周围是胡司派斗士们。

B 捷克农民战争

从1419年到1434年，捷克人民以为胡司复仇为名爆发了胡司战争。胡司战争引起了欧洲封建统治势力的恐慌，从1420年到1431年，德意志皇帝共组织了五次军队对捷克的农民战争进行镇压，但都在优秀的指挥官杰士卡的痛击下被击退。胡司战争的影响波及德国，对整个欧洲都产生了震动。胡司教会最终获得了独立地位。

A.D.9世纪 A.D.14世纪

12 战火中的保加利亚

关键词:保加利亚

现代保加利亚人的祖先是古保加尔人和斯拉夫人的混血后裔。古保加尔人 2 世纪时，从中国西域迁到东欧南俄草原，过着游牧生活。7 世纪初，古保加尔人组成部落联盟，称“大保加利亚”。不久，联盟瓦解，其中一支古保加尔人进入今保加利亚东北部。在此地，古保加尔人和从多瑙河北岸迁来的斯拉夫人逐渐联合，于 681 年建立斯拉夫保加利亚王国，即第一保加利亚王国。9 世纪末，保加利亚完成了封建化过程，到 10 世纪初，封建制度基本建立。保加利亚的历史主要分为两个阶段，679 年到 1018 年为第一保加利亚王国，1187 年到 1369 年为第二保加利亚王国。

战火中的保加利亚

1 **681年**，斯拉夫人和古保加利亚人在多瑙河流域建立斯拉夫保加利亚王国，史称第一保加利亚王国。

2 **1018年**，第一保加利亚王国被拜占庭占领。A

3 **1185年**，建立第二保加利亚王国。B

4 **1396年**，第二保加利亚王国被奥斯曼土耳其帝国侵占。

B 保加利亚的纪念银币

1187年，阿森王朝的建立，标志着保加利亚在第一王国崩溃后再次独立。13世纪初，第二保加利亚王国进入盛期，城市工商业得到迅速发展。1258年，蒙古大规模入侵，阿森王朝灭亡。此后，王公贵族纷争不已。1330年，保加利亚沦为塞尔维亚的附属国，后又分裂为几个公国，至14世纪末，被并入新兴的奥斯曼帝国的版图。

图中是第二保加利亚王国的纪念银币。

A 骁勇的斗士

与拜占庭帝国的战争贯穿着第一保加利亚王国历史的始终。双方时战时和，互有胜负，直到1018年，保加利亚被并入拜占庭帝国，双方的战争才告一段落。

上图取自13世纪时希腊文的手稿，描绘的是保加利亚人与拜占庭军队战斗的画面。

1300-1600

14—16世纪，随着工场手工业和商品经济的发展，资产阶级产生，新兴资产阶级发起了以人文主义为核心的反封建、反神权的文艺复兴运动。人文主义者批判中世纪教会的蒙昧与封建的等级权制度，鼓吹个人的自由与平等，极大地推动了人们的思想解放。图为文艺复兴名作《台阶上的圣家族》。

第六章

人类的新纪元

——资本主义四重奏

A.D.14世纪　A.D.16世纪

01 活跃的商业资本

关键词:农业 手工业 商业

14—16世纪，随着庄园制度的解体和商品经济的发展，西欧社会的生产力获得了长足的进步，动力技术和生产技术的改进尤为引人注目。生产力的提高推动了社会的分工，商品生产和商品交换也发展起来，手工业和农业的商品化程度也日益提高。

活跃的商业资本		
生产力的发展	农业	1 西欧各国普遍开垦良田。A 2 农业技术进步，出现多田轮作制。
	手工业	1 手工业发展，纺织技术进步。B 2 风力得到广泛应用。 3 发明上射式水车。
	科学技术	1 火器制作普遍流行。C 2 出现了活字印刷技术。 3 航海技术进步。
商品经济的发展	农业	货币地租代替实物地租，成为主要地租形式。
	手工业	1 行业分工细化。D 2 工业中心在城市形成。E
	商业	1 信贷业和银行业相继发展。 2 出现国际性贸易区。

A 开垦良田

14、15世纪时，西欧的农业生产有了较大发展，通过开垦森林、排干沼泽和围海造田，西欧各国的耕地面积大大增加。16世纪中期，在英国和尼德兰这样的农业发达地区，已开始实行多田轮作制，农产品的产量明显增加，专业化程度也不断提高。农业的发展为手工业和商业的迅速发展奠定了基础。

图中是15世纪法国农业耕作的场景。

B 手摇纺车

自14、15世纪开始，西欧各国的生产力有了显著提高，在手工业领域，生产技术变革更加快速，纺织业的技术进步尤为显著。13世纪出现的手摇纺车已广泛流行，代替了原始的手捻纺锤；15世纪末，自动纺车开始流行，新改进的卧式织布机则代替了立式织布机。纺织技术的进步促进了毛纺织业在西欧的兴盛，同时也促进了丝织业和棉织业的渐次发展。

图中是纺织女工正在操作手摇纺车。

C 火器

14、15世纪，中国的四大发明已在欧洲广泛传播。至16世纪初，各种火器的制造已普遍流行，封建领主难以再筑堡自立，更有利于君主集权的加强。这时，航海技术也进步迅速，为15世纪末新航路开辟提供了客观条件。科学技术的进步促进了新的需求的产生，从而推动了经济发展和新的生产部门的出现。

图中是14、15世纪时西欧国家制造的大炮。

D 纺织部门

生产技术的显著进步，扩大了社会生产的分工。15世纪时，西欧诸国的手工业分成了许多专业部门，在一些城市中手工业的行业数目明显增多。生产分工的扩大，使越来越多的手工业脱离农业，成为独立的手工业部门，如纺织、酿酒、农具制造等。

图中是14世纪时，英国的纺织工人正在梳理羊毛，当时的男工和女工已经有明显的分工，女工主要负责剪羊毛。

E 葡萄酒

独立手工业部门出现的同时，粮食和原料的商品生产也在发展，形成了以各自特产著名的农、牧业区域。西班牙的卡提斯盛产羊毛，尼德兰输出奶油和奶酪，法国的莱茵地区则着重于种植葡萄，以酿造各种美酒而闻名。

图中显示了14世纪时，法国葡萄酒酿造所需的工序。

A.D.14世纪　　A.D.15世纪

02 资本主义萌芽与手工工场

关键词:资本主义萌芽 手工工场

中世纪后期，在商品生产的竞争中，一部分行东富裕起来，完全脱离了生产劳动，逐渐成为资本家，而帮工和学徒以及部分破产的行东则沦为雇佣工人，资本主义雇佣关系形成。

在农业方面，14 世纪时，货币地租已占据主导地位，商品货币关系渗入农村。15 世纪以后，贵族地主开始把土地出租给资本主义农场主，自己坐收地租，传统的封建地租变为剥削剩余价值的资本主义地租。

这时西欧的资本主义萌芽还处于工场手工阶段，盛行的手工工场有分散和集中两种形式，分散型手工工场多在纺织业中，而集中型手工工场多则多在采矿、冶金和造船等生产部门。

资本主义萌芽表现	
商业	1 富裕的行东成为资本家，行会制度解体。 2 “包买商”出现，小生产者沦为雇佣工人。 3 大商人设置作坊或工场，商业资本转化为工业资本。A
农业	1 分成制出现，原始地租向资本主义地租过渡。 2 乡绅逐渐资产阶级化，成为新贵族。B

A 织坊

西欧最初的资本主义生产关系是在小商品生产者分化的基础上产生的，在商品生产竞争中富裕起来的行东逐渐脱离了生产劳动，和雇佣的帮工和学徒之间形成了资本主义的雇佣关系。随着商人资本的扩大，一些大商人开始设置作坊和工场，雇佣人来进行生产。在这种情况下，商业资本转变为工业资本。

图中是16世纪德国的丝织工场里工人在劳作。

B 牧场

到15世纪时，货币地租已经占据主导地位，农村的封建生产关系趋于衰落，资本主义萌芽开始出现。这时，贵族地主开始把拥有的土地改营资本主义的农场或牧场，有些则直接把土地出租给农场主，自己坐收地租。其中一些小贵族，即乡绅，则直接雇工开办农场和牧场，因此与资产阶级有了共同的利益，成为新贵族。

图中是牧场里的农民在收割牧草。

A.D.14世纪　　A.D.16世纪

03 意大利的文艺复兴

关键词:意大利 文艺复兴

14—16世纪，正在形成的资产阶级在复兴希腊罗马古典文化的名义下掀起了一场思想文化运动，这场运动以弘扬资产阶级思想为目的，被称为文艺复兴。意大利是欧洲最早产生资本主义萌芽的国家，同样也是文艺复兴的发源地。意大利的文艺复兴分为两个时期：14—15世纪中叶为前期，此后至16世纪为后期。

意大利文艺复兴代表人物

时期	领域	代表人物
前期（14—15世纪）	文学三杰	1 **但丁**（1265—1321），代表作《神曲》。A
		2 **彼得拉克**（1304—1374），代表作《歌集》。
		3 **薄伽丘**（1313—1375），代表作《十日谈》。B
	绘画艺术	1 **乔托**（1266—1336），代表作《犹大之吻》。C
		2 **马萨乔**（1401—1428），代表作《失乐园》。
后期（16世纪）	文学	1 **马基雅维利**（1469—1527），代表作《君主论》。D
		2 **康帕内拉**（1568—1639），代表作《太阳城》。E
	艺术三杰	1 **达·芬奇**（1452—1519），代表作《蒙娜丽莎》。F
		2 **米开朗基罗**（1475—1564），代表作《大卫》。G
		3 **拉斐尔**（1483—1520），代表作《西斯廷圣母》。H

A 但丁

但丁是意大利文艺复兴的先驱，出生于佛罗伦萨没落贵族的家庭，他熟谙希腊罗马的古典文化，一生著作颇丰，《新生》和《神曲》是其最为著名的代表作。《神曲》的主要情节是描写了诗人梦游地狱、炼狱和天堂的经过，作者以隐喻的手法描绘了教会统治的黑暗。

图中是19世纪浪漫主义画家德拉克洛瓦所创作的油画《但丁的小舟》，画中描绘了但丁随维吉尔游地狱的场面。

B 薄伽丘

薄伽丘是前期意大利文艺复兴中著名的人文主义作家，短篇小说集《十日谈》是他的代表作。《十日谈》描述了1348年佛罗伦萨瘟疫肆虐时，十个青年男女逃到郊外的别墅，在居住的十天里所讲的一百个故事。这些故事取材广泛，涉及社会各阶层的人物。故事既赞扬了市民和下层群众的机智勇敢，同时也大胆的揭露了教会的腐化和贪婪的本质。

图中的油画是意大利文艺复兴初期画家波提切利所作，描述的是《十日谈》里老实人纳斯塔基奥的第一篇故事。

C 乔托

前期意大利文艺复兴中，绘画艺术也取得了重要的成就，杰出的画家、雕刻家乔托就是这一时期的代表。乔托最主要的成就是壁画，代表作有《金门相会》、《犹大之吻》等。他打破了中世纪绘画的传统模式，用写实的手法描写人物，并开始采用自然景色代替中世纪绘画惯用的金色或蓝色背景。乔托的创作对欧洲近代现实主义绘画具有深刻的影响，被誉为“欧洲绘画之父”。

图中是乔托代表作《犹大之吻》，画中犹大正在亲吻耶稣。

D 马基雅维利

马基雅维利是文艺复兴时期杰出的人文主义政治思想家，他的代表作是《君主论》，该书于1513年问世。在书中他主张结束意大利的政治分裂。，建立强大的中央集权。他强调君主的主要任务是夺取和巩固政权，因此必须制定有效的法律，重视军事，更重要的是君主为达到目的可以不择手段。这些原则后来成为一些政治家的治国原则。

图中是《君主论》的封面。

NICOLAI
MACHIAVELLI
PRINCEPS.

EX
SYLVESTRI TELII
FVLGINATIS TRADVCTIONE
diligenter emendata.

Adiectæ sunt eiusdem argumenti, Aliorum quorundam contra Machiauellum scripta de potestate & officio Principum, & contra tyrannos.

BASILEAE
Ex officina Petri Pernæ.
M D XXC.

E 康帕内拉

康帕内拉是著名的空想社会主义者和哲学家，1582年加入多米尼克会修道院当修士。1591—1597年，他因发表反宗教著作3次被捕，先后坐牢6年，1597年12月获释。后来他又因为参与领导南意大利人民反对西班牙王室的斗争，于1599年被当局逮捕，度过了27年的监狱生活，并在狱中写成《太阳城》一书。书里康德内拉构思了一个理想的国家，即“太阳城”，在这里财产公有，人人平等，这种理想对后来的空想社会主义产生了深远的影响。

F 达·芬奇

达·芬奇是意大利文艺复兴“艺术三杰”之一，也是整个欧洲文艺复兴时期最完美的代表。他不仅是一位多才多艺的画家，而且在科学技术、哲学、文学领域也颇多建树。《蒙娜丽莎》和《最后的晚餐》是他的代表作。他一面热心于艺术创作和理论研究，另一方面也同时研究自然科学。他的艺术实践和科学探索精神对后代产生了重大而深远的影响。

图中是达·芬奇的代表作《蒙娜丽莎》。

G 米开朗基罗

米开朗基罗·博那罗蒂是文艺复兴时期伟大的绘画家、雕塑家、建筑师和诗人，他的作品是文艺复兴时期雕塑艺术最高峰的代表。他作品中的人物以健美著称，即使女性的身体也被描绘出健壮的肌肉。举世闻名的《大卫》是他的代表作，此外他著名的雕塑作品还有《摩西像》、《大奴隶》等。1564年，米开朗基罗在罗马去世，他的风格影响了几乎三个世纪。

图中是米开朗基罗的代表作《大卫》。

H 拉斐尔

拉斐尔是“艺术三杰”中最年轻的一位，他是位勤勉多劳的画家，一共给世人留下了300多幅珍贵的艺术作品。他的作品博采众家之长，形成了自己独特的风格，代表了当时人们最崇尚的审美趣味，成为后世古典主义者不可企及的典范。其代表作有油画《西斯廷圣母》、壁画《雅典学院》等。

图中是拉斐尔的代表作《西斯廷圣母》。

A.D.15世纪　　A.D.16世纪

04 西欧诸国的文艺复兴

关键词:西欧 文艺复兴

13世纪末，文艺复兴运动在意大利各城市兴起，随后逐渐扩展到西欧各国。文艺复兴使当时人们的思想发生了变化，也为后来的启蒙运动奠定了思想基础。历史学家认为后来的科学发展、地理大发现、民族国家的诞生都是源于文艺复兴，文艺复兴发挥了衔接中世纪和近代的作用，揭开了近代欧洲历史的序幕。

西欧诸国文艺复兴代表人物

德国	文学	1 **勒克林（1455—1522）**，代表作《蒙昧者书简》。 2 **胡登（1488—1523）**，代表作《罗马的三位一体》。A
	艺术	1 **阿尔布雷特·丢勒（1471—1528）**，代表作《基督大难》。B 2 **小汉斯·霍尔拜因（1497—1543）**，代表作《英王亨利八世》。
法国	文学	1 **杜·贝莱（1522—1560）**，代表作《悔恨集》。 2 **拉伯雷（约1494—1553）**，代表作《巨人传》。C
	人文主义	1 **蒙田（1533—1592）**，代表作《蒙田随笔全集》。 2 **波丹（1530—1596）**，代表作《国家论》。
英国	文学	1 **乔叟（1343—1400）**，代表作《坎特伯雷故事集》。 2 **托马斯·莫尔（1478—1535）**，代表作《乌托邦》。D 3 **莎士比亚（1564—1616）**，代表作《哈姆雷特》。E
西班牙	文学	1 **塞万提斯（1547—1616）**，代表作《堂·吉诃德》。F 2 **维加（1562—1635）**，代表作《羊泉村》。
荷兰	文学	**伊拉斯谟（约1466—1536）**，代表作《愚人颂》。G H

A 勒克林与胡登

15世纪中叶开始，文艺复兴运动就在德国大学里酝酿，到16世纪时达到高潮。德国文艺复兴最杰出的代表人物是勒克林和乌利希·封·胡登。勒克林熟谙哲学与神学，是欧洲的第一位希伯来语学者。后来勒克林及其追随者形成了勒克林学派，他们发表了《蒙昧者书简》，揭露了罗马教会的愚昧与贪婪。胡登是《蒙昧者书简》第二部的主要撰稿人，1520年，他发表了《罗马的三位一体》，抨击了诸侯的专断和教会的贪婪。勒克林和胡登的人文主义思想动摇了罗马教皇的权威，为16世纪德国的宗教改革作了思想准备。

B《基督大难》

德国文艺复兴在艺术上也取得了丰硕的成果，产生了杰出的油画家、版画家和雕刻家阿尔布雷特·丢勒。他的作品中，以版画最具影响力，主要作品有《启示录》、《基督大难》等。

受到人文主义思潮的影响，1495年和1505年，丢勒两次访问意大利，把意大利文艺复兴思想带进了德意志。他是德意志的代表民族画家，同时也是德意志民族艺术的奠基人。

图中是丢勒版画的代表作《基督大难》。

C 拉伯雷

弗朗索瓦·拉伯雷是法国文艺复兴时杰出的人文主义作家，他的代表作是《巨人传》，该书塑造了理想的君主形象，歌颂了新兴资产阶级“巨人”般的力量，同时还揭露了贵族的贪婪和残暴，宣扬了个性自由和人性解放的思想主旨，具有鲜明的时代特点。

图中是拉伯雷的画像。

D 托马斯·莫尔

英国的文艺复兴稍晚于西欧大陆，直到16世纪才开始出现。16世纪末到17世纪初，英国的文艺复兴运动达到高潮，主要的代表人物有托马斯·莫尔和莎士比亚。1561年，莫尔用拉丁文撰写了《乌托邦》，该书批判了当时英国社会的黑暗，设计了一个理想的“乌托邦”，主张建立公有制和按需分配，莫尔因此成为近代空想社会主义的开拓者和奠基人。

图中是托马斯·莫尔的画像。

E 莎士比亚

莎士比亚是欧洲文艺复兴时期人文主义文学的集大成者，最著名的代表作是他的四大悲剧，此外他还写过154首十四行诗，两首长诗，被称为“人类最伟大的戏剧天才”。莎士比亚的作品从生活真实出发，深刻地反映了16、17世纪英国的社会面貌。他揭露了英国的社会现实，抨击了封建制度的腐朽和黑暗，倾吐了新兴资产阶级的诉求和人文主义的心声。他的作品达到了思想性与艺术性的高度统一，集中体现了欧洲文艺复兴时期文学领域的最高成就。

图中是莎士比亚的画像。

F 塞万提斯

G《愚人颂》

《愚人颂》是文学史上最为精彩的讽刺体篇章，据说是伊拉斯谟去英国拜访莫逆之交托马斯·莫尔爵士时，在短短7天内完成的。该书通过“愚人”登台演说来嘲弄教皇和贵族的愚昧无知，揭露了神职人员与封建贵族的腐朽与贪婪，歌颂了人的自由本性和对世俗生活的追求。《愚人颂》发表后在欧洲各地广泛传播，伊拉斯谟因此被誉为“欧洲文艺复兴的纪念碑”。

西班牙的文艺复兴直到16世纪初才姗姗而来，并且深受宗教文学和骑士文学影响。这时的西班牙涌现了一批杰出的人文主义作家，主要代表人物为塞万提斯和维加。塞万提斯最著名的代表作是《堂·吉诃德》，该作品描写了一个酷爱骑士文学的小贵族冒险途中所发生的故事，多角度地描绘了16—17世纪西班牙社会的生活场景。图中是《堂·吉诃德》书中的插图，冒险的骑士正与风车作斗争。

H 伊拉斯谟

伊拉斯谟（约1466—1536）是荷兰哲学家，他是16世纪初荷兰人文主义运动的主要代表人物，被誉为“16世纪的伏尔泰”。伊拉斯谟知识渊博，忠于教育事业，终生以追求个人自由为目标。1524年，伊拉斯谟写了《论自由意志》并同路德通信，批评路德，其代表作为《愚人颂》。

A.D.15世纪　　A.D.17世纪

05 文艺复兴的果实

关键词：文艺复兴 成果

15世纪末开始，在文艺复兴的影响下，自然科学从中世纪的神学桎梏中解脱出来，在天文学、医学、数学和物理学方面都产生了革命性的理论，这有力地促进了人的思想启蒙，推动了西欧社会从封建制度向近代资本主义的过渡。近代自然科学的兴起促使人们打破神学学说的禁锢，开始从物质本身去解释世界，因此，经院哲学的唯心主义被摒弃，新的哲学唯物论酝酿出来。由于这一时期的自然科学还处于搜集资料的研究阶段，所以新哲学受其影响也带有机械的、形而上学的特点，由此形成了英国的经验论和大陆的唯理论这两大流派。

文艺复兴成果

自然科学	天文学	1 **哥白尼（波兰，1473—1543）**，提出了日心说，代表作《天体运行论》。A 2 **乔尔丹诺·布鲁诺（意大利，1548—1600）**，代表作《论无限性、宇宙和诸世界》。 3 **伽利略（意大利，1564—1642）**，代表作《关于托勒密和哥白尼两大世界体系的对话》。B 4 **约翰·开普勒（德国，1571—1630）**，代表作《新天文学和天体物理学》。
自然科学	医学	1 **维萨留斯（比利时，1515—1564）**，代表作《人体结构图》。C 2 **塞尔维特（西班牙，1511—1553）**，代表作《基督教会的复兴》。 3 **哈维（英国，1578—1657）**，代表作《心血管运动论》。
自然科学	数学	1 **卡尔达诺（意大利，1501—1576）**，研究出解三次方程的公式 2 **韦达（法国，1540—1603）**，代表作《数学公式和三角法及附录》。D
自然科学	物理	1 **威廉·吉尔伯特（英国，1544—1603）**，代表作《论磁石》。 2 **伽利略（意大利，1564—1642）**，代表作《论两种科学》。
新哲学		**英国的"经验论"哲学** 1 **弗朗西斯·培根（英国，1561—1626）**，代表作《新工具》。E F 2 **托马斯·霍布斯（英国，1588—1679）**，代表作《利维坦》。 **大陆唯理论哲学**。G 3 **勒奈·笛卡尔（法国，1596—1650）**，代表作《哲学原理》。 4 **斯宾诺莎（荷兰，1632—1677）**，代表作《伦理学》。

A 哥白尼

哥白尼的日心说发表之前，地心说被教会奉为和《圣经》一样的经典，长期居于统治地位。1545年，哥白尼出版了《天体运行论》一书，书中认为地球只是引力中心和月球轨道的中心，并不是宇宙的中心，所有天体都绕太阳运转，因而创立了日心说。哥白尼的理论科学地阐明了天体运行的现象，推翻了长期以来居于统治地位的地心说，从根本上否定了上帝创造一切的谬论，开创了整个自然界科学向前迈进的新时代。

图中是1660年的《天体图》，描绘的是哥白尼的宇宙体系。

B 伽利略

随着研究的推进，科学家对天体现象的认识逐渐深入，天体中更多不为人知的现象被观察出来。1609年，意大利天文学家、物理学家伽利略用自制的望远镜观察到月亮表面也有高山和深谷，太阳能自转等现象。他的这些发现开辟了天文学的新时代，同时也为哥白尼学说提供了客观依据，宣告了神学在天文学中的彻底破产。

图中的版画出自1660年的《天体图》，描绘了不同时期月亮面貌的变化。

C 维萨留斯

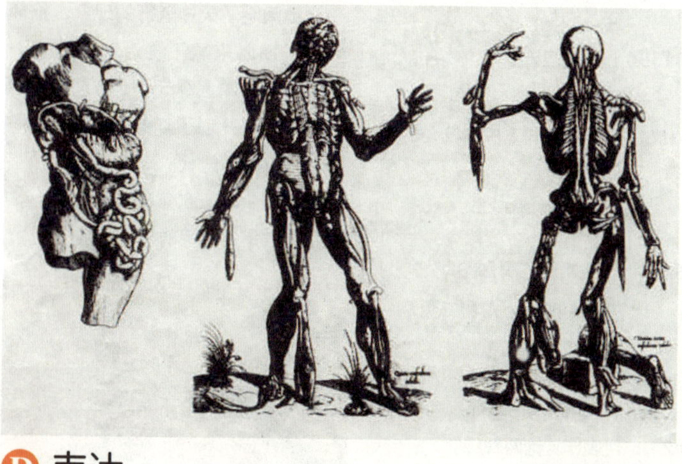

16世纪时，在文艺复兴的影响下，不少医学家勇于向传统神学挑战，酝酿了科学领域中的“医学革命”。比利时的著名解剖学家维萨留斯就是这场“医学革命”的代表人物。维萨留斯曾担任神圣罗马帝国的宫廷医生，医学知识和经验丰富，他最早使用尸体进行解剖，是近代解剖学的奠基人。1543年，他发表了《人体结构》一书，论述男女肋骨数相同，从而否定了神学中女人由男人肋骨所创造的说法，打破了神学对医学的禁锢。

图中为《人体结构》中的插图。

D 韦达

韦达是16世纪最有影响的数学家之一，被尊称为“代数学之父”。他是最早系统地引入代数符号的数学家，推进了方程论的发展。韦达用“分析”这个词来概括当时代数的内容和方法，同时他还创设了大量的代数符号，用字母代替未知数，系统阐述并改良了三、四次方程的解法。此外韦达还专门写了一篇论文，初步讨论了正弦、余弦、正切弦的一般公式，首次把代数变换应用到三角学中。韦达的主要著作有《分析法入门》、《论方程的识别与修正》、《分析五章》、《应用于三角形的数学定律》等。

E 弗朗西斯·培根

弗朗西斯·培根（1561—1626）出生于贵族家庭，是英国文艺复兴时期最重要的散文家、哲学家。作为资产阶级上升时期的代表，他极力批判经院哲学和神学权威，渴望探索真理，发展科学。他的唯物主义哲学对近代哲学的发展有很大影响。主要著作有：《新工具》、《学术的进步》、《新大西岛》等。其代表作《新工具》，在近代哲学史上具有划时代的意义和广泛的影响。哲学家由此把他看成是从古代唯物论向近代唯物论转变的先驱。

F 经验论哲学

弗朗西斯·培根同时也是英国经验论哲学的代表人物，他继承和发展了古代原子唯物主义的思想，认为世界是由物质构成的，运动是物质的属性。但受时代的局限，他的世界观还具有朴素唯物论和形而上学的特点。

图中是培根书中的一幅插图，一只小船在探索知识的海洋，此小船暗喻了探索真理的可贵精神。

G 大陆唯理论哲学

唯理论哲学注重的是怀疑精神，即怀疑是获得真理的根本方法。法国著名的哲学家、数学家和物理学家勒奈·笛卡尔是大陆唯理论哲学的代表人物，他主张对一切事物都采取怀疑态度，认为人的理性是知识的源泉，只有从正确的公理出发才能认识世界。这个观点以理想来取代经院哲学的信仰，对近代知识论的发展具有重要意义。但是他认为人的理性认识来源于“天赋观念”，否认理性认识依赖感性认识，从而陷入了唯心主义的泥潭。

图中是笛卡尔在与瑞典女王克利斯蒂娜进行关于怀疑论哲学谈话的情景。

A.D.1517　　A.D.1555

06 德国的宗教改革

关键词:马丁·路德 宗教改革

15 世纪末和 16 世纪初，德国经济有了显著的发展，个别工业部门已经出现资本主义生产关系的因素。但长期以来的分裂割据局面仍是德国经济发展的主要障碍，另一方面，罗马天主教会对德国的压榨也使得德国的阶级矛盾日益尖锐。封建主与罗马教会不仅在经济上剥削和压迫民众，为了维护其统治还对农民施以酷刑。在这种情况下，农民的反抗情绪异常激烈，德意志民族与罗马教廷的矛盾也成了各种社会矛盾的焦点。为了实现国家政治的统一，为资产阶级的发展扫除障碍，德国掀起了以马丁·路德为首的宗教改革运动。

德国宗教改革

背景	1 德国的资本主义有了一定的发展。 2 教皇利奥十世加强了对德国的掠夺。
代表人物	1 **马丁·路德（1483—1546）** 2 **托马斯·闵采尔（1489—1525）** D
经过	1 **1517年**，马丁·路德发表《九十五条论纲》。A B 2 **1520年**，马丁·路德公开发起了宗教改革。C 3 **1524—1525年**，德国爆发了大规模的农民战争。E 4 **1555年**，签订《奥格斯堡和约》，路德新教合法化，德国的封建割据更加严重。F
影响	1 新的教派产生，限制了天主教的权力。 2 鼓励了资产阶级独立自由精神的成长。

A《九十五条论纲》

1517年，教皇利奥十世派人到德意志兜售赎罪券，成为宗教改革的导火线。为反对教皇兜售赎罪券，1517年10月，马丁· 路德发表了《九十五条论纲》，里面提出的论题立刻传遍整个德国，争辩也接着展开。

图中是马丁·路德把《九十五条论纲》贴在维登堡城堡大教堂大门上的场景，这一行为引起了众人的围观。

B 焚烧训令

《九十五条论纲》发表后很快激起了德意志民族反对罗马教廷的浪潮，由于这一主张符合封建主摆脱罗马教廷的要求，所以马丁·路德获得了萨克森诸侯的支持。但是罗马教廷对他的行为严加谴责，并开除他的教籍。马丁·路德坚持斗争，并与教皇展进行公开辩论，他将教皇的训令当众焚毁，以示与天主教决裂。

图中的马丁·路德正在焚毁教皇的训令。

C 沃姆斯帝国议会

马丁·路德宗教改革运动的扩展引起了罗马教廷的恐慌，教皇开始要求德国的王室予以镇压。而当时的皇帝查理五世也担心动荡的局势会危及其统治，遂决定在1521年召开沃姆斯帝国议会来对马丁·路德施压，使其忏悔。马丁· 路德毅然赴会，并在会议上表明了自己忠于《圣经》的决心。德皇恼羞成怒，发布了《沃姆斯敕令》，要求限期捉拿马丁· 路德，并焚毁其著作。会议之后，马丁· 路德在萨克森诸侯的庇护下隐居在瓦特堡。

D 托马斯·闵采尔

马丁·路德贴出《九十五条论纲》后，闵采尔开始跟随马丁·路德进行宗教改革运动。1521年，他发表了《布拉格宣言》，表示自己与教会以及封建领主势不两立。之后，由于马丁·路德改变了立场，成为诸侯的工具，闵采尔与其反目。1524年，农民起义在闵采尔改革思想的召唤下爆发。1525年起义失败，闵采尔惨死于贵族的屠刀之下。

图中是托马斯·闵采尔的画像。

E 农民战争

随着宗教改革的深入，马丁·路德投入封建诸侯的怀抱，人民开始团结到激进派闵采尔的周围。1524到1525年，德意志爆发了大规模的农民战争。战争遍及德意志的大部分地区，全国超过半数的农民参加了斗争。虽然起义最终被镇压，但是在农民战争中，教会的寺院、教堂被捣毁，沉重地打击了天主教会，动摇了其在德意志的统治地位。

图中是1525年帕维亚战争的场景。

F《奥格斯堡和约》

农民战争之后，马丁· 路德开始了建立新教组织的活动，诸贵族建立了不同的同盟来反对或支持马丁·路德。为了解决这一宗教的纷争，查理五世皇帝于1555年在日耳曼民族神圣罗马帝国会议上签订了《奥格斯堡和约》。因会议地址在奥格斯堡，故以此为名。和约制定了“教随国定”的原则，承认各诸侯有权自由选定信仰天主教或路德宗新教。此约的签订，暂时中止了新、旧教诸侯之间的战争，但进一步扩大了诸侯的权势，也加重了德国的分裂局面。

A.D.1523　　A.D.1560

07 瑞士的宗教改革

关键词:加尔文主义 宗教改革

13 世纪时，瑞士联邦就脱离了哈布森王朝的控制，在政治上有着独立自决的传统。受德国路德宗教改革的影响，瑞士的苏黎世和日内瓦也兴起了先后由茨温利和加尔文倡导的宗教改革。1559 年，加尔文创立了日内瓦学院，由此，加尔文教开始在西欧资本主义比较发达的国家和地区广泛传播。

瑞士宗教改革	
背景	1 瑞士具有独立的政治传统。 2 受德国宗教改革影响。
代表人	1 乌利希·茨温利（1484—1531）A 2 约翰·加尔文（1509—1564）B
过程	1 **1523年**，茨温利发表《六十七条论纲》。 2 **1524年**，茨温利在苏黎世进行宗教改革。 3 **1525年**，茨温利发表《论真假宗教》。 4 **1528年**，天主教联盟成立，反对宗教改革。 5 **1529年**，新教联盟成立，向天主教联盟宣战。 6 **1531年**，茨温利在卡佩尔战争中牺牲。 7 **1536年**，加尔文出版《基督教原理》，在日内瓦进行宗教改革。 8 **1538年**，加尔文被日内瓦驱逐。 9 **1540年**，加尔文重返日内瓦领导宗教改革。 10 **1555年**，归正教会在日内瓦占统治地位。 11 **1555—1559年**，加尔文排除异己，镇压反对派。C 12 **1559年**，日内瓦学院成立。
影响	为16世纪的尼德兰革命和17世纪的英国资产阶级革命提供了精神动力和组织形式。

A 茨温利宗教改革

乌利希·茨温利是瑞士著名的宗教改革家，被称为“民众之父”。他曾就学于维也纳大学和巴塞尔大学，深受唯名论哲学和人文主义思潮的影响。1523年，茨温利发表《六十七条论纲》，主张以《圣经》为信仰最高准则，否定天主教教义和教阶制度。

1531年10月，茨温利在苏黎世的新教军队与天主教同盟军交战中阵亡。此后，瑞士宗教改革的中心转移到日内瓦，由其继任者加尔文完成。

B 加尔文宗教改革

加尔文曾在巴黎大学攻读语言与神学，深受人文主义和路德宗教改革的影响。1536年，他出版了《基督教原理》，宣传了他的宗教主张。加尔文继承和发展了奥古斯丁的预定论，认为上帝在创世以前即预先选定一些人得救和决定另一些人沉沦。1540年，加尔文建立日内瓦归正会。1555年开始，归正教会在日内瓦已占绝对统治地位。1559年，日内瓦学院成立，继续宣传其宗教思想。

C 加尔文主义

加尔文虽然主张教会民主，神职人员都是经过选举产生，但对非本派的教徒镇压也相当残酷。1553年，他下令烧死反对三位一体说、发现人体血液小循环的西班牙著名医生塞尔维特等50多人。在他的领导下，日内瓦成为政教合一的神权共和国和宗教改革的中心，加尔文宗传播到欧洲各国。

图中是烧死反对派的场景。

A.D.1540　　A.D.1700

08 天主教会的“反宗教改革”

关键词:天主教会 反宗教改革

西欧诸国的宗教改革运动，导致了基督教内部的大分裂，罗马教廷的神权权威受到了巨大的冲击。在这种严峻的形势下，天主教内部的改革呼声渐高。为了确保罗马教廷的权威和地位，教廷采取了一系列应变措施同新的宗教派别进行斗争。这一系列旨在自救的活动被称为“反宗教改革”，但是由于宗教改革运动已深入人心，罗马教廷终难以再恢复昔日的权威。

“反宗教改革”	
背景	1 基督教内部分裂。 2 罗马教廷权威下降。
代表人物	1 **16世纪40年代**，罗马教廷内部发起自救改革。 2 **1545年**，罗马教廷召开特兰托天主宗教会议。 3 **1564年**，教皇颁布《特兰托会议信纲》。A 4 **1566年**，教皇组织编撰《罗马教理问答》。 5 **1559年**，教廷编订第一部《禁书目录》。
耶稣会	1 **1534年**，西班牙贵族伊格纳修·罗耀拉在巴黎成立耶稣会。 2 **1540年**，教皇颁令承认耶稣会。 3 **1582年**，利玛窦到澳门传教。 4 **1601年**，利玛窦到在北京建堂传教。B
影响	耶稣会的成立为天主教的进一步发展发挥了巨大作用，客观上促进了东西方的文化交流。

A “反宗教改革”

15世纪上半叶，天主教会本部形成一股鼓吹“公会议至上”的改革势力，主张用公会议制度取代腐朽的教皇权力，在教皇的抵制下，改革失败。16世纪，罗马教皇开始了整个天主教范围内的“反宗教改革运动”。1545年，罗马教廷召开了特兰托公会议，到1563年会议才宣告结束。1564年，教皇颁布《特兰托会议信纲》，该信纲被认为是天主教最重要的文献之一。

罗马教廷的反宗教改革运动，使天主教的地位重新得到巩固。各修会竞相向外扩展也使天主教势力达到美洲、亚洲、非洲等地区。

B 耶稣会

耶稣会是天主教的主要修会之一，于1535年8月15日由西班牙贵族伊格纳修·罗耀拉创建，1540年，获得罗马教廷教宗的许可。耶稣会最主要的任务是教育与传教，在欧洲兴办了许多大学，而且一些耶稣会会士在向东方布道的过程中，客观上充当了文化媒介的角色，意大利耶稣会士利玛窦就是其中的一个典型。利玛窦的到来开启了晚明士大夫学习西学的风气。从明万历至清顺治年间，一共有150余种的西方书籍翻译成中文，给中国带来了许多先进的科学知识和哲学著作。

图中是身着儒服的利玛窦。

A.D.15世纪 A.D.16世纪

09 新航路的开辟

关键词:航海技术 新航路

15 世纪时，奥斯曼帝国控制了亚洲和欧洲的陆上通道，为了开辟新的商路和筹集商品经济快速发展所需的货币，欧洲新兴资产阶级开始寻找通往中国和印度的新航路。历经迪亚士、麦哲伦、哥伦布和达伽马等人的探索，欧洲人开辟了通往印度和美洲的航路，并发现了美洲大陆。新航路的开辟使西欧与世界各地区间的联系加强，为资本主义发展提供了丰富的生产资料和广阔的市场，但随之而来的殖民掠夺也给美洲和亚洲等国家带来了沉重的灾难。

新航路的开辟	
背景	1 亚洲和欧洲的陆上通道落入奥斯曼帝国的控制。 2 对新的殖民地和财富的渴望。 3 对黄金的渴求。 4 航海技术的进步。A 5 地理知识的传播。B
代表人物及过程	1 **15世纪末至16世纪初**，欧洲人开辟了通往印度和美洲的航路，从而发现了美洲大陆。C 2 **1559年**，西班牙人曼达那经过马萨克斯群岛。D 3 **1606年**，基罗兹登陆新几内亚。E
影响	1 西欧与世界各地区间的联系加强，世界市场开始形成。 2 为资本主义发展提供了丰富的生产资料和广阔的市场。 3 给美洲和亚洲等国家带来了沉重的灾难。

A 远洋帆船

15世纪时，为摆脱奥斯曼帝国对东西方传统商路的控制，西欧的新兴资产阶级开始积极地寻找通往中国和印度的新航路。当时的西欧已经能够制造载重数百吨甚至上千吨的远航大船，中国的四大发明之一指南针也传入欧洲，得到普遍使用。这些航海技术的进步都使远航成为可能，为新航路的开辟提供了客观条件。

图中是15—16世纪时葡萄牙人用来航海的大帆船，船尾的建筑是指挥部。

B 航海图

随着科学技术的发展，地理知识也得到普及，地圆学说为越来越多的人所接受。当时的一些航海地图也逐渐准确起来，开始标明港湾和航线。航海地图的出现为新航路的开辟提供了有利条件条件。

图中是15世纪时的地图，选自托勒密的《地理学指南》，在哥伦布发现新大陆以前，它是最权威的世界地图。

C 新航路的开辟

1298年后《马可·波罗游记》在欧洲的广泛流传，激起了欧洲人对东方财富的渴望。该书对印度和中国财富的夸张描述，进一步激发了欧洲上层到东方寻金的热情，对黄金的追求最终引发了新航路的开辟。15世纪末，欧洲的新兴资产阶级开始了对外寻找通往中国和印度的新航路的运动，历经迪亚士、麦哲伦、哥伦布和达伽马等人的探索后，最终找到了通往亚洲的通道。

图中的地图是15世纪中叶在马略卡岛绘制而成，该图采用航海图的方法，绘制在网格线上。

D 从亚洲到美洲的归路

麦哲伦环球航海成功后，西班牙人多次出航，试图寻找从亚洲到美洲的归路，探险家曼达那就是其中之一。1595年，曼达那从秘鲁出发，经过波利尼西亚的马克萨斯群岛，抵达一个岛屿，并将其命名为圣克鲁斯岛。不久，曼达那去世，船队由其妻子指挥，全部返回墨西哥，西班牙从哥伦布开始的冒险活动，到此告一段落。

图中是南海的岛民。

E 未知的南方土地

1605年，基罗兹与西班牙航海家托雷斯一同出航去南方海域探险。1606年，基罗兹在新几内亚南岸登陆，他并没有发现那个来自南方的未知大陆，但是沿途发现了几百个岛屿，岛上居民的生活方式充满着异域风情。

图中是船长托雷斯所画的素描，描绘的是岛上居民的生活。

A.D.15世纪　　A.D.16世纪

10 海上探险

关键词：哥伦布 达·伽马

15 世纪末期，欧洲已经形成比较强大的民族国家，同时也出现了一批航海家和赞助者。在新航路的发现中，哥伦布是最为典型的代表人物。1492 年，在西班牙王室的赞助下，哥伦布开始了他的海上探险旅程。经过先后四次的出海远航，哥伦布发现了美洲大陆，开辟了横渡大西洋到美洲的航路，证明了大地球形说的正确性。

同时，葡萄牙人也在不断地向南寻找通向东方的航路。1487 年，葡萄牙的迪亚士在国王的资助下，组织船只沿着非洲海岸向南航行，到达好望角。1497 年，达·伽马从里斯本出发，绕过好望角；次年，到达莫桑比克；后经领航员的帮助，终于到达印度西南部卡利库特。1502 年、1524 年达·伽马又两次远航印度，其开辟的航路，促进了欧、亚商业关系的发展。

葡萄牙、西班牙的海上探险	
亨利亲王	**1394—1460年**，探索非洲西北部，陆续占领马德拉群岛，亚速尔群岛和佛得角一带。A
迪亚士	**1450—1500年**，发现非洲好望角。
哥伦布	1 **1492年**，从西班牙帕洛斯港出航。B 2 **1492年10月**，发现巴哈马群岛中的一个海岛。C 3 **1493年**，哥伦布返回西班牙，被封为将军。D 4 **1498年5月3日**，第三次探索。 5 **1502年5月1日**，第四次远航。E 6 **1506年**，哥伦布病逝。F
达·伽马	**1460—1524年**，到达印度卡利卡特，开辟了印度航路。G H

A 亨利亲王

葡萄牙人是最先探寻通往东方航路的冒险家，早在1415年，葡萄牙航海家亨利亲王的远征船队就开始进行非洲西北部的探索。接着，葡萄牙人迪亚士于1487年，在国王的鼓励下，率3艘载重100吨的双桅大帆船沿非洲海岸向南航行，到达非洲最南部的好望角。图中是亨利亲王的画像。

B “圣玛利亚号”出航

在葡萄牙人沿非洲海岸向南航行的同时，西班牙人选择了向西进行海上探险。1492年，在西班牙王室的赞助下，哥伦布率三艘百吨帆船从西班牙帕洛斯港扬帆出海，向西航行。经过70个昼夜的艰苦航行，哥伦布到达了巴哈马群岛中的一个海岛，发现了美洲的新大陆。哥伦布以西班牙国王的名义将其占领，命名为“圣萨尔瓦多”。

图中是哥伦布乘坐的“圣玛利亚”号正在帕洛斯港准备扬帆起航。

D 不平等的贸易

作为欧洲人中第一个在美洲的殖民者，哥伦布对印第安人的殖民还不是赤裸裸的抢夺，而是进行不平等的贸易。哥伦布和他的船员们用自己所带来的小饰品、玻璃片等来换取印第安人贵重的黄金物品。印第安人把这些欧洲人当成远方来的贵客，然而正是所谓的贵客给他们带来了灾难。

图中是选自18世纪所作的《东印度群岛征服记》，印第安人正拿着从哥伦布船员手中换来的金属小铃铛。

C 发现海岛

哥伦布（1451—1506）是意大利著名航海家，他的一生都在从事航海活动。在西班牙国王支持下，哥伦布曾先后4次出海远航（1492—1493，1493—1496，1498—1500，1502—1504），开辟了横渡大西洋到美洲的航路。在四次远航中，他先后到达了巴哈马群岛、古巴、海地、多米尼加、特立尼达等岛，并在帕里亚湾南岸首次登上美洲大陆。哥伦布的航行证明了大地球形说的正确性。

E 哥伦布的荣耀时刻

发现了新大陆后，哥伦布率船队继续南下，先后到达古巴、海地，并在海地建立了第一个殖民据点，将其命名为“圣诞城”。1493年，哥伦布的船队返回西班牙。同年4月，哥伦布被召进宫，得到了将军的封号，因此成了风云一时的英雄。此后，哥伦布又相继于1493年、1498年和1502年登上了美洲的许多海岸， 期间进行了不少殖民活动。

图中是画家德拉克洛瓦所创作的油画，画中描绘了哥伦布受封的场景。

F 临终之景

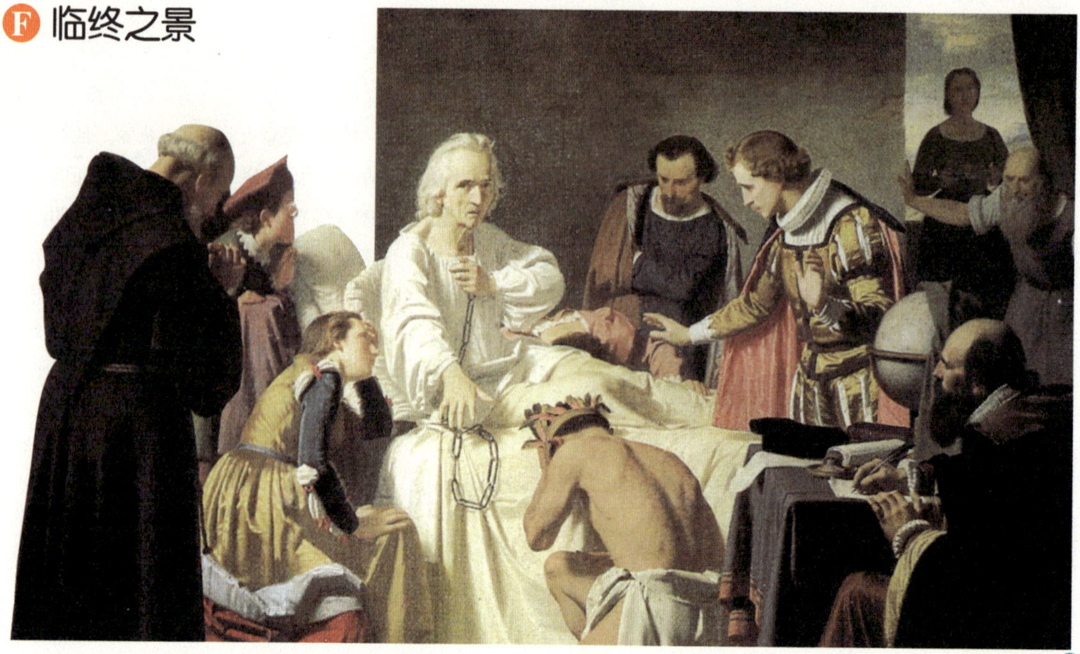

哥伦布的第一次远航在欧洲引起了轰动，哥伦布也成为了西班牙的贵族。不久，受西班牙国王的差遣，哥伦布再次远航。此后的探险中，哥伦布先后到达多米尼加、海地等地，后又两次到达美洲。但由于他并未给西班牙国库带来巨大收入，因此遭到西班牙贵族的忌恨和排挤。1506年，哥伦布病逝于西班牙的瓦里阿多里德城。

图中是画家路易吉·夏里洛于19世纪所创作的油画，画中描绘了哥伦布临终的场景。

G 达·伽马

达·伽马（1460—1524），葡萄牙航海家，他是从欧洲绕好望角到印度航海路线的开拓者。1497年7月8日，达·伽马受葡萄牙国王派遣，率船从里斯本出发，寻找通向印度的海上航路，途中经过加那利群岛，绕好望角，经莫桑比克等地，于1498年5月20日到达印度西南部卡利卡特 。同年秋，达·伽马离开印度，于1499年9月9日回到里斯本。

H 达·伽马的收获

1499年，达·伽马回到里斯本时，所带回货物的纯利润是全部航行费用的60倍。达·伽马通航印度，促进了欧亚贸易的发展，这条航路也是葡萄牙和欧洲其他国家在亚洲从事殖民活动的开端。在以后的航行中，葡萄牙人建立了许多商业和军事据点，终于控制了这条通往东方的航路。

图中是达·伽马的画像。

A.D.1518 A.D.1522

11 麦哲伦的环球旅行

关键词:麦哲伦 环球航行

1519 年 9 月 20 日，葡萄牙人麦哲伦在西班牙国王的资助下，率领船队沿已知的路线向西航行，开始了人类历史上第一次环球航行的壮举。之后，船队沿着美洲大陆南下，发现了美洲南部的海峡，即麦哲伦海峡。在横渡大西洋时，麦哲伦的船队发动反对麦哲伦的叛乱，麦哲伦平定了叛乱，并将叛乱的首领抛在途中的荒岛上。1521 年 3 月，麦哲伦的船队抵达菲律宾群岛，麦哲伦在干涉岛上内部战争时，被当地的土著人杀死。后来船队先进入印度洋，然后沿着葡萄牙人发现的航路返回西班牙。1522 年 9 月，船队返回西班牙，第一次环球航行结束。

麦哲伦的环球旅行 C H

经过

1. **1518年3月22日**，与西班牙国王查理五世签订协议。A
2. **1519年9月20日**，船队离开塞维利亚，开赴圣卢卡尔。B
3. **1519年12月13日**，抵达巴西里约热内卢。D
4. **1520年3月31日**，抵达圣胡利安湾。
5. **1520年4月7日**，麦哲伦平定圣胡利安湾叛变。
6. **1520年10月21日**，发现麦哲伦海峡。E
7. **1520年11月28日**，进入太平洋。
8. **1521年3月6日**，抵达强盗岛，和岛民发生争斗。
9. **1521年3月16日**，发现菲律宾群岛。
10. **1521年3月28日**，抵达马萨瓦群岛，证实地球是一个圆球体。
11. **1521年4月27日**，麦哲伦介人部落间的战斗，在麦克坦死亡。F
12. **1522年9月8日**，船队返回西班牙，完成了人类历史上第一次环球航行。G

A 世界的样子

1518年3月，西班牙国王查理五世答应了麦哲伦的航海请求。麦哲伦终于迎来了他的航海契机。不久，他就组织了一支船队准备出航。

图中是一幅地球平面图，这幅平面图是葡萄牙早期的典型航海图。16世纪，在麦哲伦远航之前，欧洲人对美洲海岸只有一些零散的认识，在他们眼中，世界就是图中的这个样子。

B 挂帆远航

1519年9月20日，在西班牙国王的资助下，麦哲伦率船队从塞维利亚的圣卢卡尔港出发南航，开始了人类历史上第一次环球航行。在前人探索的基础上，麦哲伦的这次航行完成了空前的壮举，他成为了第一个横渡太平洋的欧洲人，也是第一位完成环球航行的航海家。

图中是16世纪时葡萄牙的大帆船。

C 麦哲伦

麦哲伦（1480—1521），全名费迪南德·麦哲伦，葡萄牙著名航海家。早年，他向葡萄牙国王曼努埃尔提议进行一次环球航行，但并没有引起葡萄牙国王的兴趣，因此被否决了。于是，麦哲伦于1517年离开了葡萄牙，来到了西班牙，他又一次提出环球航行的请求时得到了西班牙国王的支持。获得资助后，麦哲伦从西班牙出发，率船队绕过南美洲，发现了麦哲伦海峡。之后他又带领船队横渡了太平洋，其后在菲律宾因介入部落争斗而被当地人杀害。麦哲伦死后，他的船队继续西航，最后终于又回到西班牙，完成第一次环球航行。虽然麦哲伦在航行途中意外身亡，但他仍被认为是第一个完成环球航行的人。

D 抵达里约热内卢

麦哲伦的船队在大西洋中航行了70天后，于1519年11月29日到达属于葡萄牙的领地的巴西海岸。随行的意大利人安东尼奥·皮加费塔为这次历史性航行留下了详细而珍贵的记录。据皮加费塔的描述，巴西土地肥沃，地产丰富，这块陆地上的居民没有信仰，他们只按照自然规律生活。

图中是1519年，米勒所作的巴西地图，现存于巴黎国立图书馆。

E 麦哲伦海峡

1520年3月，麦哲伦的船队驶入圣胡安港过冬。期间麦哲伦成功地平定了一场叛乱，于8月率领船队继续出发。8月底，船队在南纬52° 的地方，发现了一个海湾。麦哲伦派船只前去探察时找到了一条通往“南海”的峡道，即后人所称的麦哲伦海峡。

图中是麦哲伦海峡。按照皮加费塔的描述，因为那天正逢圣女节，所以他们将它叫作“圣女角”。

F 麦哲伦之死

走出麦哲伦海峡后，麦哲伦的船队就进入了太平洋，并于1521年3月，到达菲律宾群岛。麦哲伦的首次横渡太平洋，证实了地球是一个圆球体。1521年4月27日，麦哲伦进入菲律宾群岛中的麦克坦岛，由于介入部落间的战斗而被杀害。

图中是选自泰韦所作的《通用宇宙志》，画中描绘了岛上内讧的场景。

G 环球航行

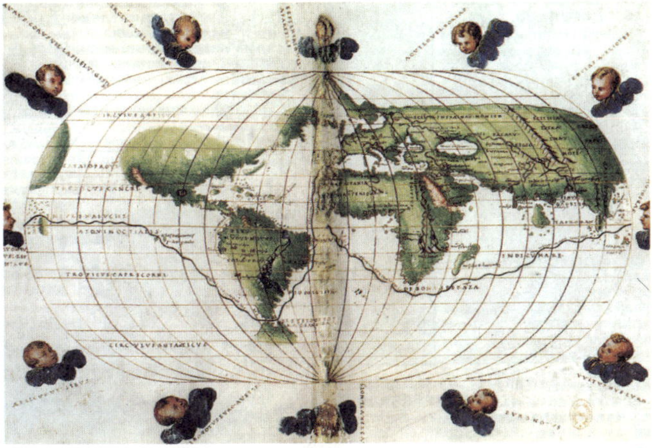

麦哲伦死后，他的同伴们继续航行，终于在1522年9月8日返抵西班牙，完成了历史上首次环球航行。在西、葡两国争夺霸权的过程中，麦哲伦的这次远航为西班牙占尽了先机。麦哲伦之后，西班牙航海家的探险活动一直持续到16世纪末。此时，西班牙已成为首要的强国，势力范围一直从美洲扩展到菲律宾群岛。

图中是标有麦哲伦航线的地图，1543年由阿涅兹所作。

H 麦哲伦年表

麦哲伦年表
1480年，麦哲伦在葡萄牙出生。
1505-1512年，麦哲伦在东印度服兵役。
1513年，麦哲伦在非洲服兵役。
1515年，麦哲伦提出西航计划，被葡萄牙国王曼努埃尔拒绝。
1518年，麦哲伦与西班牙国王查理五世签订协议。
1519年，麦哲伦船队离开塞维利亚，抵达巴西里约热内卢。
1520年，麦哲伦抵达圣胡利安湾，后进入太平洋。
1521年，麦哲伦抵达马萨瓦群岛，证实地球是一个圆球体。
1521年4月7日，麦哲伦抵达宿雾岛。
1521年4月27日，麦哲伦介入部落间的战斗，在马克坦丧生。

A.D.15世纪 A.D.16世纪

12 葡萄牙和西班牙的海外扩张

关键词：海外扩张 殖民活动

随着海上探险活动的展开和新航路的开辟，葡萄牙和西班牙率先登上了殖民侵略的舞台。葡萄牙的殖民活动主要在亚洲和非洲展开。早在15世纪时，葡萄牙就在非洲西海岸设置了殖民据点，到16世纪中叶，葡萄牙的海外殖民扩张达到鼎盛，垄断了欧、亚、非之间的主要贸易通道。

西班牙殖民扩张的重点是美洲，殖民者在美洲开大量采金银矿藏并奴役印第安人为其劳动。16世纪末，西班牙在美洲开采的重金属占世界总产量的83%。为补充劳动力，西班牙殖民者还从事罪恶的奴隶贸易。

但是大量金银的流入并没有促进两国的经济发展，反而引起国内的物价上涨，导致经济实力下降，16世纪末，两国的海上霸主地位逐渐被荷兰和英国取代。

殖民国家扩展方向及特点

葡萄牙	特点	侵占军事据点，垄断商路，进行欺诈性贸易。
	过程	1 **15世纪初**，葡萄牙人在非洲西岸建立殖民据点，掠夺黄金，贩卖奴隶。A 2 **1496年**，划定“教皇子午线”。B 3 **1506—1508年**，控制印度航线。 4 **1510年**，占领果阿作为东方殖民地的首府。 5 **1511年**，占领马六甲。 6 **1517年**，开始与中国人通商。 7 **1543年**，到达日本海岸。 8 **1557年**，窃占中国澳门为殖民据点。 9 **1548年**，在日本九州设立欧洲人的第一个商站。C
西班牙	特点	占领全境，直接掠夺财富。三大财源：开采金银矿藏、建立大型种植园、奴隶贸易。
	过程	1 **1519年**，西班牙人建立巴拿马城。 2 **1521年**，征服墨西哥阿兹特克帝国。D 3 **1533年**，征服印加帝国。E 4 **1534—1535年**，探索到现今的加利福尼亚，并开始逐步深入北美内陆。F

A 掠夺非洲

15世纪初，葡萄牙人就在非洲西岸建立了殖民据点，掠夺黄金和贩卖奴隶。从1480年到1530年，葡萄牙人在几内亚湾掠得的黄金值10万英镑，占当时世界总量的10%。15世纪40年代时，葡萄牙殖民者就开始贩卖黑人为奴；1510年，西班牙公开出售贩奴特许证，垄断了美洲的奴隶贸易。在黄金海岸一带，奴隶的贸易据点多达三四十个。后来，奴隶贸易扩展到非洲东岸的莫桑比克、坦桑尼亚和马达加斯加岛。

B 教皇子午线

哥伦布远航成功后，葡萄牙和西班牙都加紧了对外的殖民掠夺，因此为争夺新领土而发生了纠纷。为了平息两国纷争，教皇出面进行调解，两国于1496年签订了《托尔德西里亚斯条约》，在佛得角群岛以西约2000多公里处，从北极到南极划一条分界线，史称“教皇子午线”，线东归葡萄牙，线西归西班牙。1529年，两国在萨拉哥撒再签新约，这是世界上第一次瓜分殖民地的行为。

C 侵入亚洲

达·伽马开辟通往印度的新航路后，葡萄牙的殖民扩张开始侵入亚洲。16世纪中叶，葡萄牙在印度、马来半岛和印度尼西亚都设有军事据点和商站，他们通过向被占领地的人民征税、勒索香料或通过欺诈性贸易等方法进行掠夺。1553年，葡萄牙人入居澳门，1557年窃取澳门为殖民据点。1543年，葡萄牙殖民者到达日本，不久在九州设立商站。

D 登陆墨西哥

1492年，哥伦布踏上新大陆，西班牙就此在加勒比海和美洲沿岸陆续设立据点并向内陆推进，其中军事征服一直伴随着探险活动。1519年，西班牙人登陆墨西哥，建立了韦拉克鲁斯城，此后殖民者开始深入内陆，并于1521年征服了阿兹特克帝国。殖民者给原住民带来了深重的灾难，他们不但在经济上进行疯狂地掠夺，而且还不断地驱赶和屠杀当地的土著印第安人。

图中是西班牙主教所记录的西班牙人在墨西哥的暴行。

E 征服印加

在登陆墨西哥的同时，西班牙殖民者建立了巴拿马城，由此开始入侵南美太平洋沿岸地区。1533年，西班牙冒险家弗朗西斯科·皮萨罗征服印加帝国。1535年，西班牙人在秘鲁建利马城，以此为开端开始逐步控制南美其他地区。1534—1535年，西班牙北上控制了北美西岸地区，殖民者的侵略步伐开始深入北美内陆。

图中是皮萨罗与印加国王第一次见面的场景，拿着祈祷书的是印加国王。

F 劳作的黑奴

由于遭到屠杀和驱赶，在西班牙统治的几个世纪里，美洲原住民的人口大为减少。为了补充劳动力，西班牙不得不从非洲引进大量的黑人奴隶，从而促成了兴盛一时的奴隶贸易。由于西班牙只把殖民地作为原料产地加以掠夺，因此不能促进本国资本主义的发展，反而造成了本国经济实力的下降，这也是葡萄牙落后的原因之一。最终两国的霸主地位被荷兰和英国取代。

图中是正在开采银矿的印第安人。

1500-1750

15世纪时，资本主义关系在西欧诸国普遍产生，到16世纪，资本主义开始了原始资本积累的过程，西欧的封建制度陷入危机，进入解体阶段。17世纪初，欧洲爆发了第一次大规模的国际冲突，即“三十年战争”。战后德意志分崩离析，法国夺得欧洲霸权。图示为黑死病爆发时的西欧城市中的一户居民正在哀哭。

第七章 封建解体时的西欧诸国

A.D.1485　A.D.1509

01 亨利七世的集权

关键词：亨利七世 集权统治

1455 年到 1487 年，金雀花王朝的分支——兰开斯特王朝和约克王朝为了争夺王位而展开了持续的内战。由于这两个家族的族徽分别是红玫瑰和白玫瑰，所以这场战争也被称为“玫瑰战争”。1485 年，兰开斯特家族的支裔——里士满伯爵亨利·都铎，依靠法国和约克家族归顺势力的支持，获得了战争的胜利，夺取了王位，称亨利七世，开始了都铎王朝的统治。亨利即位之初，为了稳定国内的秩序，避免残存的大贵族势力再次挑起内战，选择了依靠新兴资产阶级和新贵族，采取一系列有效措施来加强王权，英国封建专制君主制由此开始。

亨利七世的集权统治	
行政	亨利七世起用中等阶层，重用新贵族和资产阶级分子。A
司法	设立“星室法庭”，专门惩治不顺服贵族，并起用治安法官来恢复社会秩序。
经济	实行有效的财务制度，并奖励工商业发展。
文化	支持文化事业，修建国王学院。B

A 亨利七世

亨利七世即位后，为加强王权，开始无情镇压贵族叛乱，并于1487年和1504年，先后颁令，解散大贵族的私兵，摧毁贵族堡垒，另外特设“星室法庭”，专门惩治叛乱贵族。在行政上，亨利七世依靠新兴资产阶级和新贵族，进一步抑制大贵族势力，加强君权。上述措施为都铎王朝的专制统治奠定了基础。

图中是亨利七世的画像。

B 国王学院

剑桥大学的国王学院由亨利六世于1441年创立。在建设过程中，“玫瑰战争”爆发，亨利六世沦为阶下囚，工程被迫停止。此后亨利七世调拨资金重新启动工程，直到亨利八世去世的1547年才正式竣工。国王学院内的国王礼拜堂是剑桥建筑的一大代表，礼拜堂四面的彩色玻璃窗皆以圣经故事为背景，也是中世纪晚期英国建筑的重要典范。

图中是剑桥大学的国王学院。

A.D.1529　　A.D.1560

02 英国的宗教改革

关键词:宗教改革 英国国教

都铎王朝统治初期，英国教会仍属罗马教廷控制，当时的教会掌握着英国1/3左右的地产，所拥有的财富约占全国总财富的1/5左右。罗马教廷不仅从英国攫取大量钱财，而且还干预英国教俗事务。随着人文主义和宗教改革思想的传播，英国社会各阶层的反教会情绪日益高涨。新兴资产阶级和新贵族要求夺取教会的土地和其他财产，而逐渐强大起来的专制王权则力图把教会作为专制王权的统治工具。在这样的背景下，亨利八世拉开了宗教改革的序幕。

英国的宗教改革

背景	1 资产阶级要求打破教会的经济特权，进行宗教改革。 2 日益强大的王权力图摆脱罗马教权的桎梏。
起因	教会拒绝亨利八世的离婚请求，成为亨利八世进行宗教改革的借口。
亨利八世	1 **1529年**，亨利八世多次召开议会，通过改革法令。 2 **1533年**，亨利八世公开与教皇决裂。A 3 **1534年**，国会通过《至尊法案》，规定国王为英国教会最高首脑。 4 **1536年**，国会通过《叛逆法》。 5 **1536—1539年**，通过解散修道院并没收其财产的法令。B
玛丽女王	1 玛丽一世（**1516–1558**）。C 2 恢复天主教，残酷迫害新教徒，被称为“血腥玛丽”。D E F
伊丽莎白	1 伊丽莎白女王（**1533–1603**）。G 2 恢复国教，国王为教会最高首脑。H 3 **16世纪60年代**起，英国出现清教徒。
影响	1 打破了教皇对英国的控制。 2 重新确立了教会与国家的关系。 3 激发了英国民众的民族意识。

A 公开决裂

亨利八世统治时期，都铎王朝的君主专制日益完善，为了摆脱教会对英国的控制，他拉开了宗教改革的序幕。1529年，亨利八世通过一系列改革法令限制了教会的权力。1533年，他公开与教皇决裂，并重用许多改革派人士，取代旧贵族和高级教士。

上图是一幅象征画，画中亨利八世将教皇踩在脚下。

B 关闭修道院

1536年，亨利八世下令封闭修道院，没收其一切财产归王室所有。1536年到1539年间，英国共封闭男女修道院630余所，遣散僧侣8000余人。教会的土地被抛入市场，转移到资产阶级和新贵族手中，给英国经济的变革带来了深刻影响。

图中是受到迫害的天主教徒要密谋反抗亨利。

C 玛丽一世

玛丽一世（1516—1558），英格兰和爱尔兰女王，都铎王朝的第四位君主（1553年7月6日-1558年11月17日，实际上任时间是7月19日）。她继任为英国君主后，复辟罗马天主教。复辟过程中，她下令烧死不符合天主教的300名宗教人士，此举动使她得到了“血腥玛丽”的绰号。从此以后，“血腥玛丽”在英语中就成了女巫的同义词。她的宗教政策大部分都被她的继任者伊丽莎白一世所废除。

D 天主教的复辟

亨利八世死后，爱德华六世即位，并进一步推行宗教改革政策。1553年，玛丽即位，她是虔诚的天主教徒，在位时期重用旧贵族和天主教高级教士。1554年，国会下令全国恢复天主教信仰，并宣布新教各派均为非法。因此，这一时期天主教势力在英国一度恢复。

图中是玛丽一世的画像。

E 镇压新教徒

亨利八世与王后凯瑟琳离婚后，作为凯瑟琳的女儿，玛丽一世受到了许多不公平的待遇，正是早年不幸的生活，造成了她对新教的怨恨。1555年，玛丽一世开始在国内镇压新教徒，并设裁判法庭，残酷镇压新教势力。

图中是被关押在监狱里的新教徒。

F 烧死新教徒

在玛丽一世血腥统治期间，以不符合天主教的罪名被烧死者达300余人，其中包括为她父亲主持离婚判决仪式的克莱默。玛丽的内外政策遭到国内各阶层的强烈反对，她的妹妹伊丽莎白一世上台后，重新恢复了亨利八世的宗教改革政策。图中是被处以火刑的新教徒。

H 国王的权威

改革后的英国教会成为都铎王朝专制统治的工具，国王为最高首脑。英国宗教改革并不彻底，因此到16世纪60年代后，国教会内部要求清洗天主教影响的教派发起了“清教运动”。清教徒代表的是资产阶级和新贵族利益，因此屡遭封建国家残酷镇压，但清教徒的势力继续扩大。17世纪40年代，资产阶级终于打着“清教”的旗帜，掀起了反封建制度的资产阶级革命。

图中是大臣拥簇下的伊丽莎白。

G 伊丽莎白一世

伊丽莎白一世（1533年9月7日—1603年3月24日）是都铎王朝的第五位也是最后一位君主。她即位时英格兰正处于由宗教分裂引起的混乱状态中，她不但成功地维持了英格兰的统一，而且使英格兰成为欧洲最强大和最富有的国家之一。因此她统治的近半个世纪，在英国历史上被称为“伊丽莎白时期”，亦称为“黄金时代”。

图中是伊丽莎白一世的画像。

A.D.15世纪　A.D.16世纪

03 “羊吃人”的圈地运动

关键词:贸易发展 圈地运动

15 世纪末到 16 世纪，随着国际贸易的扩大，英国的毛纺织业手工工场迅速发展，市场的羊毛价格猛涨，养羊业变得有利可图。为了获得更多的土地来从事养羊业，贵族开始强占农民的份地及公有地,把强占的土地圈占起来,变成私有的大牧场、大农场。这就是英国历史上的“圈地运动”。“圈地运动”使大批丧失土地和家园的农民成为一无所有的雇佣劳动者，是英国资本原始积累的最重要手段之一。

圈地运动

背景

1. 15世纪后，英国毛纺织业迅猛发展，羊毛价格猛涨，需要大片的土地养羊。
2. 新航路开辟后，英国对外贸易急剧扩大，进一步刺激了英国羊毛出口业和毛织业的发展。A
3. 在英国存在大量公地。
4. 资本主义地租的巨大利润刺激了圈地运动的发展。B
5. 政府支持圈地运动，1593年国会废除反圈地法令，引起了圈地狂潮。

过程

1. 在工商业发达的英国东南部农村，贵族地主首先开始圈占公有土地。
2. 随后，贵族地主又圈占小佃农的租地和公簿持有农的份地。
3. 此后一些贵族也加入圈地行列，农民失去土地，为市场提供了劳动力。

A 发达的对外贸易

新航路的开辟后，英国羊毛出口和毛纺织业进一步发达起来。羊毛利润的暴涨刺激了养殖业的发展，于是英国的贵族地主首先在农村开始圈占土地养羊。

图中是16世纪航海手册的卷首插图，画中的两个水手正拿着测深锤。16世纪时航海业的发展使世界商路转移到大西洋沿岸，英国正处在航运的中心线上，其对外贸易得到了极大发展。

B 城市兴起

16世纪，英国工场手工业得到发展，城市兴起，对农产品的需求大增，圈地运动进一步高涨。圈地运动使许多小农的土地被圈占，大量农民被迫同自己的生存资料分离，成为无产者，靠出卖自身劳动力才能生存，为市场提供了劳动力来源。

图中是伦敦桥的入口处，其背后就是贸易发达的伦敦。

A.D.15世纪　　A.D.16世纪

04 海上霸权争夺战

关键词:英国 西班牙 海战

都铎王朝统治时期推行重商政策，在政府的鼓励下，英国的海外贸易迅猛发展。16 世纪时，西班牙是海上霸主，英国海外贸易的发展导致了二者之间的矛盾日益尖锐。伊丽莎白女王统治时期，英国与西班牙之间展开了长达半个世纪的斗争。

16 世纪 60 年代起，伊丽莎白女王就鼓励英国的海盗劫掠西班牙的商船和西属殖民地。到 16 世纪 80 年代，二者之间的斗争进入白热化，终于在 1588 年，爆发了英西大海战。西班牙的“无敌舰队”在英吉利海峡被彻底打败，从此丧失了海上霸权。英国初步夺得了大西洋航线的控制权，其侵略势力开始向美洲渗透。

海上霸权争夺战	
背景	1 16世纪英国海外贸易迅猛发展。A 2 西班牙独占美洲，掌握着欧美之间的制海权。
前期	前期英国海军力量还比较薄弱，主要是劫掠西班牙的商船和西属殖民地。B
后期	矛盾激化，双方在英吉利海峡展开海战。C D E F G H
影响	1 西班牙丧失了海上霸权。 2 英国初步夺得了大西洋航线的控制权，其殖民势力开始向美洲渗透。

A 远洋商队

图中漂洋过海的大帆船就是英国的远洋商队，由于历代国王均推行重商政策，鼓励海外贸易，所以都铎王朝时期这种商船在海上随处可见。亨利七世在位时期就通过颁发经营特许状等措施来鼓励商人远航，亨利八世和伊丽莎白统治时继续沿用这些措施，推动了英国海外贸易的迅猛发展。

B 女王的海盗

伊丽莎白统治初期，英国的海军力量比较薄弱，还不敢与西班牙的舰队公开较量，女王便鼓励英国海盗劫掠西班牙商船和西属殖民地，以此来打击西班牙的海上势力。图中英国海盗头目德雷克就曾多次奉女王之命，袭击西班牙商船，掳获大量财富。1577年，德雷克完成环球航行，并在沿南美海岸航行时大肆抢劫西班牙商船。这一行为得到了女王的赞赏，德雷克因此被授予了爵士头衔。

C 玛丽·斯图亚特

玛丽·斯图亚特（1542—1587），是苏格兰女王（在位时间1542年12月14日—1567年7月14日）和法国王后（1559年7月10日—1560年12月5日）。她的一生充满了悲剧色彩，最后成为英国与西班牙战争的牺牲品。英国和西班牙斗争初期，西班牙国王腓力二世不想诉诸武力，企图勾结英国天主教势力，把信奉天主教的苏格兰女王玛丽·斯图亚特扶上英国王位，这个阴谋最后被伊丽莎白识破，玛丽·斯图亚特也因此被斩首。

D 处决玛丽·斯图亚特

英国与西班牙斗争早期，伊丽莎白就利用西班牙与法国、尼德兰之间的矛盾来削弱西班牙的势力。尼德兰革命爆发后，英国公开支持尼德兰对抗西班牙。西班牙则扶持英国天主教势力，企图拥立玛丽·斯图亚特为新女王。伊丽莎白洞察了这一阴谋，并于1587年下令以谋反罪处决玛丽·斯图亚特。英西之间的矛盾就此激化。

图中是玛丽·斯图亚特被执行死刑的场景。

E 女王的鼓励

玛丽·斯图亚特被处决，严重挑战了欧洲天主教会的权威，教皇因此颁发特别诏书，号召天主教徒去同英国作战。为了维护西班牙“海上霸王”的地位，同时也为了报英国的抢劫之仇，西班牙国王腓力二世首先响应此号召。为了远征英国，他用了整个夏季装备了一支“无敌舰队”。此时的英国也处于备战状态，伊丽莎白女王甚至亲赴前线作动员。

图中是正在对士兵讲话的女王。

F 无敌舰队

新航路开辟后，通过掠夺金银财宝，西班牙很快成为欧洲最富有的海上帝国。据统计，从1545年到1560年间，西班牙海军从海外运回的黄金多达5500公斤，白银达24.6万公斤。至16世纪末，世界贵重金属开采中的83%为西班牙所得。在如此庞大的利益面前，西班牙建立了一支拥有100多艘战舰、3000余门大炮、数以万计士兵的强大海上舰队来保障其海上交通线及海外利益。极盛时期，这支舰队拥有千余艘舰船，横行于地中海和大西洋，被西班牙骄傲地称为“无敌舰队”。

G 出海迎击

1588年7月，腓力二世的“无敌舰队”从里斯本港启程，于7月21日逼近英国西南海岸，并摆开了战斗队形。英国方面也派出了庞大的舰队，任命德雷克等人指挥，出海迎击，7月下旬，双方舰队在英吉利海峡相遇，形成对峙局面。英国与西班牙之间的海上霸权争夺战就此拉开帷幕。

图中是双方的战舰在英吉利海峡对峙。

H 海战

在这场海战中，英国舰队利用战船轻便灵活的优势，采取机动战术，利用远射程大炮攻击“无敌舰队”。经过两周的海战，“无敌舰队”遭到重创，几乎全军覆没。“无敌舰队”的覆灭标志着西班牙海上霸权的丧失，此后，西班牙一蹶不振，很快便衰落。战后，英国一跃而成为海上强国，并大力发展海上贸易，推动了本国资本主义的发展。

图中是被炮火围攻的“无敌战舰”。

A.D.1500 A.D.1560

05 法王的集权

关键词：弗朗西斯一世 强化君权

英法百年战争结束后，统一的法兰西民族国家逐渐形成。国家的统一和稳定促进了资本主义萌芽的进一步发展，法国的社会关系也开始经历新的演变。富有的资产阶级开始跻身贵族之列，成为新贵族。这时，趋于衰落的封建贵族与新兴资产阶级都希望通过强化王权来镇压下层人民的反抗，所以阶级关系的变化促使了法国君主专制制度的确立。

法国的君主专制开始于路易十一时期，到弗朗西斯一世统治的前期明显加强。1539 年，弗朗西斯一世颁布《维雷—科特莱敕令》，规定在官方文书中必须使用法语，不得再用拉丁语。法国君主专制建立的过程并不顺利，1494 年开始，绵延半个世纪的意大利战争严重延缓了法国君主集权的进程，此后法国国内矛盾日益加剧，不久又陷入了长达 30 年的宗教战争。

<table>
<tr><th colspan="3">法国的集权</th></tr>
<tr><td>背景</td><td colspan="2">1 统一民族国家形成。
2 封建贵族与新兴资产阶级希望加强王权。</td></tr>
<tr><td>弗朗西斯一世</td><td colspan="2">1 弗朗西斯一世（1515—1547）。A
2 停止召开三级会议，设御前会议掌管行政大权。B
3 剥夺贵族司法审判权，着手创设常备军。
4 控制本国教会。
5 鼓励商业发展，支持人文学者的文化活动。</td></tr>
<tr><td rowspan="2">意大利战争</td><td>背景</td><td>1 官僚机构和常备军的建立使法国财政负担严重，因此觊觎富庶而长期分裂的意大利。
2 为巩固法国在地中海的商业地位，法王渴望征服意大利。</td></tr>
<tr><td>阶段</td><td>第一阶段（1494—1508）
1494年，法王查理八世侵入意大利，1503 年底被西班牙逐出意大利。C
第二阶段（1509—1515）
教皇主持重订“神圣同盟”，法国再次被挤出意大利。
第三阶段（1516—1547）
法国为争夺意大利主导权和欧洲大陆的霸权同西班牙进行较量。D
第四阶段（1548—1559）
法国和西班牙签订《卡托·堪布累济和约》，正式结束意大利战争。E</td></tr>
</table>

A 弗朗西斯一世

法国在国王路易十一在位时已开始着手强化君权，到弗朗西斯一世统治时法王已经集大权于一身，并控制了本国的教会，使其成为君主统治的御用工具。同时弗朗西斯一世还支持商业和文化事业的发展，这些政策都有助于树立君主的权威，法国的君主集权进一步加强。图中是弗朗西斯一世的画像。

B 强化君权

弗朗西斯一世在位期间，为了强化君权，不再召开三级会议，而是设立御前会议掌握行政大权，重大问题由君主本人和近臣商讨决策，当时的议会已形同虚设，图为他的宫殿。此外，弗朗西斯一世还取消了仍保有自治权的城市的独立地位，进一步强化了王权。

C 入侵意大利

富庶而长期分裂割据的意大利，一直是法国觊觎的对象，1494年，法王查理八世率军入侵入意大利，意大利战争爆发。为了抵抗法国，教皇、威尼斯、米兰、西班牙和神圣罗马帝国于1495年结成“神圣同盟”，同年7月大败法军。法王路易十二上台以后，拆散了“神圣同盟”，与西班牙结盟，派兵先后再占米兰和那不勒斯。后因分赃不均，1503年底被西班牙逐出意大利。战争的第一阶段结束。

图中是法国的大军侵入意大利的场景。

D 帕维亚战役

1509年春，意大利战争第二阶段开始，几经战斗，法国再次被挤出意大利。1515年，弗朗西斯一世即位，重启战端，意大利战争进入第三阶段。这一时期是法国为争夺意大利主导权和欧洲大陆霸权同西班牙进行的殊死较量，所以主要是弗朗西斯一世与西班牙国王查理五世之间的战争。1525年，法军大败于帕维亚，佛朗西斯一世本人被俘。其获释后继续同西班牙斗争，战争继续。

图中是法、西两国会战于帕维亚的场景。

E 结束战争

1547年弗朗西斯一世之子亨利二世继位，意大利战争进入最后阶段，亨利二世继续反对查理五世。1556年，查理五世退位，战争在亨利二世和西班牙国王腓力二世之间进行。连绵达65年之久的意大利战争终于使交战各方筋疲力尽，1559年3月12日，亨利二世与腓力二世签订《卡托·堪布累济和约》，正式结束意大利战争。

图中是法军攻陷意大利北部城市的场景。

A.D.1562　　A.D.1598

06 胡格诺战争

关键词：加尔文教 胡格诺战争

16 世纪 40 年代，加尔文教开始在法国传播，被称为胡格诺教。信奉加尔文教的法国南部的封建大贵族，企图利用宗教改革运动来达到夺取罗马教会地产的目的。而法国北部则是信奉天主教的封建大贵族，二者之间因此产生了严重的利益冲突。宗教纠纷逐渐演变为两个教派封建主争夺权力和利益的武装冲突，最终演变成长期内战。1562 年，胡格诺战争开始，直到 1598 年亨利四世颁布宽容胡格诺派的《南特敕令》承认一国两教，历时 36 年的宗教战争才告结束。宗教战争对法国的破坏程度甚至超过了英法百年战争。

胡格诺战争

背景

1 西欧的宗教改革思潮波及法国，形成新教。

2 法王控制本国天主教会，对新教徒进行迫害。A

过程

1 **第一阶段（1562—1570）** 共发生三次战争。1570年，太后卡特琳签署《圣日耳曼敕令》，确定设立新教的设防安全区。

2 **第二阶段（1572—1585）** 1572年，天主教派制造圣巴托洛缪大屠杀，战争的第二阶段开始。1577年，两派缔结《贝日拉克和约》，新教徒的自由和权利被限制。B

3 **第三阶段（1585—1598）** 1589年，亨利四世即位；1593年，重新加入天主教；1598年，颁布《南特敕令》，承认一国两教，内战结束。

影响

1 战后法国的王权得到振兴。

2 打破了天主教一统天下的局面。

A 迫害新教徒

15、16世纪，人文主义思想和加尔文教在法国迅速传播，新教教徒被称为胡格诺派。新教的传播引起了法王的恐慌，16世纪40年代便开始对新教徒实施迫害政策。1559年，弗朗索瓦二世继位，实权落入军功显赫的吉斯家族手中，新旧教派之间的冲突加剧。1562年，吉斯公爵制造了瓦西镇惨案，成为胡格诺战争的导火索。

图中是被处以火刑的胡格诺派教徒。

B 圣巴托洛缪惨案

1572年，法国王室为结束宗教战争，决定与新教徒的首领纳瓦尔国王亨利联姻。婚礼在巴黎举行，就在众人欢庆婚礼之时，王太后策划了一场针对新教徒的大屠杀，这就是西方历史上著名的圣巴托洛缪惨案。

图中是圣巴托洛缪节的夜晚新教徒被血腥屠杀的场景。

A.D.1566　　A.D.1609

07 尼德兰资产阶级革命

关键词:尼德兰 资产阶级革命

“尼德兰”意为低地，指莱茵河、斯海尔德河下游及北海沿岸地势低洼的地区，包括今荷兰、比利时、卢森堡和法国北部的一小部分。15 世纪末期，尼德兰处于德国哈布斯堡王朝统治之下，16 世纪初，尼德兰又转属西班牙的封建君主，由其派总督治理。

早在 13、14 世纪，尼德兰的农牧业和工商业就相当发达，到 16 世纪时，尼德兰的资本主义经济已得到迅速发展。尼德兰经济上的发达使西班牙将其作为重要的财政来源，进行残暴统治，这严重阻碍了社会生产力的发展。随着 16 世纪加尔文教的传播和尼德兰新兴资产阶级的形成，一场反封建统治的资产阶级革命一触即发。

尼德兰资产阶级革命	
背景	1 尼德兰资本主义发展迅速。 2 加尔文教的传播。 3 西班牙当局统治残暴。A
过程	1 **革命前期（1566—1568）** 1566年8月中旬，起义首先在弗兰德尔市爆发，但由于贵族的背叛，1568年革命陷入低潮。B 2 **北方的游击战争（1569—1572）** 1569年，尼德兰北方群众组织游击队继续战斗。1572年底，北方群众在奥兰治亲王威廉的指挥下大败西班牙军队，迫使其撤兵。C 3 **南方起义（1576—1578）** 1576年，革命中心转移到南方。1578年1月，威廉被任命为西班牙副总督。1月31日，西班牙军队大败尼德兰三级会议军，形势急转。D 4 **南北分裂和联省共和国的诞生（1579—1609）** 1581年，北方成立共和国，1609年，西班牙与共和国签订《十二年休战协定》，承认共和国的独立。E
影响	1 沉重地打击了西班牙和罗马天主教会，为资本主义的发展开辟了道路。 2 成为英、法等国资产阶级革命的先导。

A《死亡的胜利》

尼德兰资产阶级革命爆发的主要原因之一是西班牙当局的残暴统治。当时的国王查理五世不仅对尼德兰横征暴敛，而且还颁布“血腥法令”，残酷迫害新教徒。图中是16世纪尼德兰画家彼得·勃鲁盖尔所创作的《死亡的胜利》，画家用丰富的想象力和绚丽的色彩表现了人们被成批宰杀的凄惨场面，影射了西班牙当局的残暴。

B《伯利恒的户口调查》

查理五世退位后，其子菲利普二世即位，他重申了1550年颁布的“血腥法令”，大肆迫害革命者。面对统治者的残酷迫害，尼德兰人民终于在1566年爆发了声势浩大的起义运动，起义以破坏圣像运动为开始，迅速蔓延到17省中的12个省，成为革命的真正开端。

图中是画家彼得·勃鲁盖尔的作品《伯利恒的户口调查》。尼德兰人民在寒冬时节开始以破坏圣像运动为起点的对西班牙的进行反抗斗争。

C 北方游击队

风起云涌的革命运动吓坏了西班牙当局，也使贵族陷入恐慌，他们纷纷退出运动，革命运动因此处于严重的危机之中。这时北方各阶层的人们组织了游击队，活跃在海上（自称“海上乞丐”）和森林里（自称“森林乞丐”），机动灵活地打击敌人。这一时期，知名贵族奥兰治亲王威廉发表声明支持北方革命。1572年7月，荷兰省12城市的代表举行会议，选举奥兰治亲王为尼德兰北方行省总督。同年底，西班牙军队镇压北方起义时被打败，被迫撤兵。

画家彼得·勃鲁盖尔的作品《绞刑架下的舞蹈》描绘的就是游击队战斗生活的一个场面。

D 南方起义

北方革命的胜利鼓舞了南方各省的革命热情。1576年，布鲁塞尔爆发起义，革命中心转移到南方。同年10月，尼德兰南北方的代表在根特举行三级会议，公布了《根特和解协定》，号召南北团结共同进行反西班牙的斗争。1577年10月，布鲁塞尔市民举行武装起义，三级会议任命奥兰治·威廉为副总督。但是1578年1月31日，三级会议军被西班牙新总督唐·约翰率领的西班牙军打败，革命形势因此急转。

图中是奥兰治·威廉的画像，这位亲王为尼德兰的独立作出了巨大贡献。

E 尼德兰七省联合共和国

在革命的紧要关头，南方形势骤变。1579年，阿多瓦和海诺尔两省贵族叛变，成立“阿拉斯联盟”，公开投降西班牙。而此时北方6省也于1579年成立“乌特勒支同盟”，同盟奠定了荷兰共和国的基础。1581年，联省共和国宣布废黜西班牙国王菲利普二世，正式独立。1609年，陷入内外交困的西班牙当局被迫与共和国谈判，双方签订《十二年休战协定》，承认了共和国的独立。尼德兰北方的革命至此胜利结束，而尼德兰南方则在后来形成比利时和卢森堡两个国家。

A.D.1618 A.D.1648

08 三十年战争

关键词:国际关系 三十年战争

“三十年战争”是欧洲第一次大规模的国际战争。战争起初是神圣罗马帝国的内战，后来西欧和北欧的一些主要国家先后卷入。战争以波西米亚人民反抗奥地利帝国哈布斯堡王朝统治为开始，以哈布斯堡王朝战败并签订《威斯特伐利亚和约》而告结束。战争断断续续地打了30年之久，战后德意志分崩离析，法国夺得欧洲霸权。

三十年战争	
背景	1 **13世纪**以后，哈布斯堡王朝统治下的神圣罗马帝国皇权日益衰微。 2 各邦诸侯在宗教纠纷的掩饰下割据称雄。
导火索	**1618年**，布拉格起义的新教徒把两名钦差从窗户扔出，史称“掷出窗外事件”。A
波西米亚	**1618—1624年**，波西米亚为争取独立同神圣罗马帝国进行了一系列斗争，最后以波西米亚失败而告终。B
丹麦	**1625—1629年**，波希米亚的独立战争演变为广泛的国际战争，荷兰与丹麦结成反哈布斯堡联盟，丹麦负责出兵。C D
瑞典	**1630—1635年**，瑞典为争夺波罗的海与神圣罗马帝国之间发生战争，以哈布斯堡皇帝获胜而告结束。E
全欧混战	**1636—1648年**，战争进入全欧混战阶段，法国直接出兵，与瑞典联合对哈布斯堡王朝作战。神圣罗马帝国军被击溃，1648年，签订《威斯特伐利亚和约》，至此三十年战争完全结束。F G H
影响	1 德意志分崩离析。 2 法国兴起，获得欧洲霸主的地位。 3 荷兰与瑞士独立，荷兰成为新的海上霸主。

A 掷出窗外事件

1526年，波西米亚被神圣罗马帝国吞并，成为诸侯中势力最强的哈布斯堡王朝的领地。1617年，哈布斯堡家族的斐迪南受封为波西米亚国王。当时的波西米亚新教盛行，而斐迪南则是狂热的耶稣会分子，一上台便残酷迫害新教徒。1618年，波西米亚人民在布拉格发动起义，新教徒冲入王宫将斐迪南派遣的两名钦差从高窗中扔出，史称“掷出窗外事件”，这一事件成为三十年战争的开端。

图中描画的是钦差被掷出窗外的情景。

B 陷落的波西米亚

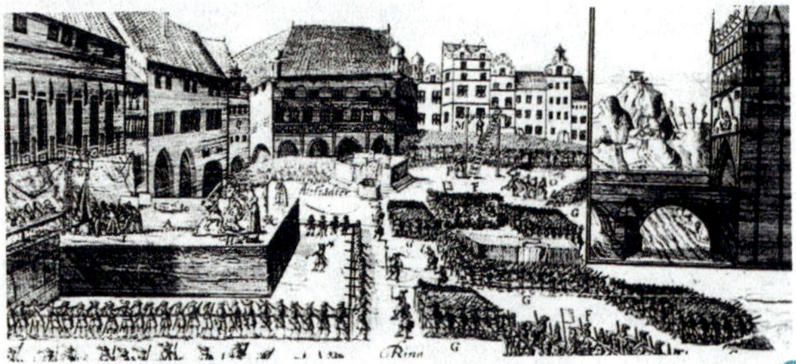

“掷出窗外事件”发生后，波西米亚成立临时政府，宣布波希米亚独立，暂时摆脱了哈布斯堡王朝的统治。神圣罗马帝国不甘失败，1620年，斐迪南二世依靠德意志天主教同盟军，再次入侵波西米亚。同年底，波西米亚和普法尔茨联军在布拉格附近的白山为天主教同盟军所败，波西米亚重归哈布斯堡王朝统治。至此战争的第一阶段结束。

图中是被占领的布拉格。

C 丹麦阶段

神圣罗马帝国皇帝的胜利，引起外国参战，波西米亚的起义战争演变为广泛的国际战争。1625年，丹麦在英国与荷兰的支持下，攻入帝国境内。1628年，神圣罗马帝国皇帝雇用波西米亚贵族华伦斯坦的雇佣军，同年先后击败了英军和丹麦军，控制了萨克森。丹麦被迫于1629年5月签订《吕贝克和约》。神圣罗马帝国势力延伸到波罗的海。

图中是华伦斯坦雇佣军与英国联军作战的场景。

D 华伦斯坦

阿尔伯莱希特·华伦斯坦（1583—1634），是一名德国化了的捷克贵族，他信奉天主教，并且是三十年战争中神圣罗马帝国的军事统帅。1625年，信奉新教的丹麦王克里斯蒂安四世在英、法、荷三国的支持下与新教联盟共同向神圣罗马帝国皇帝发动进攻。华伦斯坦带领他招募的军队北上与巴伐利亚军队配合，使丹麦节节败退。1627年9月，两军击退丹麦，收复了神圣罗马帝国在德意志的领地。1628年，华伦斯坦被封为梅克伦堡大公，后来又被封为北海与波罗的海大元帅。华伦斯坦的野心引起了神圣罗马帝国贵族的不满，1630年8月，华伦斯坦被解除职务，回到了他的封地。

E 瑞典阶段

神圣罗马帝国皇帝和天主教同盟势力北进，促使瑞典加速军事行动，与法国结成同盟。瑞典国王古斯塔夫二世·阿道夫率军于1630年7月进入波美拉尼亚，同勃兰登堡和萨克森选帝侯联合，在德意志西部和南部接连取胜。1634年，神圣罗马帝国皇帝联合西班牙打败瑞典军队，返回波罗的海沿岸。

图中是瑞典与帝国联军交战的场景。

F 混战

瑞典的战败使法国大为震惊，法国终于直接出兵，与瑞典联合进攻神圣罗马帝国，战争进入全欧混战阶段。1636年到1637年，西班牙与神圣罗马帝国联合出兵法国，为法军所败。1643年到1645年丹麦同瑞典开战，战败求和。1645年，帝国南部被法、瑞两国所占。1648年，帝国被迫求和，战争结束。

图中是瑞典军被法军打败的场景。

G 签订和约

早在1640年，德国方面已经发出和谈建议，1644年和谈开始。1648年，《威斯特伐利亚和约》正式签订。此和约导致哈布斯堡王朝失去了大量领地，削弱了其对神圣罗马帝国各邦国的控制，也使德国陷入封建分裂的时代。此后，法国、荷兰和瑞典这三大欧洲新霸主的崛起。

图中是各国签订《威斯特伐利亚和约》的场景。

H 《威斯特伐利亚和约》

《威斯特伐利亚和约》

1 重申1555年的《奥格斯堡宗教和约》和1635年的《布拉格和约》继续有效。

2 哈布斯堡皇室承认新教在神圣罗马帝国内的合法地位。

3 神圣罗马帝国内各诸侯邦国可自定官方宗教。

4 神圣罗马帝国内各诸侯邦国不得对皇室宣战。正式承认联省共和国（荷兰）和瑞士为独立国家。

5 哈布斯堡皇室被迫割让部分外奥地利领地。

6 法国获洛林内梅林、图尔、凡尔登3个主教区。

7 瑞典获取西波美拉尼亚地区和维斯马城、不来梅—维尔登两个主教区。

8 普鲁士获东波美拉尼亚地区和马格德堡主教区。

9 萨克森获得路萨蒂亚地区。

10 普法尔茨公国一分为二，上法普尔茨与巴伐利亚合并，下普法尔茨维持独立。

11 神圣罗马帝国皇帝选举不得在现任皇帝在世时进行。

12 法国和瑞典在神圣罗马帝国议会有代表权。

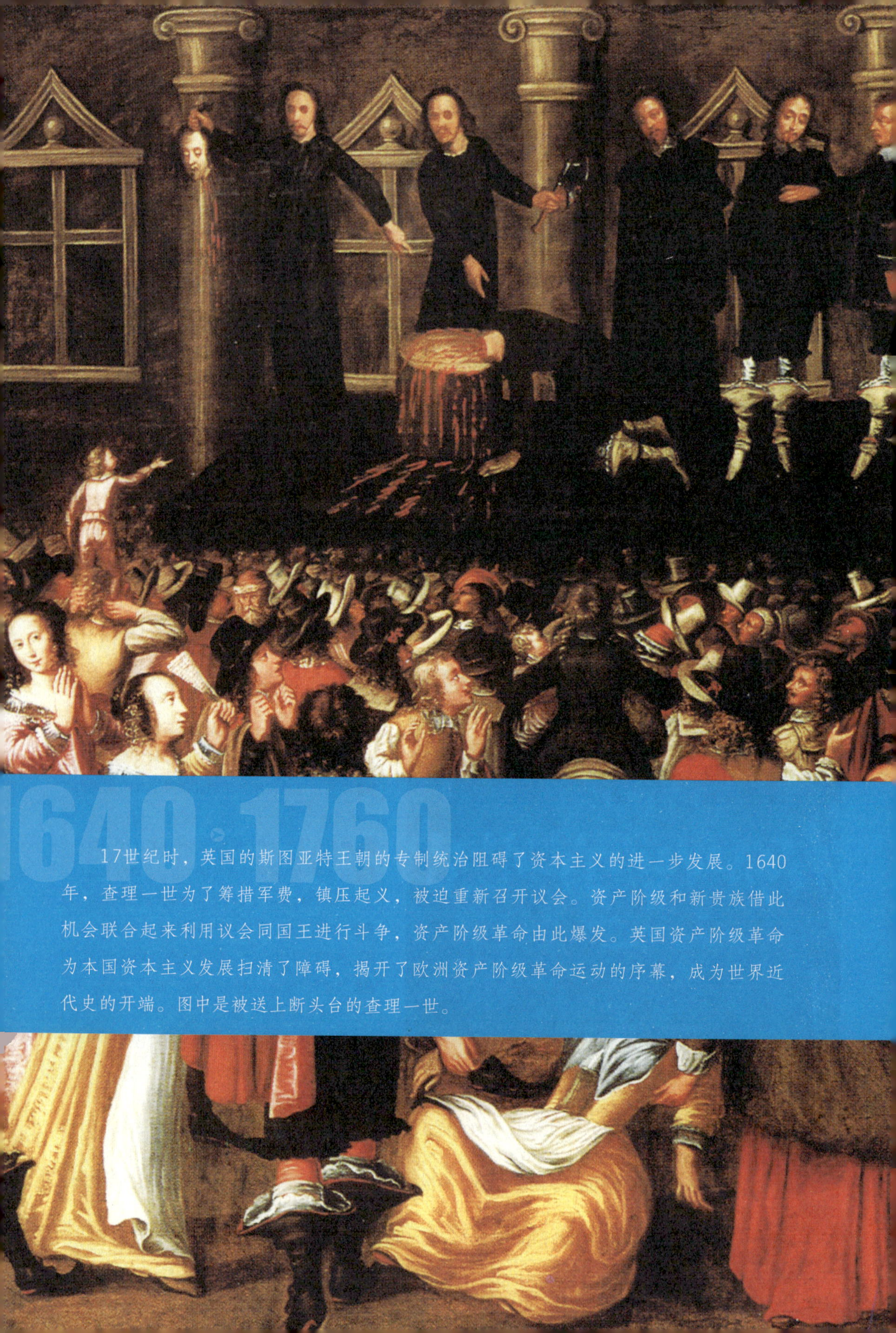

1640—1760

17世纪时，英国的斯图亚特王朝的专制统治阻碍了资本主义的进一步发展。1640年，查理一世为了筹措军费，镇压起义，被迫重新召开议会。资产阶级和新贵族借此机会联合起来利用议会同国王进行斗争，资产阶级革命由此爆发。英国资产阶级革命为本国资本主义发展扫清了障碍，揭开了欧洲资产阶级革命运动的序幕，成为世界近代史的开端。图中是被送上断头台的查理一世。

第八章

专制下的曙光
——英国资产阶级革命

A.D. 1600　A.D.1640

01 革命前的英国

关键词:资本主义发展 矛盾激化

15 世纪末到 17 世纪初，随着英国海外贸易的发展和原始的资本积累，英国的资本主义迅速发展起来。资本主义的发展促使资产阶级新贵族形成，他们同资产阶级有着共同的利益。但 17 世纪时，斯图亚特王朝厉行专制，经常触犯资产阶级的利益，宗教专制政策也进一步激化了阶级矛盾，最终导致了 1640 年英国资产阶级革命的爆发。

革命的背景

经济

1 圈地运动为英国的资本主义发展提供了劳动力市场，促使英国的封建农业向资本主义农业过渡，并为以后的工业发展提供了原料和市场。

2 **17世纪初**，英国的工业迅速发展，老工业部门和新工业部门都发展迅速。A

3 英国的对外贸易有很大发展，制成品出口发展迅速。B

政治

1 在经济上成长起来的新兴资产阶级提出了强烈的政治要求。

2 资产阶级和新贵族日益壮大，不再甘心忍受专制君主制的统治，同君主的矛盾日益上升。C

宗教

1 资产阶级和新贵族逐渐感到英国国教不利于他们的发展，要求消除国教中的天主教残余，他们的主张被称作清教。D

2 宗教专制激化了阶级矛盾。E

A 繁荣的伦敦桥

16世纪到17世纪初，英国的贸易发展迅速，伦敦成为当时最重要的出口中心。16世纪末，英国更是将汉萨同盟的商人排挤了出去，把对外贸易掌握在了自己手中。同时为了发展外贸，英国还成立了许多拥有政府特许状的股份贸易公司。

图中是17世纪时伦敦桥上的繁忙景象。

B 海外贸易

17世纪时，英国已经拥有了广大的海外殖民地，资本主义市场的扩大促进了国内工场手工业的迅速发展。随着资本主义经济的迅速发展，资产阶级和新贵族开始要求在经济上实行发展资本主义的政策。而此时的君主专制统治则成为资本主义进一步发展的最大障碍，也是英国资产阶级革命爆发的根本原因。

图中是英国开拓新的海外殖民地的场景。

C 专制统治

1603年，都铎王朝的统治者伊丽莎白去世，詹姆士一世开始了斯图亚特王朝的统治。他鼓吹“君权神授”，在政治上实行专制统治，并且不重视海外贸易，大大阻碍了英国资本主义的发展。之后查理一世继位，仍独断专行，致使英国的社会矛盾迅速激化，成为英国资产阶级革命的前奏。

图中是正在参加议会的詹姆士一世，高高在上的帝王姿态，反映了他的王权观念。

D 清教

16世纪下半叶，英国资产阶级和从事资本主义经营的新贵族在经济上日益壮大，为了反抗君主专制的剥削和压迫，他们要求清除国教中的天主教残余。这些“不从国教者”所开展的活动，被称为清教。加尔文所提倡的“预定论”、“信仰得救”与资产阶级和新贵族的利益相符，因而成为新教的理论基础。新教主张宗教信仰自由，要求推翻人世间的暴君。他们强调节俭清洁，以勤奋获取财富，要求清除一切偶像崇拜的仪式。清教思想中勇于反抗的精神为英国提供了资产阶级革命的武器。

E 宗教反抗

英国的清教产生于16世纪后期，它抨击封建贵族和僧侣的奢侈浪费和道德败坏，成为英国资产阶级思想动力的主要来源。17世纪时，清教徒在英国下议院占有很大一部分席位。在清教徒的要求下，英国颁布了排斥天主教会神职人员的法令，这使天主教会愤怒至极，导致了图谋炸毁议会的过激行为。后来阴谋被告发，参与者被处决。因此，宗教矛盾的激化也成为资产阶级革命爆发的另外一个重要原因。

图中是处决“火药阴谋”参与者的场景。

A.D. 1640　A.D.1649

02 内战与共和国的建立

关键词:英国内战 共和国

17 世纪中叶以前，英国的资产阶级与封建君权的矛盾日益尖锐，英国革命形势逐渐形成。1640 年，查理一世召开议会筹措军费的行为进一步激化了这一形势。反对派代表占多数的新国会借此机会同国王展开了斗争,查理一世在斗争中离开了伦敦。封建贵族对于这一政治变革表示不满，于 1642 年向国会宣战，内战由此爆发。内战结束后，英国建立了共和国，代表中等贵族和资产阶级利益的独立派代替了代表大资产阶级和新贵族利益的长老派，执掌了国家的权力。

英国内战	
战前形式	1 苏格兰爆发起义，查理一世为筹措军费，召开议会。A 2 革命开始前，长期议会进行了反抗王权的斗争。B C
第一次内战	1642—1646年 1 第一阶段，议会军失利，查理一世从容退回牛津，准备来年再战。D 2 第二阶段，议会重组军队，打败王党。E F G
政治斗争	1646—1648年 1 长老派与独立派的斗争。 2 独立派与平等派的斗争。 3 独立派与平等派的重新联合。
第二次内战	1648—1649年 1 议会与军队之争。 2 王党叛乱，内战再起。H 3 王党失败，内战结束。I 4 1649年，议会宣布英国为共和国。J

A 召开长期议会

查理一世统治时，王室债台高筑，为了解决财政困难，他不经议会通过而强行征收捐税。这导致了英国人民的不满，国内矛盾尖锐。此时，爆发了苏格兰起义。查理一世为筹措军费，于1640年召开了议会。这届议会一直存在到1653年，史称“长期议会”。长期议会的召开，标志着英国革命的开始。

图中是1635年，查理一世的画像。

B 审判斯特拉福德

长期议会开幕后进行了一场选举，许多反对王党派人士当选了议员。这些当选议员不仅抨击国王的政策，而且先后逮捕了国王的宠臣斯特拉福德伯爵和劳德大主教，前者于1641年被处以极刑。此外，议会还通过了《三年法案》，撤销了封建专制的特权机构，以法律的形式限制了王权，初步建立起了君主立宪原则。

图中是斯特拉福德被斩首的场景。

C 伦敦的胜利

议会取得了一系列成功后又于1641年11月过了《大抗议书》，要求工商业自由、政府对议会负责等。查理一世不仅拒绝批准《大抗议书》，而且于1642年1月率人逮捕反对派领袖皮姆、汉普顿等人。逮捕行为在伦敦群众的反对下失败，查理一世被迫离开伦敦，北上约克城。1642年8月，查理一世在诺丁汉挑起了第一次内战。

图中是查理一世率人到议会逮捕反对派领袖的场景。

D 议会军失利

内战第一阶段（1642—1643）	
1642年9月9日	议会军总司令埃塞克斯伯爵三世统率大军从伦敦向北进发，到达北安普敦。
1642年10月23日	双方在埃吉山开战，不分胜负。
1643年10—11月	王军攻占牛津，威胁伦敦。
1643年底	王军占领了3／5的国土。

E 马斯顿荒原之战

在议会军节节失利的情况下，议会军中出现了杰出将领克伦威尔。克伦威尔组织了一支军队，主要由自耕农和手工业者组成。这支军队英勇善战，逐步发展为议会军的主力。1644年，议会军的形势好转，7月初，议会军与王军在马斯顿荒原发生了内战以来首次大规模的会战。这次战役，议会军大获全胜，扭转了连遭失利的局面，从此掌握了战略主动权。此役成为英国内战的转折点。

图中是两军作战的场景。

F “新模范军”

马斯顿荒原之战后，议会军乘胜解放了北部地区，但由于议会军主要领导人贻误战机，王军获得了喘息之机。以克伦威尔为首的独立派军官对长老派作战不力提出抗议，在独立派议员和广大人民群众的压力下，议会被迫决定改组军队。1645年，下院通过了《新模范军法案》，规定建立一支新模范军，任命托马斯·费尔法克斯为总司令，克伦威尔被任命为副总司令兼骑兵司令。从此，独立派掌握了军队的实权。

图中是模范军中的骑兵。

G 纳斯比之战

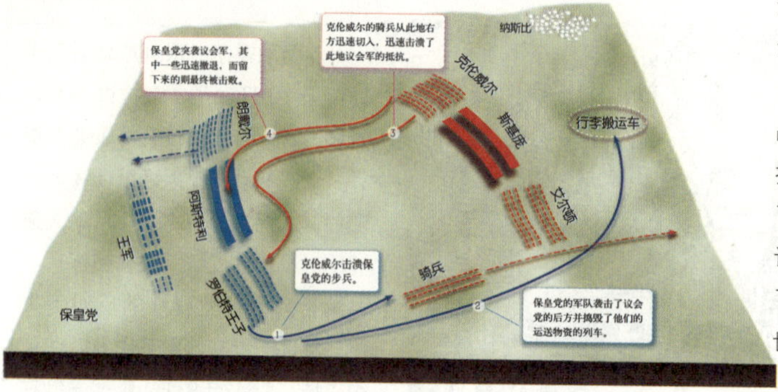

独立派掌握军权后，开始采取主动进攻战略。1645年4月，议会军统帅费尔法克斯率兵进攻国王大本营牛津，6月14日，双方在纳斯比附近展开了决战。此次战役，议会军集中了1.4万人，而王军则只拼凑了7500人。这次战役使王军主力遭到了毁灭性的打击，从此一蹶不振。战后，议会军继续追击王军残部，于1647年攻占了王军在威尔士的最后一个据点，查理一世也被囚禁，至此，第一次内战结束。

图中是两军的作战布置和行军路线。

H 第二次内战

1648年2月，保王党人在西南部发动叛乱，第二次内战爆发。战争在威尔士东部和北部进行。5月，克伦威尔率军出征威尔士，迅速攻占丹比、齐普斯托等地。8月底，王军彻底投降，二次内战以王军的失败而告结束。

图中是第二次内战两军各自的行军路线和战略布局。

I 审判查理一世

第二次内战期间下院清洗了主张与查理议和的和平派，清洗后的议会被称为“残余议会”。内战结束后，“残余议会”对查理一世进行审判，最后以背叛国家和人民的罪名将其判处死刑。此时，英国实际上已经成为一个共和国。图中是查理一世在威斯敏斯特大厅受审的场景。

J 掌权的克伦威尔

1649年5月，英国议会通过了一个正式的文件，宣布英国为共和国，同时成立了一个国务议会用来处理行政事务，议会的大部分成员都是独立派的领导人，因此共和国的权力实际上掌握在了独立派资产阶级和新贵族手中。共和国的成立标志着英国的革命发展到了顶峰，但是以克伦威尔为首的独立派在掌权后却开始镇压民主进步力量，使英国革命又走上了回头路。

图中是1649年的克伦威尔。

A.D. 1649　　A.D.1660

03 克伦威尔与空位期

关键词:克伦威尔 护国公制

英国共和国建立后，独立派没有采取有效的措施来改善人民的生活状况，反而继续增加赋税，这引起了人民的强烈不满。为了争取政治和经济上的权利，以平等派和掘土派为代表的广大群众相继展开了斗争，但是都被独立派镇压。其后为了巩固统治地位，克伦威尔又发动了征讨爱尔兰和苏格兰的战争。这两场战争胜利后，克伦威尔建立了护国公制，开始了个人独裁的统治。克伦威尔死后，其子继任护国公，但无力维持其父的统治，被迫退位。随后为了稳定社会秩序，英国迎来了斯图亚特王朝的复辟。

克伦威尔与空位期	
共和国初期	1 平等派和掘土派对立。A 2 平等派在伦敦和牛津发动起义。 3 掘土派开垦荒地。
对外征服	1 1649—1652年，克伦威尔远征爱尔兰。 2 1650—1651年，克伦威尔率军征服苏格兰。B C
护国公制	1 克伦威尔权势高涨，于1653年，建立护国公制。D E 2 1655年，平定保王党叛乱，建立军区。 3 1658年，克伦威尔去世。F

A 平等派与掘土派

平等派代表的是小资产阶级的利益，领袖为李尔本。平等派思想的理论基础是人民主权说和自然权利说。共和国成立后，平等派继续为实现他们的理想与新的当权者作斗争。1649年春季，平等派的士兵在伦敦和牛津郡发动起义，但均遭到镇压。平等派由此逐渐衰落，但其主要思想学说对后世的民主思想具有一定影响。

掘土派属于空想社会主义派别，代表的是贫雇农和一部分城市贫民的利益，领袖为温斯坦利。该派主张消灭土地私有制，实现社会政治平等。共和国建立后，在温斯坦利和埃弗拉德领导下，掘土派集合于伦敦附近，共同占有并开垦那里的荒地，得到许多地方的响应。在地主武装和政府的镇压下，掘土派运动于1650年春宣告结束。掘土派宣传的是原始共产主义的平均思想，是英国空想社会主义发展链条中的一个环节。

B 顿巴尔之战

1649年，克伦威尔镇压了平等派的起义后，开始远征爱尔兰。占领完爱尔兰沿海一带城市后，克伦威尔又率兵去征讨苏格兰。1650年，英军与苏格兰军在顿巴尔不期而遇。虽然在数量上远远少于苏格兰军，但在克伦威尔的英明指挥下，骁勇善战的英军仍然击败了苏格兰军。顿巴尔之战也成为战争史上以少胜多的典型战例。

图中是顿巴尔之战中两军对峙的场景。

C 征服苏格兰

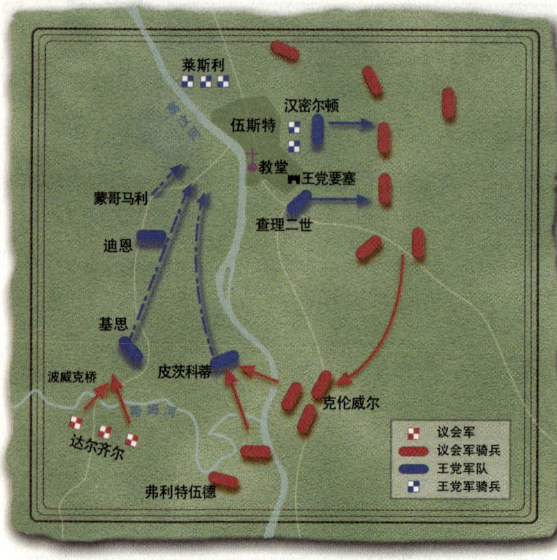

1645年春，查理·斯图亚特又在苏格兰组织了一支新的军队，攻入了英国境内。正在苏格兰组织战斗的克伦威尔闻讯挥师南下，追击苏格兰军。1651年9月3日，双方在伍斯特交战。这一次战役克伦威尔彻底击败了苏格兰军，苏格兰成为英国殖民地。此战之后，克伦威尔的声威达到了顶点，并且远震国外。

图中是双方的行军路线。

D “残余议会”

内外战争的一系列胜利使得克伦威尔的权力日益增加，但国内中下层人民的不满情绪仍未肃清。即使在独立派的议员占多数的“残余议会”里，也仍有少数激进的议员不愿顺服。鉴于此，克伦威尔为了维护既得利益，防止中下层人民的反抗，决定建立一个强有力的政权，护国公制由此建立起来。

图中是克伦威尔召开议会的场景。

E 护国公制

1653年，由高级军官组成的军官会议提出了一个新的宪法草案，即《施政文件》。随着《施政文件》的颁布，护国公制建立。《施政文件》规定，护国公拥有对国务会议委员的任免权和最高行政决定权，因此，虽然在形式上护国公受到国务会议的限制，但护国公的权力实际上已超过了议会和国务会议。由于行政权和立法权都掌握在护国公手中，而克伦威尔又掌握了军事权，所以这种护国公制实质上是一种军事独裁制度，与君主专制没有多大差别。虽然护国公制违背了民主的意义，但在镇压王党叛乱，保护革命果实上，也起到了一定的积极作用。

F 克伦威尔

克伦威尔生平	
1599年	出生于英国亨廷顿。
1628年	被选进议会。
1640年	重又当选为议员。
1644年	领导马斯顿荒原之战。
1645年	被议会授权建立新模范军。
1646年	战争结束，成为国会军中最有威望的将领。
1651年	全歼苏格兰军队，占领了整个苏格兰。
1653年	就任护国公。
1658年	病逝于白厅。

A.D. 1660　　A.D.1689

04 王朝复辟与“光荣革命”

关键词：王朝复辟 光荣革命

克伦威尔去世后，高级军官和议会之间展开了争权夺势的斗争，国内政局再次陷入动荡局面。为了稳定社会秩序，新贵族和大资产阶级决定恢复君主统治，于是便与亡命法国的查理·斯图亚特达成复辟协议。1660 年，查理回到伦敦登位，即查理二世，斯图亚特王朝复辟。查理二世死后，其弟詹姆斯继位，即詹姆斯二世。信奉天主教的詹姆斯二世的统治政策引发了社会各阶层的不满，于是 1688 年，辉格党和托利党发动了“光荣革命”，废黜詹姆斯二世，迎接其女儿玛丽和女婿威廉尊为英国女王及国王。随后，英国确立了君主立宪制。

君主制复辟与“光荣革命”	
复辟	1 **1660年**，查理二世登位，君主制复辟。A B 2 辉格党和托利党出现。C
光荣革命	1 **1685年**，詹姆斯二世即位。D 2 **1688年**，英国发动“光荣革命”。E F 3 **1689年**，议会通过《权利法案》。

A 复辟后的舞会

1660年，新贵族和大资产阶级请驻扎在苏格兰的蒙克将军南下恢复秩序。在蒙克的授意下，查理发表了《不列达宣言》，宣布实行大赦免，宗教上采取宽容政策。5月，查理登上王位，称查理二世，斯图亚特王朝复辟。王朝复辟后，议会又通过了《人身保护法》，对限制统治阶级的胡作非为和任意迫害行为起了积极作用。

图中是王室为了庆祝复辟在海牙举办的舞会。

B 受到限制的君权

复辟后的君主制受到议会的极大限制，已不可能恢复革命前的君主专制。但查理二世即位初期，以其为首的统治者仍有逐渐加强专制制度的倾向。在政治上，查理二世把不同政治态度的人都任命为最高领导机构——枢密会议的成员；在宗教上则任命了一些非国教徒担任教会领导职务，企图取悦非国教徒，来实现加强君主专制制度的目的。但王党分子倒行逆施的政策，使其丧失人心，最后导致斯图亚特王朝的倒台。

图中是查理二世的画像。

C 辉格党和托利党

在1679年至1681年召开的一届议会中，议员们在查理二世的弟弟詹姆斯公爵是否有权继承王位的问题上产生了严重的分歧。认为信奉天主教的詹姆斯公爵无权继承王位的议员被称为“辉格派”，他们提出了“排斥法案”，主张将詹姆斯公爵排斥在继承权之外。而主张詹姆斯公爵有继承权的议员则被称为“托利派”。“辉格”一词来源于苏格兰的盖尔语，意为盗马贼；“托利”一词则来源于爱尔兰语，原意为不法之徒。这两个派别的分歧代表了当时英国社会不同阶级的利益和政治观点。辉格派主要代表金融资本家、大商人及一部分土地所有者的利益，主张限制王权；而托利派则主要代表大土地所有者和英国国教高层僧侣的利益，主张加强王权。

D 詹姆斯二世

1685年，查理二世去世后，其弟詹姆斯即位，为詹姆斯二世。詹姆斯是狂热的天主教徒，即位之初就决定给天主教徒信仰自由和平等的公民权。但英国自宗教改革以来就有反天主教的传统，詹姆斯二世的倒行逆施引起了英国民众的不满情绪。1688年，英国各种政治派别和宗教人士联合起来，发起了推翻詹姆斯二世统治的“光荣革命”。

图中是詹姆斯二世的画像。

E 国王出逃

1688年6月，詹姆斯得子，其信仰国教的女儿玛丽即位的希望破灭。为防止天主教徒继承王位，辉格党和托利党出面邀请詹姆斯二世的女儿和女婿——荷兰执政奥兰治亲王威廉入驻英国，保护其宗教、自由和财产。威廉接受邀请，于1688年11月率军在托尔湾登陆，12月进入伦敦。詹姆斯二世得到消息后，逃往法国。

图中是詹姆斯二世逃出王宫，正乘船渡过泰晤士河。

F “光荣革命”

威廉进入英国后，即位为英国国王，称威廉三世。由于这场革命并未流血，因此被称为“光荣革命”。这次革命后，英国逐渐建立起了君主立宪制原则。同时，这场革命也使资产阶级与大地产所有者相互妥协，所以之后的英国虽然政权仍属大地产所有者，但是他们却不得不实行有利于资本主义发展的政策。

图中是威廉三世和他的妻子玛丽二世。

A.D. 1660　　A.D.1700

05 17世纪英国文化的发展

关键词:约翰·弥尔顿 詹姆斯·哈林顿

英国资产革命爆发后，传统的思想观念发生动摇，理性主义的思想开始萌芽滋长，各色思想潮流和理论蓬勃发展起来。但护国公制建立后，独立派钳制了言论自由，只有资产阶级的思想得以公开传播，而平等派和掘土派的思想则受到扼杀，只能以隐蔽的形式传播。

1660年复辟后，君主专制思想虽一度死灰复燃，但终究敌不过逐渐强大的资产阶级思想体系。“光荣革命”后，资产阶级和新贵族联合挫败了专制势力，经过一个世纪的发展锻炼，资产阶级的思想体系更臻完善成熟。

17世纪英国文化的发展

背景	1 资产阶级革命爆发，封建专制制度被推翻。 2 理性主义迅速滋长。
代表人物	约翰·弥尔顿（1608—1674）A 主张言论自由和主权在民，代表作有《论出版自由》、《失乐园》。B
	詹姆斯·哈林顿（1611—1677）C 提出了政治权力与经济权力相平衡的理论，代表作《大洋共和国》。

A 约翰·弥尔顿

英国资产阶级革命爆发前，弥尔顿已写了大量诗歌和政论文，抨击英国国教主教制。1644年，为反对言论钳制弥尔顿写了《论出版自由》一书，要求出版自由，认为言论自由是共和制度的必要条件。1651年，弥尔顿发表了《为英国人民声辩》，主张人民的主权应该高于国王的权力。王朝复辟后，弥尔顿的书被焚毁，他转而从事文学创作，以诗篇《失乐园》最为著名。

图中是约翰·弥尔顿的画像。

B《失乐园》

1667年，约翰·弥尔顿的《失乐园》问世，它的内容取自《圣经·旧约》中关于撒旦反抗上帝，被忠于上帝的天使打败，堕入地狱的故事。诗中上帝被描绘为独断的暴君，而撒旦则是爱好自由，具有反抗精神的人。作者只是借助撒旦的故事来表达对王朝复辟的愤慨之情。

右图是《失乐园》中的插图，站在后面魔鬼模样的人就是撒旦。

C 詹姆斯·哈林顿

詹姆斯·哈林顿提出了政治权力与经济权力相平衡的理论，他认为当政治权力和财产权相一致的时候，政府的统治就可能稳固，但是当这种平衡被破坏后，政府就只有靠武力才能建立，因此不可能牢固。而英国内战的产生就是经济平衡被打破的结果，内战后掌握了经济权力的人也必然会掌握政治权力。哈林顿在《大洋共和国》一书中集中论述了这种理论，对后世产生了很大影响。

A.D. 1689　　A.D.1760

06 “光荣革命”后的政治制度

关键词:内阁制 议会

“光荣革命”后，英国建立起了君主立宪制国家，国家的实际权力转移到议会手中。在英国政治不断发展的过程中，内阁制逐渐形成，但 1714 年以前，内阁还不是一个正式的法定的组织，它只是少数主要大臣参加的一种会议。

由于君主的权力受到限制，辉格党的政治优势逐渐建立起来，它的领导人沃波尔在内阁中甚至起到了首相的作用。在辉格党执政期间，英国实行了积极的财政政策，其经济得到了稳步增长。

18 世纪，英国在争夺殖民地方面的主要敌手是法国，因此在对外政策方面，主要表现为英国与法国的殖民争夺战。最后英国战胜法国，说明了资本主义政治体制的优越性。

君主立宪制（1689—1760）	
君权衰落	1 **1689年**，议会制订了一系列法案来限制了国王的军权。A 2 **1701年**，议会通过《嗣位法》，规定了王位继承权。B
内阁制形成	1 **1540年**，枢密院成立。 2 查理二世在位时，常把枢密院少数重要大臣召集起来商讨重要政策。 3 威廉三世时，经常召开内阁会议，商讨外交政策。 4 安妮女王时，内阁所通过的决定不再受到国王的干涉。 5 汉诺威王朝时，国王不再出席内阁会议。D
议会权力	1 **1694年**的《三年法》，规定议会至少每3年召开一次，成为议会经常召开的保证。 2 议会选举制度得到改进。 3 辉格派建立政治优势。
内外政策	**18世纪上半叶** 1 沃波尔的国内政策。 2 英格兰和苏格兰合并。C 3 西班牙王位继承战争。E F 4 七年战争。

A 君主立宪制的确立

1702年，威廉三世病逝，王位传于玛丽二世的妹妹安妮。此时英国的大商业资产阶级和土地贵族的经济和政治势力正逐渐扩大。他们通过议会的一系列法案来限制国王的权力，逐渐形成了国王“统而不治”的君主立宪政体。在这一过程中，国王的权力被削弱，而议会逐渐成为英国政治中掌握最高权力的机构。

图中是安妮女王。

B《嗣位法》

在英国立宪君主制建立过程中，1701年的《嗣位法》具有重要意义。《嗣位法》除了有关王位继承的规定外，还规定国王所作的任何决定必须由同意该决定的枢密院成员签署。此外，该法案还规定了法官的更动权不再属于国王而属于议会，以后凡议会定罪的人，国王都不能任意加以赦免等。这些规定确立了议会高于王权、司法独立于王权的原则。同时，它对国王行为的限制实际上是为了防止国王的专断独行。这一规定也使中世纪以来英国一直盛行的“国王不可能犯错误”的政治原则有了新的解释，即国王的错误应由签署国王决定的大臣负责，实际上是确立了追究国王错误的法律根据。

C 大不列颠王国

1603年，詹姆斯一世即位为英国国王，同时他也是苏格兰的国王，称詹姆斯六世。之后两国共有一个君主，但苏格兰仍保持其独立的地位。在此后的100年中，英国多次试图合并英格兰和苏格兰，均未成功。威廉三世统治时，议会提出了英格兰和苏格兰的合并议案，1707年，议案获得双方通过。英格兰和苏格兰议会合一，两国正式合并为大不列颠王国，但苏格兰仍保留自己的法律体系和宗教信仰。

图中是苏格兰接受安妮女王的场景。

D 内阁制的形成

内阁制是英国政治长期演变的产物。早期的内阁指的是枢密院内部的小集团，由最有势力的成员组成。威廉三世统治时，就经常召开内阁会议来征求大臣们对政治问题的意见。安妮女王统治时期，虽然经常参加内阁会议，但很少过问政事。到汉诺威王朝时，国王不出席内阁会议变成了惯例，最高行政权已开始从国王向内阁转移。

图中是汉诺威王室的第一个国王乔治一世。

E 西班牙王位继承战争

1700年，西班牙国王查理二世死后无嗣，为了争夺西班牙王位的继承权，欧洲各国之间展开了激烈的斗争。敌对双方各自与友好国家结成同盟，形成了两派阵营。法国与西班牙、巴伐利亚、科隆及数个德意志邦国、萨伏依组成同盟；而神圣罗马帝国则与英国、荷兰、勃兰登堡、葡萄牙以及数个德意志小邦国及大部分意大利城邦组成反法同盟。1702年5月，反法同盟正式对法国宣战。

图中是1702年英国的海军上将在西班牙的卡塔赫纳港口指挥英军作战。

F《乌特勒支条约》

从1710年到1714年，反法盟军虽然有着兵力上的优势，却不再主动进攻法国，双方都只打消耗战而避免再度决战。1710年，安妮女王任命了托利党人参加政府，托利党人的政府随即与法国进行和谈。1711年12月达成了初步协议。1713年，在乌特勒支，法国与除奥地利外的反法同盟各国订立了和约。条约规定：法国承认英国新教国王的继承权，割让纽芬兰、新斯科舍和哈德逊湾给英国；西班牙割让直布罗陀、米诺卡岛给英国；西班牙与英国订立协议，规定英国有权每年将一船非洲的黑人奴隶运往西属美洲殖民地。《乌特勒支条约》使英国的国际地位得到进一步提升。

随后法国和西班牙又与反法同盟国家签订了一系列条约，1715年，西班牙王位继承战争正式结束。

07 大英帝国的海上霸权

关键词：海上霸权 英荷战争

16 世纪上半期，葡萄牙和西班牙是世界上最强大的商业殖民帝国。为了争霸，两国之间展开了尖锐的斗争。结果，葡萄牙失败，地位一落千丈。但经过尼德兰革命后，西班牙也在 17 世纪失去了霸主的地位，荷兰取代其成为头等贸易强国。荷兰的崛起引来英、法的争夺。17 世纪下半叶，英国击败荷兰，后者丧失了海上霸权。其后，英国开始与法国长期斗争，最后法国惨败，英国一跃成为世界上最大的殖民强国。

17、18 世纪的海上争霸

西班牙与葡萄牙

1 **16世纪**，西班牙与葡萄牙展开海上霸权争夺战，西班牙获胜，**1580 年**合并葡萄牙。

2 **1640年**，葡萄牙恢复独立，但其地位一落千丈，许多海外殖民地被荷兰夺走。

英国与荷兰

1 **1652—1654年**，第一次英荷战争。A B

2 **1664—1667年**，第二次英荷战争。C D

3 **1672—1678年**，第三次英荷战争。E F

A 导火索

17世纪时，垄断了海上贸易的荷兰成为英国拓宽海外市场的最大阻碍。为此，克伦威尔当政时期就重视海军建设，并专门成立了“海军委员会”。1651年，英国颁布了挑衅性质的《航海条例》，这引起了双方之间的摩擦，战争一触即发。

图中是英国海军将领布莱克的画像。1652年，他与荷兰军队在多佛尔海峡发生的激战，成为第一次英荷战争的导火索。

B 第一次英荷战争

1652年7月8日，英国向荷兰宣战。战争初期，两国舰队在多佛尔、英吉利两海峡及北海多次交战，互有胜负。但装备有先进火炮的英舰队逐渐占据优势。1653年春，英舰队在波特兰海战中击败荷舰队。同年6月，英海军开始封锁荷兰。7月31日，双方在荷兰泰瑟尔岛海域激战，荷兰舰队败北。1654年4月，两国缔结《威斯敏斯特和约》，荷兰被迫承认《航海条例》。装备落后和指挥不力是荷兰舰队战败的主要原因。

图中是第一次英荷战争中的战船。

C 第二次英荷战争背景

第二次英荷战争背景	
双方国内形势	1 查理二世登上王位后颁布了更为苛刻的《航海条例》，向荷兰展开新的攻势。 2 克伦威尔的长期征战使英国债台高筑，海军预算不足，海军战斗力被削弱。 3 荷兰改组海军，重整海军的战略。 4 荷兰加紧建造大型战舰。
双方战前行动	1 1663年，英国进攻荷兰在非洲西岸的殖民地，并于1664年将其占领。 2 1664年，英国占领荷兰在北美的新阿姆斯特丹，并将此地重新命名为纽约。 3 1664年，荷兰收复被英国占领的原荷属西非据点。

D 第二次英荷战争

1665年2月22日，荷兰正式向英国宣战，第二次英荷战争爆发。

6月，英国舰队在洛斯托夫特海战中击败荷舰队。1666年1月，法国站在荷兰一边对英宣战。6月，荷兰海军在敦刻尔克海战中获胜，但8月在北福兰角海战中失利。1667年6月，荷兰海军封锁泰晤士河口，迫使英国于7月签订《布雷达和约》。英国的失败主要是因为其战备不足，海军将领无能，而国内严重的自然灾害也成为这场战争失利的重要原因之一。

图中是第二次英荷战争两军在海上交战的场景。

E 海峡之战

第三次英荷战争是英荷海上争夺的最后阶段，也是荷法战争的一个组成部分。路易十四时期，法国就图谋瓜分荷兰，以巩固其大陆霸主的地位，而英国也对上次战争的失败心有不甘，希望卷土重来。1672年，两国结盟，共同对付荷兰。1672年3月，英国在英吉利海峡袭击了一支荷兰的商船队，第三次英荷战争爆发。这次战争实际上已经扩大成为一场国际战争，参战的国家还有法国、丹麦、瑞典、西班牙等。

图中是海峡之战的海战场景。

F 特塞尔海战

1673年，英法舰队企图登陆特塞尔岛时，遭遇荷兰舰队，双方展开了一场海战。这场海战中，法国的消极对战使两国联军惨败。英国因海战失利而主动退出战争，于1674年同荷兰单独签订了第二个《威斯敏斯特和约》，重申《布雷达和约》有效。英荷之间的三次战争则就此落下了帷幕。通过三次战争，英国建立了海上优势，而荷兰在经济、贸易、海运方面的实力则大为下降，英国成为海上霸主。

图中是特塞尔海战的场景。

1600—1763

17—18世纪，在资本主义经济的推动下欧洲大陆国家的政治出现了巨大转折和变革。改革皆是由统治者发起进行的，如法国路易十四改革，俄国彼得一世的改革，普鲁士腓特烈二世的改革，奥地利“开明专制”等。改革的目的虽然是为了维护封建统治，但在客观上促进了资本主义的发展。图中是17世纪鹿特丹港的繁华集市。

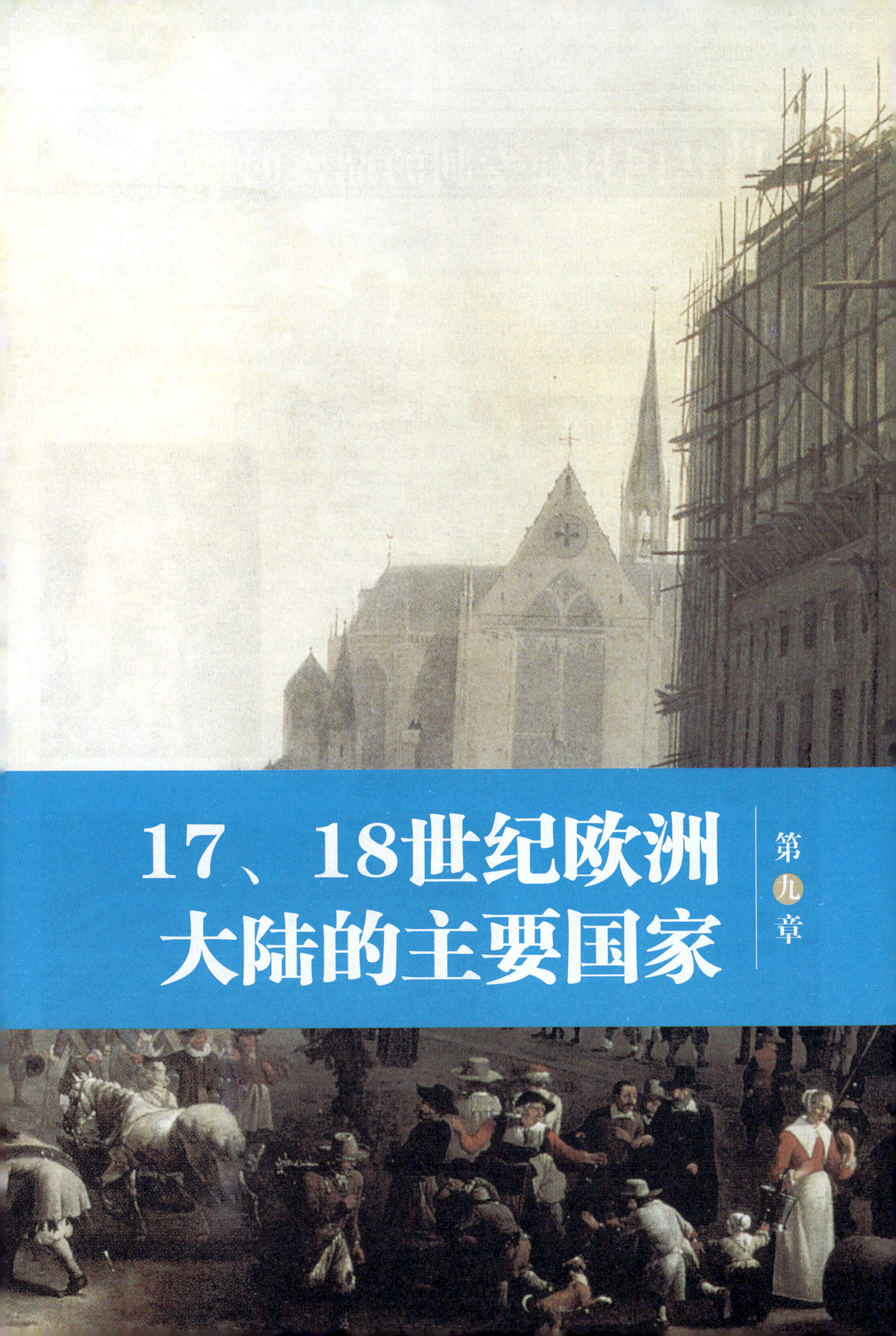

第九章 17、18世纪欧洲大陆的主要国家

A.D. 1643　　A.D.1715

01 法国封建专制的鼎盛时期

关键词:路易十四 王权加强

中世纪时，法国和其他欧洲国家一样也是封建割据国家，地方贵族称霸一方，与王权力量相抗衡。但从15世纪末开始，法国国王借助武力逐步削弱地方力量，王权开始加强，中央集权专制制度逐渐形成。法国的封建专制统治在17世纪后半期，即路易十四统治时期，发展到了顶峰。他在位时期宣称“朕即国家”，并长期停开三级会议，实行专制统治。1715年，路易十四去世，其曾孙路易十五即位，继续实行极端的封建专制统治，随着社会矛盾的日益尖锐，法国的封建专制逐渐走向崩溃。

法国君主专制的鼎盛

路易十四的专制统治	政治	1 宣扬“朕即国家”，在政治上独揽大权。A 2 一切国事公文都由国王签署，取消高等法院对国王旨意的异议权。 3 建造凡尔赛宫，笼络贵族。B C 4 加强对教会的控制。D 5 实行军事改革。E
	经济	1 保护和扶植国内手工业。 2 实施保护关税政策。 3 发展商业，保护法国对外贸易。F
侵略战争 G		1 **1667—1668年**，对西班牙的“遗产之战”。 2 **1672—1688年**，对荷兰的战争。 3 **1688—1697年**，与神圣罗马帝国皇帝之间的九年战争。 4 **1701—1714年**，西班牙王位继承战争。
农民状况		1 受到地主的封建剥削。 2 受教会、国家及高利贷者的剥削。 3 **1702—1705年**，“卡米扎尔”起义。H

A “太阳王”路易十四

路易十四在位时，在政治上独揽大权，独断专行，自称“太阳王”。当时的立法、行政及司法大权都操在国王的手中，一切国事公文都由国王签署。他还取消了高等法院对国王旨意的异议权。路易十四当政时期为法国专制制度全盛时期。

图中是穿着加冕袍的路易十四的肖像画。

B 凡尔赛宫

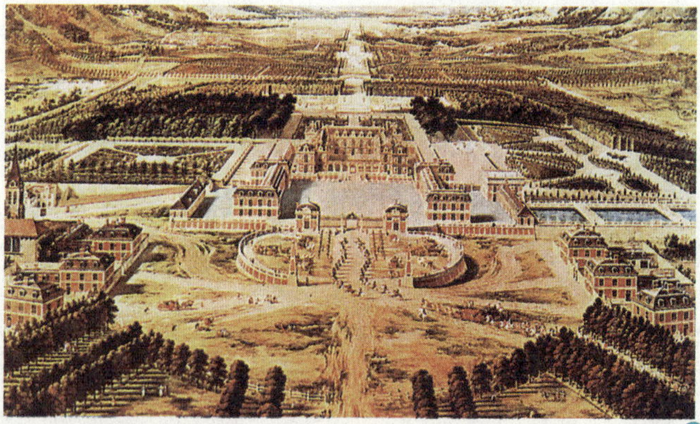

修建凡尔赛宫是路易十四实施集权统治的重要策略之一。他将贵族变成他宫廷的成员，解除了他们作为地方长官的权力，以此削弱了贵族的力量。贵族从早到晚都得待在宫殿里参加舞会、宴席和其他庆祝活动，这种情况下他们就无暇顾及地方的管理，慢慢也就失去了地方上的权力。

图中是凡尔赛宫。

C 王室的奢华

被画作地球之母的是国王的母亲——奥地利的安妮。

王后玛丽·蒂埃斯被绘成朱诺，寓意神的王后。

国王的弟弟。左右两边是他的妻子。

路易十四被绘制成希腊神阿波罗。

路易十四不仅使法国的君主专制达到了顶峰，同时也在宫廷里掀起了一股奢华之风。以恢宏奢华而举世闻名的凡尔赛宫所耗费的开支几乎相当于法国全年税收的一半，在富丽堂皇的宫殿里住着的朝臣和仆从将近10000人。受到国王宠幸的成员具有很高的地位，甚至被路易十四宠幸的情人都享有很高的荣誉。

图中是画家让·诺克瑞特所创作的一幅寓意画作品，路易十四被描绘成阿波罗，其他成员被描绘成众神。

D 加强对教会的控制

除了实行政治改革，路易十四还在宗教方面实行专制政策。1685年，他正式宣布废除《南特敕令》，公开进行宗教迫害，胡格诺派的教堂被摧毁，新教的学校被关闭，将近20万胡格诺派教徒被迫移居国外。由于这些逃亡者中许多是非常好的手工业者，因此这一决策使法国的技术人才大量流失，在以后的很长一段时期都对法国的经济发展产生了不利的影响。

图中是路易十四在凡尔赛宫接受教皇的觐见。

E 路易十四的海军

在路易十四的统治下，军事制度更加完善，军队成为其维护政权的主要工具。他亲政后就着力整顿军备，扩充兵源，并引进新式武器和先进设备。除了扩充陆军外他还创建了强大的海军，各种船舰由原来的30艘扩展到上千艘。同时他还在军事上实行重大改革，把人民中的勇武分子吸收到军队中来，这不但削弱了人民反抗政府的力量，而且加强了镇压人民的力量。

图中是路易十四创建的海军。

F 巴黎

1665年，商人家庭出身的柯尔柏被路易十四任命为财政总监，在他的倡导下，法国开始推行重商主义政策。他积极推行财政改革，一方面征收高额的保护关税，阻碍商品进口，另一方面又努力发展本国工业，鼓励出口。同时他还强迫贵族交纳部分捐税，实行开源节流，使国家财政状况有了很大好转。路易十四统治前期，法国的资本主义经济得到了很快的发展，出现了空前的繁荣。

图中是路易十四时期法国的中心——巴黎。

G 侵略战争

路易十四统治后期开始穷兵黩武，从1667年到1715年，他把法国拖入了长期对外战争中，几乎与整个欧洲为敌。而路易十四的侵略战争并没有给法国带来荣耀，反而弄得国库空虚，民不聊生。到他去世时，法国的国债已高达25亿里弗，相当于国库16年的收入总和，法国近乎1/10的居民沦为乞丐，以乞讨为生。

图中是1694年，被英军打败的法国海军。

H “卡米扎尔”起义

17世纪的法国农民不仅要受地主的剥削，还要受教会及高利贷者的盘剥，因此法国大多数农民都过着极度贫困的生活。在层层压迫下，农民通常用武装起义的方式去反抗压迫者。路易十四在位期间，法国的农民起义几乎不断，其中规模最大的要算西班牙王位继承战争中发生的“卡米扎尔”起义，“卡米托尔”意为穿衬衫的人。1702年，在兰格多克省的塞汶山区，“卡米扎尔”起义爆发，起义人数达两千余人。起义的农民利用丘陵及森林的自然条件，展开了游击战，屡挫政府军。政府一方面实行野蛮的镇压，另一方面对起义者进行分化瓦解工作，在1705 年才将起义镇压下去。

A.D. 1715　　A.D.1774

02 法国封建专制的衰落

关键词:统治腐朽 七年战争

路易十五时期，法国的封建专制陷入全面危机，统治者骄奢淫逸而且昏庸无能。封建统治阶级不仅本身腐朽堕落，而且在国内实行残酷的高压政策，这引起了人民的反抗。路易十五在位的60年里，农民骚动、工人罢工及城市平民的运动不断发生。与此同时，法国对外战争连遭失败，逐渐失去了以往商业殖民强国的地位，法国的封建专制制度逐渐走向衰落。这一切都遭到先进人物的有力抨击，从而形成了一个强大的思想运动，即启蒙运动。启蒙运功的兴起将法国带入了一个新的革命时代。

法国君主专制的衰落

统治腐朽	1 王室挥霍浪费，国王昏庸无能。A 2 贵族挥金如土，加倍剥削农民。B
阶级矛盾的激化	1 实行高压政策，残酷镇压人民。 2 财政危机加深，农民赋税加重。C 3 技术落后，工业停滞不前。D 4 社会各阶层的不满产生了一批伟大的启蒙思想家，为法国的大革命奠定了思想基础。E
对外战争	1 **1740—1748年**，奥地利王位继承战争。 2 **1756—1763年**，英法“七年战争”。F G H

A 昏庸的国王

路易十五是个昏庸无能的君主，在他统治时期，法国政府始终无法摆脱路易十四时期留下的财政危机。而他则把政事完全交付于宠臣及宠妾之手。这些宠臣们恃宠弄权，不仅能决定大臣的任用，甚至对外政策及财政大权也掌握在他们手里。

图中是路易十五的画像。

B 奢侈的贵族

法国的贵族在路易十四时期就养成了骄奢淫逸之风，挥金如土的习惯使得本来就拮据的贵族之家更加入不敷出。18世纪下半叶，贵族们开始恢复封建捐税和劳役，企图通过剥削农民来增加收入。赋税的增加导致了农民与封建统治阶级之间的矛盾日益尖锐，法国封建专制制度的基础已经开始动摇。

图中是18世纪中叶，贵族举办的奢靡酒宴。

C 落后的农业

由于法国贵族从不致力于土地经营和农业改进，法国的农业的组织方式和生产技术长期处于非常落后的水平，农民的生活日益艰辛。但是在这种情况下，政府为了摆脱财政危机还逐年增加税收，从1715年到1789年，法国的直接税收增加了67%，间接税则增加了两倍。法国农民与统治阶级的矛盾进一步激化。

图中是正在田中劳作的法国农民。

D 停滞不前的工业

路易十四时期法国推行重商主义，努力发展本国的工商业，一度使法国的经济达到了一个空前繁荣的时期。但到了路易十四晚期，法国的重商主义成果已多数付之东流，大部分手工工场因无法维持而倒闭。以毛纺织工业为例，从中世纪就兴起来的纺织业到路易十五时技术进步不大，生产程序仍以手工劳作为主，这也在一定程度上说明了法国工业的落后。

图中是纺织工人正在梳理羊毛。

E 沙龙

沙龙是意大利语，原意为大客厅，进入法国后被引申为贵妇人在客厅接待名流或学者的聚会。18世纪以后，法国的沙龙被称为革命的温床，这时的沙龙谈论的话题更为广泛，不仅有文学艺术还包括政治科学。沙龙上对旧制度的抨击已成为风气，流行于各阶层之间，甚至贵族和达官贵人也开始批判现实。正是在这种背景下，产生了一批伟大的启蒙思想家，为法国的大革命奠定了思想基础。

F “七年战争”战前形势

“七年战争”战前形势	
英法矛盾	继英国在16世纪击败西班牙。17世纪击败荷兰之后，英国在18世纪争夺殖民地方面的主要敌手变成法国。
普奥矛盾	神圣罗马帝国分裂后，普鲁士和奥地利成为最为强大诸侯国，为了成为德意志诸侯国中的霸主，两国的斗争日益尖锐化。
俄普矛盾	18世纪初沙皇俄国打败了瑞典而成为欧洲强国，继续推行的扩张政策把目标首先指向东普鲁士，两国关系急剧恶化。

G 欧洲战场

1756年，普鲁士在英国的援助下进攻萨克森，击败奥军。次年，俄军攻入东普鲁士。1757年，普军打败法奥联军。1759年，俄奥联军重创普军。同年，英军突袭法国基伯龙湾，重创法军。1760年，俄奥联军占领柏林，1762年俄国退出反普联盟，战局改观。最后，普军击退法奥联军，取得胜利。1763年，普鲁士、奥地利和萨克森签订《胡贝图斯堡条约》，欧洲战事结束。

图中是欧洲战场两大交战集团的作战路线。

H 非欧洲战场

欧洲战场进行的同时，英、法在美洲、印度等地继续争夺殖民地。在美洲，英军于1759年占领魁北克，1760年占领蒙特利尔，完全征服加拿大。在印度，1761年，英国完全取代法国，处于绝对优势，法国只保留几个贸易据点。在西非，英军占领塞内加尔的戈雷岛。在西印度群岛，英军击溃法西联军，占领马提尼克、格林纳达和圣卢西亚诸岛。法国被迫媾和，于1763年同英国签订《巴黎条约》，欧洲以外战事结束。

图中是英军攻入美洲的场景。

A.D. 1700　　A.D.1790

03 多民族的奥地利

关键词：君主专制 改革

奥地利位于德意志东南隅，中世纪早期曾是东法兰克王国的一个边区，13 世纪末落入哈布斯堡家族手中，此后便一直受哈布斯堡家族统治，直到第一次世界大战结束。16 世纪初，奥地利已成为欧洲最早实行君主专制的国家之一，但奥地利尚未完全统一，只是共戴同一君主的领地共同体。

17 世纪时，奥地利成为德意志诸国中除普鲁士外最为强大的国家，它包括奥地利、捷克和匈牙利三部分。同时，奥地利帝国还统治南尼德兰和意大利的大部分土地。17 世纪后半期，奥地利强化了农奴制，农奴制的存在不仅激化了阶级矛盾，而且还阻碍了资本主义的进一步发展。因此 18 世纪下半期奥地利进行了一些改革。这些改革是在玛丽亚·特利萨及其后继人约瑟夫二世的主持下进行的，1790 年约瑟夫二世逝世之后，这些改革被贵族取消。

多民族的奥地利	
背景	1 17世纪后半期，奥地利帝国境内强化农奴制，阻碍了资本主义的发展。A 2 贵族竭力维护免税特权，与专制政府产生矛盾。
改革者	考尼茨公爵、约瑟夫二世。
改革措施	1 实行开明专制。B 2 实行土地改革，减少农民地租。 3 实行教会改革，没收教会财产。 4 限制地主的措施。 5 奖励工商业，成立国家工场。

A 资本主义发展

17世纪时，奥地利就已经出现了资本主义分散的工场手工业。18世纪后，分散的工场手工业进入集中手工工场阶段，麻布工业及呢绒工业中都出现了大规模的手工工场。西里西亚和捷克是当时奥地利帝国最先进的工业中心。但是农奴制的存在阻碍了工业资本主义的进一步发展。

图中是工人在金属制品的手工作坊中工作。

B “开明专制”

为了缓和阶级矛盾，18世纪下半期奥地利政府开始以“开明专制”的名义进行了一系列改革。改革由女皇玛丽亚·特利萨发起，后继者约瑟夫二世又推行了一系列激进的改革措施，包括废除农奴制，鼓励工商业发展，剥夺帝国境内天主教主教的世俗权力等。但帝国内部矛盾的复杂性使这些改革措施遭到强烈反对，约瑟夫二世逝世后，这些改革被贵族取消。

A.D. 1740　A.D.1786

04 普鲁士的兴起

关键词:普鲁士 腓特烈二世

从 17 世纪开始，普鲁士就一直影响着整个德意志的历史，是德意志地位最重要的邦国之一。1701 年，选帝侯腓特烈一世以参加西班牙王位继承战争为条件，获得了普鲁士国王的称号，从此展开了普鲁士王国 200 多年的显赫历史。

17 世纪时，霍亨索伦王朝实行的保护工商业政策促进了普鲁士的经济发展，普鲁士在此基础上强盛起来。普鲁士的崛起同时也与它所推行的军国主义政策分不开。普鲁士国家机器自从 18 世纪 20 年代以来就达到了高度的中央集权化和“合理化”，其行政管理制度为全欧树立了一个典范。但这样一架强大的军事机器也成为普鲁士对内剥削及对外侵略扩张的工具。专制主义加上军国主义构成了普鲁士精神，这个精神的主要体现者是容克地主阶级。

普鲁士的兴起		
普鲁士的兴起	经济	1 普鲁士占据有利的地理位置。 2 霍亨索伦王朝实行保护工商业政策。A
	军国主义政策	1 普鲁士加强军备，建立常备军。 2 普鲁士建立专制主义国家机器。 3 容克地主阶级支持军国主义。
腓特烈二世的开明专制	内政	腓特烈二世（1712—1786）B 1 加强集权。C D E 2 发展工商业。 3 促进普鲁士的科学、艺术的发展。F G 4 重视发展教育事业。
	外交	1 1740—1745年，奥地利王位继承战争。H 2 1756—1763年，“七年战争”。I J K L M

A 霍亨索伦王朝

霍亨索伦家族是勃兰登堡—普鲁士（1415—1918）及德意志的主要统治家族，其始祖布尔夏德一世约在1100年受封为索伦伯爵，领地在今上内卡河、士瓦本山和上多瑙河之间。16世纪中叶，该家族在索伦前冠以“霍亨”，称为霍亨索伦家族。1191至1192年，索伦伯爵腓特烈三世与纽伦堡伯爵联姻，成为腓特烈一世，之后其子分割领地，康拉德三世和腓特烈四世分别获纽伦堡伯爵领地和士瓦本的原领地，从而形成信奉新教的弗兰肯系和信奉天主教的士瓦本系两支。

B 腓特烈二世

腓特烈二世是普鲁士国王，1740年到1786年在位，史称腓特烈大帝。在他统治时期，普鲁士军事大规模发展，领土不断扩张，普鲁士因此取得了在德意志的霸权。腓特烈二世不仅在军事上具有杰出的才能，而且在政治、法律甚至音乐诸多方面都颇有建树，可以说是一位全才的君主。

图中是腓特烈二世的画像。

C 内政改革

腓特烈二世在位时为了建设内政，推行了一系列改革，其中包括农业改革、军事改革以及教育改革等。他对法律的发展也贡献良多，提出了“法律面前人人平等”的原则。对移民和宗教的宽容政策也是腓特烈二世当政时期的特色之一，而且普鲁士还是欧洲第一个享有有限出版自由的君主国。

图中是腓特烈二世与民众交谈的场景。

D 官僚机构

普鲁士的官僚机构	
腓特烈·威廉一世（1713—1740）	1 组建军事总部，替代原有的官僚行政系统。 2 1723年，设立直属国王的“财政、军事与王室领地的最高总管理处”，作为国家的最高行政机构。
腓特烈二世（1740—1786）	1 改组“总管理处”，下设专卖局，直属国王。 2 设立直属国王的新政府部门。 3 恢复内阁，国王总揽大权。

E 亲民政策

腓特烈二世统治时期竭力避免封建制度的流弊，恪守“国王是国家的第一公仆”的准则。所以当时的普鲁士人民可以通过上书或求见的方式向国王求助。在他看来，一个穷困的农民和一个最显赫的贵族并没有高低之分。

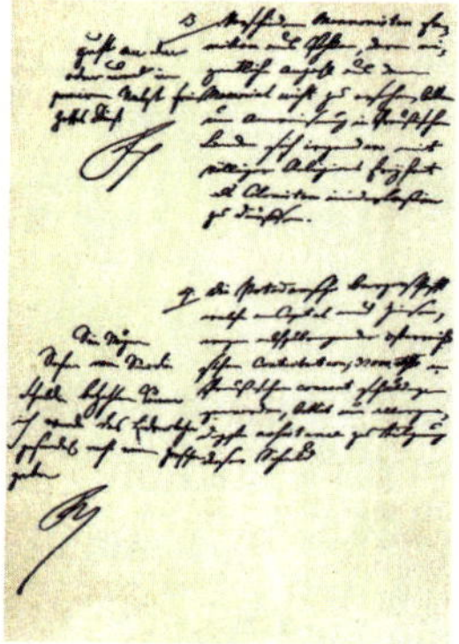

图中是腓特烈二世对于来自波茨坦公民的问题的回答。

F 腓特烈的笛声

腓特烈二世的开明专制有力地推动了普鲁士艺术与文学的发展，同时他自己也是一位多产的作曲家，晚年时经常在宫廷里演奏自己的作品。腓特烈是一个好学者，他对所有艺术都感兴趣，而且收集了很多名画，并自己起草设计了波茨坦的无忧宫。他以一个艺术家的身份让普鲁士人学会了对知识和艺术的崇尚。

图中是腓特烈二世在无忧宫演奏横笛。

G 普鲁士的哲学

腓特烈二世不仅推动了普鲁士文学艺术的发展，同时他自己也是18世纪影响很大的一位作家，写有大量法文著作。他在1740年写下的《反马基雅维利》用进步的角度分析了马基雅维利的国家政治观点。腓特烈二世还经常在无忧宫中接待各派的思想家，伏尔泰就曾与腓特烈二世在波茨坦会面过。

图中是伏尔泰在无忧宫中向腓特烈朗读他的作品。

H 奥地利王位继承战争

1740年奥地利神圣罗马帝国皇帝查理六世去世，传位给其长女玛利亚·特丽萨。这引起了企图瓜分帝国的法国、普鲁士、巴伐利亚、萨克森、西班牙等国的不满，由此引发了一场混战。这场战争为刚刚崛起的普鲁士的扩张提供了良机。通过这场战争，腓特烈二世为普鲁士赢得了富饶的西里西亚。战争持续到1748年才正式结束，但普鲁士1745年就退出了战争，在这场战争中腓特烈尽显了他的军事才华。

I “七年战争”

奥地利王位继承战争结束后，欧洲享受了暂时的和平，但这场战争并没有解决任何争执。昔日势力均衡的局面，逐渐被普鲁士陆军和英国海军的兴起所打破。于1756年，欧洲各国又展开了一场持续七年之久的真正意义上的世界大战。

图中是一幅寓言式的版画，画中欧洲各国正在一张绘有欧洲地图的桌子上进行一场台球比赛。这幅版画用桌球比赛的形式暗示了当时欧洲各国错综复杂的外交关系和战略对抗。

J 腓特烈的胜利

1756年，七年战争爆发后，腓特烈的军队打进了萨克森王国。之后普鲁士又同时与奥地利、法国和俄罗斯三大邻国作战，战争几次将普鲁士拖入亡国的边缘，但腓特烈凭借其优秀的军事才能，带领普鲁士成了最后的赢家。腓特烈不仅保住了德意志最为富庶的省份西里西亚，他个人也获得了军事史上永世的不朽英名，被称为“军事天才”。从此普鲁士亦一跃成为欧洲五巨头之一。

图中是七年之战战场上的腓特烈。

K 普鲁士的遗孀

1763年2月，匈牙利与普鲁士签订和平条约，七年战争结束。这场大战中有18万普鲁士军人战死在战场上，而死于医药和食物匮乏的平民占当时国家总人口的1/9。面对这样的情形，腓特烈大帝余生都在为重建普鲁士的和平和繁荣而努力。

图中是创作于1764年的版画，描绘了一位普鲁士士兵的遗孀正抱着自己的孩子乞讨。

L 普鲁士精神

腓特烈·威廉一世统治时期，普鲁士发展成为高度集权的专制国家，军营式的纪律与等级制度支配着整个普鲁士的社会生活。所谓的“普鲁士精神”就在这时形成，它的公式是专制主义加军国主义。而到腓特烈二世时期，艺术、文学的浪漫和哲学的一丝不苟就成为了普鲁士精神发展的内核。在腓特烈·威廉一世的基础上，腓特烈二世将普鲁士的军事传统进一步发扬光大，真正确立了全民皆兵的国防动员体系，普鲁士军人几乎成为了这个国家唯一的臣民。腓特烈二世率领他的军队几乎战无不胜，他统治下的普鲁士成为了德意志中最强大的邦国。

M 重建后的柏林

腓特烈在建筑方面也显示出了自己才华，他不仅自己起草设计了波茨坦的无忧宫，而且同他的建筑师诺贝尔斯朵夫主持修建了柏林的歌剧院和巴洛克式的宫殿。图中是创作于1780年的版画，画中描绘了重建后的柏林，市民们正在市中心悠闲地漫步。画中左侧的中心部分是腓特烈修建的科林斯式门廊的歌剧院，右侧则是他为其弟修建的巴洛克式宫殿。

A.D. 1682 A.D.1796

05 崭露头角的俄国

关键词:彼得一世 叶卡捷琳娜二世

17、18 世纪，俄国还是一个落后的封建农奴制国家。17 世纪末，彼得大帝上台后，为了扩展领土、增强国力而进行了一系列改革，他的改革将落后的俄国带入了现代的门槛。其后继者叶卡捷琳娜二世继续推行改革，并通过一系列对外侵略战争使俄国的疆域大为扩张，国力也逐渐增强。所以，到 18 世纪末，俄国虽然在政治、经济、文化方面仍落后于西方国家，但在国际舞台上已占有举足轻重的地位。

农奴制的俄国

17世纪的俄国		1 沙皇权力大大增强。 2 农奴制进一步加强。 3 工商业有所发展。 4 西方的思想文化开始传入俄国。 5 殖民扩张严重。
彼得一世的改革	对内改革	1 在政治上，削弱大贵族，加强沙皇的专制权力。A B C 2 在军事上，改进军事设备，开办各类军事学校，建立和扩大海军。 3 在经济上，鼓励兴办手工工场。D 4 在文化教育上，创办报纸，建立科学院，推行学校教育。 5 在社会习俗上，提倡西欧的服饰礼仪和生活方式。E
	对外战争	1 **1696年**伊凡五世去世，彼得一世第二次尝试占据亚速，并告成功。 2 **1700—1721年**，与瑞典爆发战争。F
叶卡捷琳娜二世开明专制	对内改革	1 巩固专制权力，进行行政改革。G H 2 加强农奴制。I J 3 颁布《御赐贵族特权诏书》，笼络贵族。K 4 鼓励发展工商业。 5 开办学校，发展教育，学习西方文化。L M
	对外战争	1 三次瓜分波兰。 2 发动两次土耳其战争。(**1768—1779、1787—1791**) N O

A 彼得大帝

彼得一世是俄国罗曼诺夫王朝（1613—1917）的第四代沙皇，于1682年即位。在位期间他通过对外战争使俄国的疆域不断扩大，制定的西方化政策也使俄国变成了欧洲的强国。他被认为是俄国最杰出的沙皇，后世尊称他为彼得大帝。

B 木匠彼得

17世纪时俄国还是落后的农奴制国家，与西欧国家的差距很大，于是彼得一世决心进行改革。为此他在西欧进行了长达18个月的考察，沿途他了解到了西欧各国的情况，并旁听了英国的议会。

在西欧考察的途中，彼得一世在阿姆斯特丹的造船厂工作了4个月并获得了修船工的证书。图中是着荷兰造船工装束的彼得大帝。

C 政治迫害

射击军是俄国的一支精锐的军事力量，在彼得赴欧考察期间，国内的射击军曾发生叛变，试图推翻他的统治。彼得回国后残酷地镇压了这次叛乱并进行了一系列政治改革，他创立了一套中央集权化的官僚机构，以此来消除大贵族的力量。在这些改革措施的推动下，沙皇的专制权力进一步得到加强。

图中是彼得大帝镇压叛乱的场景。

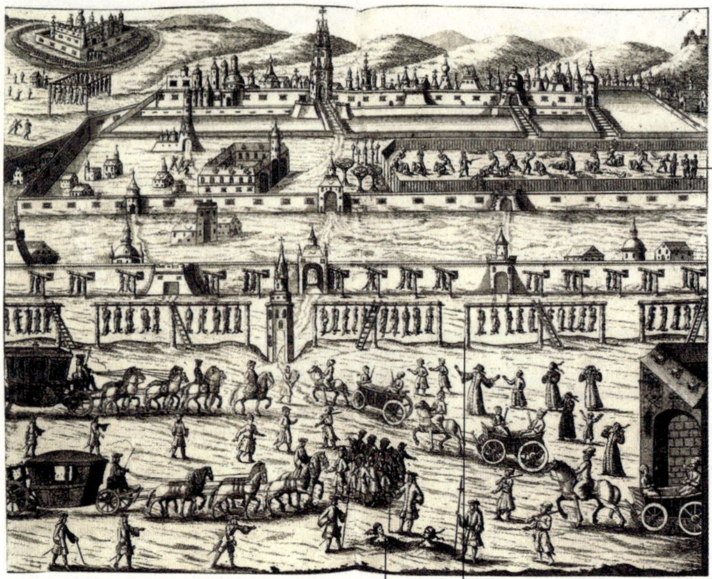

D 俄国的新都

为了保证军备供应，彼得大力发展工商业，并针对工场主颁布了很多优惠政策。在他的统治下，俄国的手工工场增至240多个，并出现了许多新兴工业部门，如炼钢业、造船业及丝织业等。彼得一世在位期间，还修建了圣彼得堡，作为俄国的新首都。

图中是出自18世纪中叶的油画，画中描绘的圣彼得堡像一个游览胜地。1712年，彼得大帝从莫斯科迁都圣彼得堡。

E “留须权”

彼得大帝的改革首先是从生活方式和行为习俗开始的。他从西方考察归来后第一件事就是剪掉了一位朝臣的胡子，并下令全国的男人都不许留胡子。彼得认为俄国人的大胡子已经成为了与世界文化交往的障碍，而在俄国人眼里胡子则是上帝赐予的礼物，所以彼得的决定引起了强烈的不满。彼得大帝因此作了让步，允许出钱购买留须权，而这些人则要佩戴刻有“钱收讫”的小铜牌挂在脖子上，以备随时查验。

图中是彼得大帝正在剪断大臣的胡子。

F 北方战争

彼得大帝一生都在以扩张领土为目标，1700年，彼得为争取在波罗的海的出海口向瑞典发起进攻，双方开始了长达21年的北方战争。战争初期，俄国失利，彼得因此进行了一系列军事改革，同时他还引进了国外先进的武器和战略战术。俄国最终获得了这场战争的胜利，瑞典则从此衰退，俄国称霸了波罗的海。

图中是彼得在学习航海和筑城技术，他创建的海军和所掌握的技术为俄国的胜利奠定了基础。

G 叶卡捷琳娜二世

由于彼得一世的改革都是以个人的权力强制推行，他的改革并没有被其后继者延续下来。彼得三世时期就颁布了《贵族自由宣言》，贵族重又变成特权阶层。在1762年的宫廷政变中，彼得三世被废黜，他的妻子叶卡捷琳娜被拥立为女皇，即叶卡捷琳娜二世。

图中是女皇的家庭肖像，画中的女皇姿态安详，但其不幸的婚姻暗示了这样的平静只是个假象。

H “开明”的假象

叶卡捷琳娜二世登上王位后，开始实行“开明专制”，继续推行彼得大帝的改革措施。但是在政治上的“开明”，仅停留在了女皇的口头上。1767年，叶卡捷琳娜二世成立了一个立法委员会，表示要对国家的政治制度进行全面改革。这个委员会由564名代表组成，其中的536名成员由选举产生。除农奴外，代表包括了社会的各个阶层。女皇为会议的召开拟定了一个《训谕》，内容中引用了大量启蒙思想家的言论，但是却始终把专制权力放在首要位置。《训谕》中的专制思想引起了欧洲各国的震惊，革命最彻底的法国甚至禁止它的传播。而且由于当时俄国的社会危机严重，各阶层在会议上尖锐对立，这个立法委员会仅维持了一年半就在1768年被女皇解散，俄国政治上的“开明专制”，到此告以结束。

I 俄国的农民

自诩为“开明君主”的叶卡捷琳娜二世却将农奴制大大发展起来。她不仅将大量的土地和农民赠予贵族，而且还在战争中占领的新领土大规模推行农奴制。在她的统治下，到18世纪初，俄国的农奴数量已占全国总人口的49%。农奴制下的农民，生活艰苦，地位低下，这种情况引起了农民的骚动，终于在1773年，爆发了俄国历史上规模最大的一次农民起义，即普加乔夫农民起义。

J 普加乔夫农民起义

普加乔夫生于一个贫穷的哥萨克家庭，曾参加过多次对外战争。为了反抗农奴制，他在俄国南部的乌拉尔地区领导了农民起义。他冒充被废黜的彼得三世，宣布要解放农奴，分配土地，这些纲领得到广泛拥护，起义的队伍发展至两万多人。女皇的军队历时一年才于1774年将起义镇压下去。

图中是被囚的普加乔夫，他在莫斯科英勇就义。

K《御赐贵族特权诏书》

普加乔夫农民起义是叶卡捷琳娜的统治中“开明”到保守的分界线。起义过后，女皇为了巩固统治，进一步加强了与贵族的联系，她向贵族作出了重大让步，转向了公开的反动统治。1785年，女皇颁布了《御赐贵族特权诏书》，宪章中赋予了贵族许多特权，免除了贵族的人头税和肉刑，并且规定贵族的身份、领地和生命的剥夺只有法庭才能判决。此外，《御赐贵族特权诏书》还规定只有年收入100卢布以上者才能当选为官。这些规定都有效的地促进了沙皇与贵族的联合，从而巩固了封建专制的统治。

L 俄国的教育

叶卡捷琳娜女皇对俄国文明的进步作出了积极的贡献，在她统治期间各种刑罚大大减少，而且她还在省、区两级建立了一个庞大的司法系统，拉近了司法机关同普通民众的距离。同时她还为贵族开办了许多学校，并鼓励他们去国外读书。叶卡捷琳娜二世统治时期，创办了548所官办学校，大约有6.2万名儿童在那里接受教育。

图中是叶卡捷琳娜女皇的画像。

M 彼得大帝的继承者

叶卡捷琳娜女皇自诩为彼得大帝的继承者，她的“开明专制”确实在一定程度上推动了俄国文化的发展。但是叶卡捷琳娜女皇虽然在文化和生活方式上努力学习西方，却极力排斥西方的政治制度，法国大革命爆发后，女皇甚至指责启蒙思想是“法兰西”的瘟疫，说明了其专制统治的本质。

图中是女皇观看彼得大帝青铜像揭幕的盛大场景。

N 女皇的第一次土耳其战争

17—19世纪，俄国因为向黑海和巴尔干地区扩张，与土耳其发生了一系列战争，战争初期仅限于俄土两国之间。

1768年到1774年间，由于俄国武装入侵波兰，俄国和土耳其之间爆发了一场战争。1768年，土耳其在法、奥两国支持下对俄宣战，俄国积极应战。1770年，俄军在亚速海区击败了土耳其舰队并占领了克里木。俄国的胜利迫使土耳其于1772年同俄国签订停战协定，规定克里木脱离土耳其，成为俄国的保护国。

1773年的战事是在巴尔干战区进行的，俄军未获战果。1774年，俄军越过了巴尔干，击溃了土耳其军，双方于7月24日签订了《小凯纳尔贾和约》，确认俄国可以自由进入黑海。

O 第二次土耳其战争

1787年到1792年间，由于土耳其推行复仇计划，叶卡捷琳娜女皇又与土耳其爆发了第二次战争。由于作了充分准备，这次战争俄国也获得了胜利。土耳其承认俄国兼并克里木和格鲁吉亚，俄国实现了称霸黑海的野心。

图中是1791年英国漫画家理查德·牛顿创作的一幅漫画，题为《叶卡捷琳娜女皇的梦想》。画中的魔鬼正在诱惑女皇，暗示了女皇的贪心。

1700-1815

18世纪法国大革命推翻了法王专制，但是革命党人分裂，政权更替频繁，国家再次陷入危机。此时，拿破仑登场，他通过武力建立了一个强大的帝国并四处征讨，横扫欧洲，最终这位传奇人物以战败被软禁收场。图中是18世纪初法国一位夫人举行的沙龙，右侧正在演奏钢琴的是小巴赫。

第十章

自由与革命的风暴

——启蒙运动与法国大革命

A.D. 17世纪　A.D. 18世纪

01 启蒙运动的发端

关键词:牛顿 富兰克林

17、18世纪，随着资本主义的发展，资产阶级的力量日渐壮大，他们已成为经济上最富有的阶级，但是日益腐朽的封建专制制度成为资本主义发展的巨大障碍。为了解除封建专制的桎梏，他们必须发起一场思想上的解放运动。而17、18世纪时，自然科学的发展也为启蒙运动提供了理论依据和思想方法，人们从中认识到人类是可以征服自然的。因此，在种种条件下，启蒙运动应运而生。

法国君主专制的衰落

背景		1 封建专制统治腐朽。 2 资本主义发展迅速。
自然科学的发展	数学与物理学	1 **艾萨克·牛顿（1643—1727）**，数学方面：发明了微积分，创立了二项式定理，发展了方程式理论。物理方面：发现了万有引力。A B 2 **本杰明·富兰克林（1706—1790）**，发明了避雷针。C
	植物学	1 **约翰·雷（1627—1705）**，代表作《植物的历史》、《昆虫的历史》。 2 **李纳乌斯（1707—1778）**，发明了植物和动物的分类方法。 3 **布封伯爵（1707—1788）**，代表作《自然史》。D
	地理学	1 **威廉·丹尔**，1698年开始澳大利亚探险。 2 **詹姆斯·库克（1728—1779）**，1768年开始太平洋探险。E F

A 艾萨克·牛顿

牛顿出生于英国自耕农家庭，1661年入英国剑桥大学圣三一学院读书。1665年他发现了二项式定理，这是他数学生涯中的第一项创造性成果。除此之外，牛顿还发明了微积分，发展了方程式理论。牛顿对解析几何与综合几何也都有所贡献，1736年出版了《解析几何》。由于在数学上的非凡成就，牛顿在23岁就被聘为剑桥的教授。

图中是牛顿的画像。

B 牛顿的苹果

牛顿最大的贡献是在物理学方面，发现万有引力是他在这一领域取得的最高成就之一。受到苹果落地现象的启发，牛顿开始思考引力的问题。1687年，他发表了著名的《自然哲学的数学原理》，书中他根据大量数学上的论据提出了引力的法则。引力的法则揭开了宇宙的面纱，人们开始认识到整个自然界都是按照一定法则来运行的。

图中是牛顿在榕树下思考苹果因何落下的情景。

C 富兰克林的避雷针

18世纪上半期，自然科学的成就比17世纪要小得多，但是由于新的试验方法的应用，在一些科学领域内也取得了显著的成就。这一时期的代表人物是美国最伟大的科学家和发明家本杰明·富兰克林。富兰克林在静电方面作出了杰出的贡献，他冒着生命危险在雷雨中用风筝做实验，发明了避雷针。避雷针相继传到英国、德国、法国，最后普及到世界各地。

图中是富兰克林的画像。

D 《自然史》

18世纪早期，人们热衷于对各种动植物进行收集和分类编目，植物学和动物学由此而形成。布封伯爵就是植物学方面一位比较杰出的人物。1739年，布封伯爵担任皇家花园主任，毕生精力都在经营皇家花园，并用40年时间写成36卷巨册的《自然史》，把有关自然科学的信息都汇编在其中。而且他的作品中惯常用人性化的笔触描摹动物，体现了他的人文主义思想。

E 太平洋的植物

在植物学迅速发展的时期，地理学方面也取得了长足的进展，人们开始对地球进行系统的探测和研究。17、18世纪西欧许多国家都派遣了航海家去探测未知的地域。其中取得最大成就的是英国的詹姆斯·库克，他的足迹遍布了太平洋那些未知的区域。在探险途中，库克船长和他船员对太平洋的地理、动物和植物都进行了精确的观察，揭开了这片最大水域的地理秘密。

图中是库克船长的随行者英国艺术家悉尼·帕金森描绘的太平洋植物木槿。

F 动物学

随库克远征的博物学家不仅记录了未知海域的植物群，而且对那里的动物进行了描绘。图中是悉尼·帕金森为一只跳跃中的袋鼠所作的素描，素描中描绘了袋鼠齐足跳跃的姿态。袋鼠是远征的博物学家所记录下的动物之一，因为随行的博物学家多是植物学家，所以他们对于动物的记录远没有对植物那么详细和丰富。

A.D. 1700　　A.D. 1789

02 代表人物与主张

关键词:洛克 孟德斯鸠 伏尔泰 百科全书派

在资本主义上升和自然科学发展的基础上，18 世纪的欧洲大陆掀起一场反封建的思想解放运动，即启蒙运动。这一场思想运动持续了将近一个世纪，它所宣传的天赋人权、三权分立、自由、平等、民主和法制的思想推动了资产阶级的革命和改革，为欧美资产阶级革命作了思想上和理论上的准备。启蒙运动覆盖了各个知识领域，如自然科学、哲学、伦理学、政治学、经济学、历史学、文学、教育学等等。

代表人物及其主张

英国	1 **霍布斯（1588—1679）**，代表作《利维坦》。A B 2 **约翰·洛克（1632—1704）**，主要思想是三权分立。C D
法国	1 **孟德斯鸠（1689—1755）**，代表作《论法的精神》。E F 2 **伏尔泰（1694—1778）**，主张天赋人权、自由平等。G H 3 **狄德罗（1713—1784）**，第一部法国《百科全书》主编。I J K 4 **让·雅克·卢梭（1712—1778）**，代表作《社会契约论》。L 5 **弗朗索阿·魁奈（1694—1774）**，代表作《经济表》。M
德国	**伊曼努尔·康德（1724—1804）**，代表作《纯粹理性批判》。N O

A 霍布斯

霍布斯是早期著名的启蒙思想家，他主张社会契约论，认为君权是人民授予的，但是他并不反对君主专制，甚至认为专制政权有权干涉臣民的财产。霍布斯代表的是英国资产阶级革命期间资产阶级上层的利益，他虽然提出了一些最基本的启蒙思想，但又带有明显的封建落后意识。

图中是霍布斯的画像。

B《利维坦》

《利维坦》是霍布斯的代表作，此著作以怪兽利维坦命名，意在比喻一个强大的国家。书中着重阐述了社会契约的观点，即人们为了获得和平安定的生活而相互订立契约，放弃个人的自然权利，把它托付给某一个强大的人或由多人组成的集体，大家则服从他的意志和判断。

图中是《利维坦》中的插图，画中的利维坦凌驾于人们之上，象征他无上的权力。

C 约翰·洛克

洛克的思想形成于英国资产阶级革命期间，他认同霍布斯的社会契约论，但对其进行了修正，他认为国家的目的是为了保护私有财产，因此不应干涉公民的私有财产。在哲学方面，洛克是英国经验主义的开创者，他抛弃了笛卡尔等人的天赋观念说，认为人的思想和观念都来自或反映了人类的感官经验。

图中是洛克的画像。

D 威廉三世

荷兰对洛克来说是比较重要的地方，他的重要理论著作大多是在荷兰完成的。1681年，洛克追随的阿希莱勋爵在政治斗争中失败被捕，洛克被牵连，1683年，洛克逃亡荷兰。这期间英王向荷兰提出引渡洛克的要求，荷兰政府没有理会，洛克得以在荷兰继续居留，进行自己的创作。

图中是奥兰治威廉三世的画像，在洛克逃亡荷兰期间，他给予洛克很大的资助。

E 孟德斯鸠

孟德斯鸠是法国伟大的启蒙思想家和法学家，他对资产阶级的国家和法的学说作出了卓越贡献。他提出了“三权分立”学说，并特别强调法的功能，认为法律是理性的体现。他的自然法理论和有关自由平等的论断，曾对法国唯物主义者狄德罗、霍尔巴赫、爱尔维修等人产生过重要影响。同时他还提出了“地理环境决定论”，认为气候会对一个民族的性格、感情、道德、风俗等产生巨大影响。

F《论法的精神》

《论法的精神》是孟德斯鸠最重要、影响最大的著作，该书所倡导的法制、政治自由和三权分立的观点成为此后资产阶级大革命的政治纲领。

这本书中，孟德斯鸠集中讨论了法的精神，而不是具体的法律规范本身。因此，孟氏把法律放在了决定性地位，认为只有法律才能保障人民的自由权利，而专制则是对自由的践踏。他深入探讨了自由赖以存在的体制条件，并借此找到恢复自由的基本手段，即三权分立，以权力制约权力的手段来防止权力滥用。孟德斯鸠还主张在宪法统率下的权力分立与制衡的政治制度，使法律、自由与宪法结合起来，奠定了宪政理论的基本框架，成为孟德斯鸠对政治理论最杰出的贡献。

G 伏尔泰

伏尔泰是法国启蒙思想家、文学家和哲学家，他是18世纪法国资产阶级启蒙运动发起者，被誉为“欧洲的良心”。他提倡天赋人权，主张法律面前人人平等。但是他不反对财产上的不平等，而且赞成实行“开明专制”，这些都反映了他思想上的局限性。

图中是伏尔泰伏案工作的场景。

H 伏尔泰的失落

伏尔泰以其非凡的才智，锐利的思想，使他在人民中间享有崇高的声望，因此也受到当时统治者的青睐。路易十五、腓特烈二世和叶卡特琳娜二世都曾待他为上宾。而且由于伏尔泰本身具有资产阶级思想家的局限性，所以他把君主立宪制看作最理想的政治模式。于是1750年，抱着对开明君主的幻想，伏尔泰应普鲁士国王弗里德里希二世的邀请，来到柏林。在此伏尔泰开始接近年轻一代的启蒙思想家，并为《百科全书》撰稿。

图中是伏尔泰与弗里德里希二世在宫廷中散步的情景。

I 狄德罗

狄德罗是法国18世纪杰出的启蒙思想家，他的最大成就是主编了《百科全书》，此书概括了18世纪启蒙运动的精神，将法国启蒙运动推向了高潮。同时他还是杰出的唯物主义哲学家，代表作有《哲学思想录》、《怀疑论者的散步》、《论盲人书简》等，宣传了无神论思想。此外，狄德罗在文学、戏剧、文艺批评和美学思想等许多方面也都取得了出色的成绩。

图中是狄德罗的画像。

J 百科全书派

随着启蒙运动高潮的到来，涌现出了一批更加激进的思想家，其中最著名的就是以狄德罗为首的“百科全书派”。“百科全书派”指的是参加《百科全书》编写的作者，代表人物有狄德罗、达朗贝尔、伏尔泰、孟德斯鸠、卢梭、孔多塞、霍尔巴赫。百科全书派的核心思想是反对封建特权制度和天主教会，向往合理的社会。

“百科全书派”在哲学上大多是唯物论者，他们大力宣传物质是第一性的，它既不能被创造也不能被毁灭，反对上帝造人说。但他们的唯物论是机械的唯物论，缺乏发展变化的观点。同时他们也反对愚昧无知，主张一切制度和观点都要受到理性的批判和衡量，并推崇机械工艺，重视体力劳动，孕育了资产阶级务实谋利的精神。

K 《百科全书》

1751年，应书商的邀请，狄德罗主持编纂了《百科全书》，全名为《百科全书：科学、艺术、工艺详解辞典》。该书是第一部影响巨大的大型参考书，宣扬了政治平等、思想自由等启蒙思想，主张用科学成果对抗宗教谬误。

图中是《百科全书》中的插图，一位法国裁缝正给年轻的顾客量尺寸。

L 让·雅克·卢梭

让·雅克·卢梭是18世纪法国启蒙运动最卓越的代表人物之一。在哲学上，他主张感觉是认识的来源，坚持“自然神论”的观点，强调人性本善，信仰高于理性。在社会观上，卢梭坚持社会契约论，主张自由平等，反对私有制及其压迫。在教育上，他主张教育的目的在培养自然人，反映了人们从封建专制主义下解放出来的要求。主要著作有《社会契约论》、《忏悔录》等。

图中是卢梭岛上的卢梭像。

M 重农派

重农派是法国启蒙运动的一个分支，弗朗索阿·魁奈是重农派的创始人，其代表作为《经济表》。重农派认为农业是唯一的生产部门，从事农业生产的人是唯一的“生产者阶级”，因此国家的捐税应该由无所事事的土地所有者承担。弗朗索阿·魁奈还提出了一系列的经济改革建议，包括鼓励发展资本主义大农业，允许自由竞争和自由贸易，实行只向地主征税的“单一税制”等等。

N 伊曼努尔·康德

伊曼努尔·康德是启蒙运动时期最重要的思想家之一，也是德国古典哲学创始人。康德的《三大批判》构成了他的伟大哲学体系，它们是：《纯粹理性批判》（1781）、《实践理性批判》（1788）和《判断力批判》（1790）。

图中是康德的画像。

O 星云假说

康德不仅在哲学上取得了重大的成就，同时他还是一位优秀的自然科学家。1755年，他发表了一篇论文《自然通史和天体论》，提出关于太阳系起源的星云假说。他大胆否定了宇宙起源的神创论，提出了宇宙起源的“星云假说”，第一次用科学观点回答了宇宙成因这一重大而又基本的科学问题，为近代科学技术的发展作出了巨大贡献。

图中是依据星云假说绘制的太阳系图。

A.D. 1774　A.D. 1789

03 旧制度的危机

关键词:波旁王朝 第三等级议会

18 世纪时，法国部分地区的资本主义商品经济已相当发达，资产阶级拥有雄厚的金融资本，已成为经济上最富有的阶级。但在政治上他们仍属于被统治的第三等级，受到专政王朝的盘剥和勒索，所以他们越来越强烈地要求平等的参政权利。随着专制王朝统治危机的加深，旧制度已陷入无可挽回的绝境，而 18 世纪启蒙思想家所提出的一系列资产阶级的民主思想则为大革命的爆发准备了条件。于是一场推翻旧制度的革命一触即发，在这场革命中资产阶级则凭借其经济实力、政治才能和文化知识处于领导地位。

法国大革命爆发的背景

1 波旁王朝专制统治危机加深。A B

2 资本主义商品经济发展迅速。C

3 启蒙运动为大革命提供了思想武器。

4 三个等级矛盾尖锐。D

5 财政危机和三级会议的召开。E F

A 路易十六

图中是画家A.F.卡兰为国王路易十六绘制的肖像画，画中的国王身着加冕礼服，显得雍容华贵，气度非凡，但当时的法国面临的状况显然与国王的奢华格格不入。当时的法国政府债台高筑，国库空虚，财政已处于破产的境地。但身处这样的危机之中，路易十六浑然不觉一如既往地骄奢淫逸。

B 贵族的游乐图

18世纪时，法国的专制王朝和贵族等级生活奢侈而糜烂，宫廷的贵族集团更成为整个贵族腐败的缩影。那时的贵族因为厌倦了奢侈豪华的排场，开始流行一种“简单生活”，在大自然中踏青和寻欢。基于此甚至还发展出了一个新的绘画样式，即图中这种游乐画。画家华托是当时这种游乐画的代表人物。

C 工业的繁荣

图中是1780年建成的铁桥，它是世界上第一座铁桥。1779年，这座桥由著名的制造商亚伯拉罕·达比所造。当时法国的资本主义商品经济发展迅速发展，资产阶级兴起成为法国大革命爆发的原因之一。

D 农民

18世纪时，法国王室的开销完全来自于形形色色的税收。但当时法国的特权等级——贵族和教会并不承担向国王纳税的义务。因此，巨大的税务负担便完全落到了第三等级农民的身上。因此农民对统治者的不满越来越强烈，社会矛盾进一步加剧。

图中是法国农民在田中劳作的场景。

E 三级会议

在社会矛盾日益尖锐的情况下，从1787年开始社会上要求召开三级会议的呼声日益强烈。于是1789年，路易十六在凡尔赛宫召开了三级会议。

图中是会议召开的场景，贵族、僧侣和平民这三个等级的代表正聚会于凡尔赛宫。但是由于这次议会丝毫没有提及改革的问题，第三等级与特权等级发生了冲突，自行组成了国民议会，三级会议的历史告终。

F 第三等级宣誓

由于在1789年的三级会议上，第三等级向旧制度提出了挑战，因而国王封闭了会场，第三等级被会议拒之门外。人们为了表达自己斗争到底的决心，在凡尔赛宫的网球场上宣誓，7月9日国民议会宣布改称制宪议会，要求制定宪法，限制王权。路易十六意识到了危机，正式与国民议会发生冲突，成为大革命爆发的前奏。

图中的版画表现的正是宣誓的场景，人们的狂热和对自由的向往连自由女神也被吸引过来。

A.D. 1789　　A.D. 1799

04 法国大革命

关键词:君主立宪派 吉伦特派 雅各宾派

18 世纪时，法国部分地区的资本主义已相当发达，成为富有阶级的资产阶级在政治上却仍处于无权地位。而此时法国第三等级与特权阶级的矛盾也日益加剧，革命一触即发。

1789 年，巴黎人民攻占巴士底狱，法国大革命爆发。革命初期，君主立宪派掌握了政权，但其维护君主立宪制主张，阻碍了革命的继续发展。巴黎人民再次起义，推翻了君主立宪派统治，吉伦特派取得政权，成立了法兰西共和国。但当时的法国正处于内忧外患的危急时刻，吉伦特派无法维持其统治，巴黎人民发动了第三次起义，建立起雅各宾派专政。

雅各宾派的恐怖政策，也使它走向分裂和内讧，最终热月党人发动政变，成立了督政府，建立了资产阶级的正常统治，法国大革命自此结束。

法国大革命	
君主立宪派	1 **1789年**，巴黎人民攻占巴士底狱，农村也开展群众运动。A B 2 资产阶级夺取巴黎市政府的政权。C 3 **1789年**，通过“八月法令”。D 4 **1789年8月**，通过《人权与公民权宣言》。E 5 **1789年10月**，巴黎爆发群众运动。F 6 俱乐部纷纷兴起。G 7 **1791年**，路易十六出逃失败。H 8 **1792年**，反法联军攻入法国，巴黎人民再次掀起共和运动的高潮。I J K
吉伦特派	1 **1792年8月**，吉伦特派取得政权。 2 **1792年**，爆发“九月屠杀”。L 3 **1792年**，法国在瓦尔密战役中获胜。M 4 **1792年**，法兰西第一共和国成立。N 5 吉伦特派与山岳派的斗争。O P 6 **1793年1月**，处死路易十六。Q 7 忿激派出现。R
雅各宾派	1 **1793年6月**，雅各宾派建立专政。S 2 雅各宾派平定叛乱颁布土地法令。T 3 雅各宾派改组救国委员会。U 4 雅各宾派将吉伦特派及其支持者斩首。V W X Y Z 5 **1794年**，雅各宾派内部开始了激烈的斗争。a b c d
结束	1 **1794年10月**，热月党人成立督政府。e f g 2 **1799年**，拿破仑发动雾月政变。h

A 攻占巴士底狱

巴士底狱是法国专制王朝的象征，18世纪末期，它成了控制巴黎的制高点和关押政治犯的监狱。1789年，由于国王企图解散议会，并调回军队准备逮捕第三等级的代表，群情激奋的情况下，人群攻占了一个又一个的阵地，最后于1789年7月14日攻克了巴黎的最后一个封建堡垒——巴士底监狱，法国大革命正式爆发。

B 群众运动

巴士底狱的胜利成了全国革命的信号，在农村，农民也将自己武装起来，到处攻打领主庄园，并烧毁地契。图中是创作于18世纪晚期的版画，描绘的正是农民洗劫贵族宅邸的场景，画中贵族的大宅冒着熊熊烈焰，府中的主人正坐上马车逃走。

C 制宪议会

巴黎革命胜利后，资产阶级夺取了巴黎市政府的政权，建立了国民自卫军。国王被迫承认了制宪议会的合法地位，此时制宪议会已成为最高国家权力机关。制宪议会的领导人坚持君主立宪主张，因此被称为君主立宪派。

图中是法国的国民大会。

D “八月法令”

制宪议会掌握政权后，各地农民的暴动仍然风起云涌，这使得制宪议会不得不正视废除封建制的问题。制宪议会于1789年8月通过了著名的“八月法令”，它在法律上否定了封建土地所有制，是革命者运用法律手段进行社会改造的第一步，具有重大意义。

图中是代表们在对法令的具体条文进行争辩。

E《人权与公民权宣言》

通过“八月法令”后，制宪议会又于1789年8月26日通过了《人权与公民权宣言》，到1791年宪法通过为止，《人权与公民权宣言》又经过了多次修改。《人权与公民权宣言》是在法国大革命时期颁布的纲领性文件，核心内容是人权与法治。它宣布了自由、财产、安全和反抗压迫是天赋不可剥夺的人权，用法律的形式将启蒙思想固定了下来，对欧美的资产阶级革命或改革都产生了广泛而深远的影响。它还推动了其他很多国家民主思想的发展，推动了世界资产阶级民主化的进程。

F 十月事件

制宪议会虽然通过了“八月法令”和《人权宣言》，但路易十六拒不批准这些文件。在群情不满的情况下，路易十六企图利用军队镇压群众运动。得知消息的巴黎人民被激怒，10月5日由妇女带头向凡尔赛宫出发，进行游行示威。国王计划失败，王室被迫从凡尔赛宫迁到巴黎，制宪议会也随之迁来。

图中是妇女带头示威游行的场景，她们高喊着“要面包”的口号向凡尔赛宫走去。

G 革命俱乐部

革命俱乐部的活动	
雅各宾俱乐部	雅各宾俱乐部的前身是三级会议时期部分代表在会外讨论问题而组成的布列塔尼人俱乐部。1791年7月和1792年10月，由于俱乐部内部产生分裂，温和的代表离开，俱乐部成为民主革命派组织，罗伯斯庇尔为主要领导人。
哥德利埃俱乐部	哥德利埃俱乐部成立于1790年4月，正式名称是“人权之友协会”，因在哥德利埃派修道院集会而得此俗称。哥德利埃俱乐部是激进民主派的团体，它的许多成员同时又是雅各宾俱乐部的成员。
社会俱乐部	社会俱乐部成立于1789年10月，在一定程度上带有平均共产主义的思想。

H 逃跑的国王

十月事件后，制宪议会又通过了一系列反封建法令。路易十六难以接受这些法令，于是企图出逃借助其他君主国干涉法国革命。1791年6月20日夜，路易十六带着王后和普罗旺斯公爵等人化装逃出王宫，21日便在东部边境被人认出，不得已返回巴黎。普罗旺斯公爵成功逃往布鲁塞尔。

图中是出逃的路易十六被押回巴黎。

I 马尔斯校场流血事件

国王路易十六出逃的消息被披露以后，部分激进革命领袖和民众提出了废除王政、实行共和的要求，但保守的君主立宪派则主张维持现状，并编造出国王出逃是因为被人“劫持”这样的谎言来替国王开脱。议会的态度激起群众的不满，人们连日在马尔斯校场集会示威要求废除路易十六。制宪议会担心事态扩大，遂决定对这一群众运动进行镇压。巴黎市政府在制宪议会的授意下率领国民自卫军前往群众聚集的马尔斯校场进行镇压。在群众拒绝解散的情况下，自卫军向人们开枪，造成50多人被枪杀，数百人被打伤的惨案。群众性的共和运动暂时被镇压下去。君主立宪派也因此而逐渐失去威信，公开走上背叛革命的道路。此后，君主立宪派从雅各宾派中分裂出去，另组斐扬俱乐部。

J《马赛曲》

平息共和运动后，制宪议会正式通过了《1791年宪法》，并解散制宪会议，召开立法议会，法国成为君主立宪制国家。法国大革命引起周边国家的不安，普鲁士、奥地利成立联军攻打法国。由于王后的泄密，法国战败，联军攻入法国。巴黎人民再次掀起共和运动的高潮，各地的联盟军也陆续来到首都，其中马赛联盟军就是唱着这首《马赛曲》进入巴黎。

图中是马赛曲的曲谱，马赛曲是法国大革命期间流行最广的战斗歌曲。

K 无套裤汉

“无套裤汉”是法国大革命时期对城市平民的称呼，由于平民只穿长裤，不穿贵族中盛行的短套裤，故被称为“无套裤汉”。无套裤汉主要由小手工业者和其他劳动群众组成，也包括一些富人。1792年8月10日，雅各宾派领导了反君主制运动，推翻了立宪派的统治。无套裤汉正是城市革命的主力军，同时也是后来大革命中几次武装起义的参加者。

图中是无套裤汉的画像。

L “九月屠杀”

波旁王朝被推翻后，政权落入了共和派手中，因为他们其中很多人原是吉伦特省人，因此共和派也被称为吉伦特派。吉伦特派掌权后迫使立法会议废除1791年宪法，并强迫国王退位，实行普选制。正在人们积极改革时，9月1日传来了凡尔登要失陷的消息，情绪过激的民众冲进巴黎各监狱，不加区分地处死在押犯人，幸免者仅半数。这就是有名的“九月屠杀”。

图中是卡姆监狱里的贵族被屠杀的场景。

M 瓦尔密战役

“九月屠杀”之后，军队开赴前线去抵抗反法同盟的入侵。1792年9月20日，法兰西革命军队与奥普联军在凡尔登附近的瓦尔密进行了一次交战。法兰西的革命军队与在敌人后方活跃的爱国武装队伍共同合作，遏制住了联军的侵入。至10月5日，奥普联军损失近半，终于被驱逐出法国。

图中是瓦尔密战役的作战场景。

N 法兰西第一共和国

军队开赴前线后，法国就开始了国民公会的选举。选举是按照普选的方式进行，凡年满21周岁的男子都具有选举的权利。吉伦特派和雅各宾派成为这次选举的获胜者。1792年9月21日，新选出的国民公会正式开幕。开幕会上，国民公会就宣布了废除君主制度的主张，9月22日，国民公会正式宣布成立法兰西共和国，即历史上的法兰西第一共和国。

O 吉伦特派与山岳派的斗争

派别	吉伦特派	山岳派
代表	共和派	雅各宾俱乐部左翼代表
主张	实现共和即停止革命。	继续推进革命。
对巴黎公社的态度	改组巴黎公社，并进行选举。	山岳派在巴黎公社的选举中获胜。
对路易十六的态度	为防招来更严重的外国干涉，不同意处死路易十六。	为了推动革命进一步发展，主张处死路易十六。

P 派别斗争

由于吉伦特派和山岳派的斗争过于激烈，最后已发展到两派无法共处于一个组织之中的结果。1792年10月，雅各宾俱乐部发生分裂，吉伦特派成员全部离开了俱乐部，山岳派成为雅各宾俱乐部的主人。

图中是在街头发生激烈争执的吉伦特派和山岳派。

Q 处决路易十六

1793年1月16日，国民公会进行量刑表决，赞成处死国王的票数过半，路易十六于1月21日被送上断头台。路易十六被处死后，以英国为首的反法同盟形成，出兵干涉法国革命的国家由普、奥两国增到七个。

图中是正被押往断头台的路易十六。

R 忿激派

共和国成立后，由于投机商们的大肆囤积与哄抬物价，物价上涨和物资短缺成为吉伦特派和雅各宾派所面临的最大问题。为了限制物价，国民公会投票通过了坚持经济自由、镇压限价运动的法令。但这个法令并没有起到作用，物价仍在上涨，要求限价的群众运动继续高涨。限价运动中涌现出了一批平民革命家，被称为“忿激派”，主要领导人有雅克·卢、勒克莱尔、瓦尔勒等。“忿激派”要求以政府法令的形式统管经济、限制物价并以恐怖手段强制推行。

S 雅各宾派执政

“忿激派”运动遭到吉伦特派的敌视，并颁布法令镇压运动。而此时的雅各宾派则意识到了联合群众的必要性，并颁布了谷物限价法令，争取到了支持。与此同时，以英国为首的反法同盟，开始对法国进行武装干涉，这时的吉伦特派却无力抵抗外国军队。处于激愤中的巴黎人民于1793年5月31日到6月2日发动起义，推翻吉伦特派的统治，以罗伯斯庇尔为首的雅各宾派掌握了政权。

图中是雅各宾派的领导人罗伯斯庇尔的画像。

T 各地叛乱

雅各宾派掌权后，反法同盟的军队在继续进攻，法军不断败退。3月发生的王党叛乱已控制了旺代郡，并向外进攻，威胁南特。为了对付各郡的叛乱，雅各宾派迅速采取了一些措施，颁布了三个土地法令，使大批农民得到土地，之后他们又颁布了法国第一部共和制的民主宪法。这些措施不仅使雅各宾派争取到了农民的支持而且明确地表明了自己的纲领。

图中描绘的是旺代的叛军进军南特的情景。

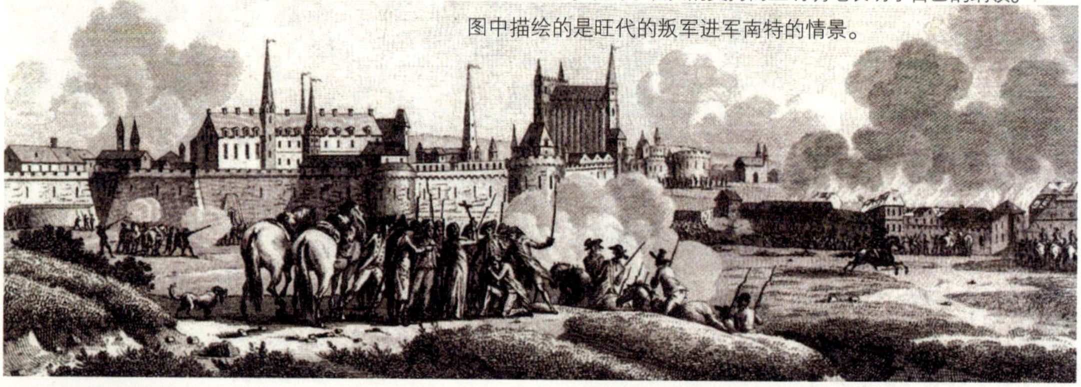

U 救国委员会

救国委员会成立于1793年在4月，当时它的实际领导人是著名的政治家丹东，重要成员有巴雷尔、康邦、兰代、圣茹斯特、库通等。由于在推翻吉伦特派和平息叛乱的斗争中，委员会表现得不够有力，因此受到了雅各宾派的代表马拉以及忿激派的猛烈抨击。7月10日，国民公会开始着手改组救国委员会。一些被认为行动不力的委员落选，丹东则自动退出了委员会。7月27日，罗伯斯庇尔入选委员会，使这个机构的作用大为加强，28日救国委员会被授予逮捕反革命被告人和嫌疑犯的权力。鉴于当时的形势，国民公会采纳了丹东的建议，于8月2日作出了加强救国委员会权力的决定，救国委员会实际上已开始具有临时政府的作用。

V 马拉之死

被驱逐出国民公会的吉伦特派，部分逃出巴黎掀起了叛乱，并开始谋划刺杀雅各宾派的领袖。马拉是雅各宾派的主要代表人物，他激烈反对吉伦特派的统治，因而被吉伦特派确定为第一个谋杀对象。1793年7月13日，吉伦特派的夏洛特·科黛从冈城出发来到巴黎刺死马拉，马拉成为政治斗争的牺牲品。

图中是雅克·路易·大卫创作于1793年的油画《马拉之死》，画中马拉被描绘成了英俊的圣徒。

W 恐怖政策

恐怖政策	
经济恐怖	1793年，颁布一系列限价法令。 1793年10月27日，发布建立供应委员会法令。 1793年10月29日，在巴黎实行面包配给制法令。 1794年2月24日，颁布商品价目表和对批发商与零售商利润额的限制，以及关于商品运输费的规定。
政治恐怖	改组革命法庭。 在巴黎和各地设立断头台。 由革命委员会决定嫌疑犯身份。 中央特派员在各地方和军队中拥有一切大权。 无套裤汉的政治地位十分显赫。 各革命团体对敌斗争加强。

X 处死王后

图中是路易十六的王后玛丽·安托瓦内特的画像，画中王后被孩子们围绕，神态十分安详。在法国大革命期间，王后因通敌叛国受到了比路易十六更多的敌视。波旁王朝被推翻后她和国王一起被囚于当普尔监狱，后经革命法庭审判，1793年10月16日被推上了断头台，死时年仅38岁。

Y 雅各宾派专政

处死王后之后，雅各宾派贯彻恐怖政策又处决了一批吉伦特派代表及其支持者，包括吉伦特派的知名代表布里索、罗兰夫人和刺杀马拉的科黛。其中一些吉伦特派的成员曾为革命立下很大功劳，只因政见不同便遭到雅各宾派的屠杀，由此可见雅各宾派的恐怖政策已走入极端。

图中描绘的是被押往刑场的罗兰夫人。

Z 革命当局的刑罚

1793年年底到1794年年初，法国将外国干涉军全部赶出国土，国内的叛乱也基本平息。经历了同封建势力和吉伦特派的斗争后才独揽大权的雅各宾派，有着非常执着的复仇和排他情绪。因此在恐怖统治期间，违反法制、滥刑杀人的现象非常严重。对于发生过叛乱的地区雅各宾派的惩罚十分严厉，他们不仅毁坏当地的建筑，还将普通群众和叛乱者一起枪杀。

叛乱的群众被拉到海岸边执行集体枪决。

叛党和群众被绑在树上执行枪决。

雅各宾派政府残忍地屠杀反叛者。

起义者被押到刑台上砍头。

叛乱地区大片的建筑被烧毁。

a 埃贝尔派的主张

埃贝尔（1757—1794）	
代表阶级	埃贝尔是法国大革命中雅各宾派左翼领导人，代表的主要是无套裤汉。
主要政治活动	1 雅各宾派专政建立后，积极参加巴黎人民的武装示威，迫使国民公会限制物价，打击投机商，成立由无套裤汉组成的革命军实行革命恐怖政策。 2 推行破坏信仰自由的“非基督教化”运动，将巴黎圣母院改为“理性庙”，强制人们“理性崇拜”。 3 强调地方自治，试图发动新的起义，由巴黎公社直接掌权。

b 处死埃贝尔

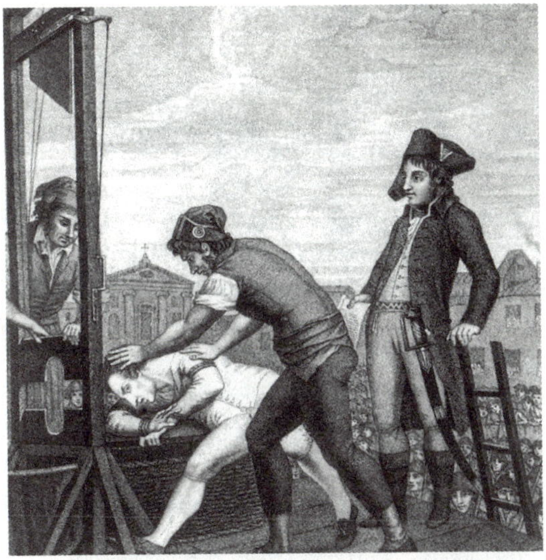

作为极端激进的革命分子，埃贝尔既反对丹东派的宽容政策，又攻击罗伯斯庇尔政府采取的措施。他提出极左口号与要求，试图发动新的起义，实现地方自治。1794年3月14日，救国委员会逮捕了埃贝尔及其追随者，并以阴谋罪将他们送上了断头台。埃贝尔的死使雅各宾派政府失去了无套裤汉的支持，从而加速了政权的崩溃。

图中是被送上断头台的埃贝尔。

c 丹东

丹东是法国大革命时期著名活动家，与马拉、罗伯斯庇尔同为山岳派的著名领袖。在对外政策上，他积极主张与英国议和，在对内政策上则反对恐怖扩大化，要求对一切反革命分子实行大赦。因为主张实行温和政策，丹东一派被称为“宽容派”。

图中是丹东的画像。

d 处死丹东

丹东结束恐怖统治、恢复法治的政策主张与罗伯斯庇尔产生分歧。因此，吉伦特派乘机利用丹东势力准备发动政变，阴谋推翻雅各宾派政权。而此时的罗伯斯庇尔也不能容忍与他政见相左又享有较高威信的人，于是于1794年3月30日夜逮捕了丹东，遂以“阴谋恢复君主制颠覆共和国”的罪名将其送上断头台。丹东死时年仅35岁。

图中是丹东走上断头台前与同伴告别的场景。

e 热月政变

罗伯斯庇尔对待不同政见者的残暴手段完全违背了人权宣言和民主政治，因此以他为首的政权陷入了孤立的境地。1794年7月，国民公会中反罗伯斯庇尔的力量组成热月党，于7月27日（热月9日）发动政变，通过了逮捕罗伯斯庇尔的决议，这就是大革命史上的“热月政变”。罗伯斯庇尔及其追随者被逮捕后，于7月28日下午被送上了断头台，雅各宾派的恐怖统治至此结束。

图中是处死犯人的断头台。

f “葡月事件”

热月政变后，法国政局相对稳定，根据1795年8月22日通过的《共和三年宪法》，热月党人成立了新的政府机构督政府。1797年立法机构选举时，许多王党分子当选，但意在打击王党势力的督政府宣布选举无效。王党分子遂于葡月13日发生暴动，称“葡月事件”。拿破仑平息了这场动乱，从而就此进入了法国统治集团的上层。

图中是拿破仑正在指挥炮兵镇压王党分子。

g “秋千政策”

1795年督政府为了镇压王党分子的暴乱，不得不回过头来求助于雅各宾派，雅各宾派重新登上政治舞台。当时的国内经济状况进一步恶化，下层人民不满情绪加强，雅各宾派又活跃起来。1798年立法机构选举时雅各宾派的残余势力大批当选，继打击王党势力后，督政府再次宣布选举无效，这种政策历史上称为“秋千政策”。“秋千政策”是人们用来对法国大革命后督政府统治政策缺乏连续性和稳定性的嘲讽，政策的左右摇摆反映了督政府统治的不稳固，同时也加速了督政府的垮台。

h 雾月政变

督政府左右摇摆的秋千政策使国内政局持续动荡不定，于是代表大资产阶级的热月党人希望建立一个新的政权，用来防止王朝复辟和镇压人民革命运动，年轻军官拿破仑被选为发动政变的对象。1799年11月9日，拿破仑发动了政变，推翻了督政府统治，建立起临时执政府。这一天是法国共和历雾月18日，所以历史上称这次政变为“雾月政变”。雾月政变标志着法国大革命的结束。

图中是拿破仑带兵进入五百人院发动政变。

A.D. 1769　A.D. 1821

05 拿破仑的崛起

关键词:拿破仑 拿破仑帝国

拿破仑·波拿巴是法国近代资产阶级军事家和政治家。1789 年法国大革命爆发后，拿破仑对革命持拥护态度。1799 年，他发动雾月政变，成立临时执政府，任第一执政。此后，他与反法联盟进行战争，粉碎了第二次反法联盟，1802 年，被元老院宣布为终身执政。1804 年 12 月拿破仑加冕为法兰西人皇帝，称拿破仑一世，建立法兰西第一帝国。1805—1809 年连续击败反法同盟，成为欧洲大陆霸主。随之，欧洲爆发广泛的反法起义，1815 年 6 月拿破仑在滑铁卢之战中再遭失败，被囚禁在大西洋的圣赫勒拿岛，直至去世。

拿破仑大事记

1 **1779年**，在法国布里埃纳军校学习军事。A
2 **1793年**，攻下保王党的堡垒土伦。B
3 **1796年**，拿破仑远征意大利。C D
4 **1798年**，拿破仑远征埃及。E F
5 **1799年**，发动政变，建立临时执政府。
6 **1800年**，打败第二次反法同盟。G H I
7 **1802年**，拿破仑为共和国终身执政。
8 **1804年3月21日**，颁布《法国民法典》。J
9 **1804年**，拿破仑宣布为帝国皇帝。K
10 **1805年**，粉碎第三次反法同盟。L M
11 **1806年**，粉碎第四次反法同盟。N
12 **1806年**，发布敕令，宣布封锁不列颠诸岛。O
13 **1807年**，入侵西班牙。P
14 **1809年**，击败第五次反法同盟。Q R
15 拿破仑帝国进入全盛时期。S T U
16 **1812年**，进军俄罗斯。
17 **1812年**，对俄战争失败，返回巴黎。V
18 **1813年**，被第六次反法同盟击败。
19 **1814年**，拿破仑被迫签署退位书。W
20 **1814年**，被放逐到厄尔巴岛。X Y
21 **1815年**，逃离厄尔巴岛，建立“百日王朝”。Z
22 **1815年**，兵败滑铁卢。a
23 **1821年**，在圣赫勒拿岛上病逝。b c d

A 拿破仑的军校

1769年8月15日，拿破仑·波拿巴出生于科西嘉岛的阿雅克肖城，其家族是一个意大利贵族世家。科西嘉岛被卖给法兰西后，经其父斡旋，波拿巴家族被承认为法兰西王国贵族。1779年，年仅9岁的拿破仑在父亲安排下到法国布里埃纳军校就读，1784年以优异成绩毕业。后被选送到巴黎王家军校，专攻炮兵学。

图中是拿破仑在布里埃纳军校门口，居右者的为拿破仑。

B 土伦之战

大革命爆发后，法国政权几经更迭最后落入雅各宾派手中，法国大革命达到了高潮。出于对法国大革命的赞同，拿破仑受雅各宾派的指派于1793年带兵攻下了保王党的堡垒土伦，因此受到雅各宾派的赏识，被破格升为准将。

图中是拿破仑率领的军队在围攻土伦。

一位妇女正在照顾伤患。

腿部受伤的军官正与一旁的人进行交谈。

C 阿尔科拉战役

在取得一系列的胜利后，拿破仑于1796年11月15日至17日同奥军在阿尔科拉桥展开交战。战争一开始奥军凭借人数占优势，成功地扼守着阿尔科拉沼泽堤坝。为了突围，拿破仑本人也险些陷入沼泽之中。但是拿破仑很快就想出了应对的计策，他派出一小队骑兵潜入奥军后方，当战斗再次开始时便一齐吹起了嘹亮的冲锋号，奥军猝不及防，被冲锋号吓得四散奔逃。拿破仑因此转败为胜，取得了历史上有名的阿尔科拉大捷。

» 拿破仑在战争中对士兵发表了极富煽动性的动员演说。他说："士兵们，我将带领你们打进天下富庶的平原去，那里丰饶的省区、富裕的城镇都将是属于你们的。面临这样的前景，你们能不鼓起勇气坚持下去吗？"这是他第一次对自己的部下讲话，极具煽动性的话语使士气低沉的士兵们听了无不满怀希望和信心。

图中是战胜后的拿破仑，他手持着军刀，身体左倾，犹如画中的胜利女神。

士兵正在卸下马匹上的物品。

D 里沃利战役

阿尔科拉战役失利，奥地利王室再一次向意大利派兵遣将。1974年1月初，奥地利元帅阿尔文齐率领十万大军再次出兵意大利。1月12日，双方在意大利的里沃利开战。1月14日，拿破仑再次以少胜多打败奥军，取得了法奥战场上最辉煌的胜利，打通了维也纳之路。奥地利被迫和谈，法国赢得了对第一次反法同盟的胜利。

图中是拿破仑在里沃利击败奥地利劲旅的场景。

E 出兵埃及

取得意大利之役的胜利后，拿破仑成为法兰西共和国的新英雄。但他的崛起引起了督政府不安，于是督政府任命他为出征埃及的司令，以抑制英国在该地区势力的扩张。同远征意大利一样，拿破仑指挥法军在陆地上取得了全盘胜利。

图中是1798年7月拿破仑率远征军抵达埃及后与马木留克骑兵展开的金字塔大战。这场战争胜利后，法军开进了开罗城，拿破仑成了埃及的霸主。

F 受困埃及

虽然拿破仑在陆地上取得了一系列的胜利，但法国的舰队却被英国的海军完全摧毁，地中海完全落入英国人之手。打了胜仗的部队被困在埃及，部队上下都已筋疲力尽，而且队伍中有鼠疫蔓延，法军损失惨重。拿破仑开始计划离开埃及。

拿破仑探望雅法的鼠疫患者，他站在士兵之中，正在用手触碰一位患者发炎的淋巴。

感染鼠疫的患者。

G 第二次反法同盟

早在拿破仑被围困在埃及之际，神圣罗马帝国就联同英国、土耳其、俄罗斯组成了第二次反法同盟。雾月政变后，拿破仑亲自指挥意大利方面军去对抗反法同盟军。1800年5月，他率军从巴黎出发，穿过圣伯纳德大山口，6月到达米兰。6月14日，法军与驻意大利的奥军在马伦哥展开大战。善于利用炮兵和骑兵的拿破仑以少胜多，再次取得了胜利。

图中是法军穿过圣伯纳德大山口。

H 拿破仑的胜利

图中是画家雅克·路易·大卫的著名画作《拿破仑越过圣贝尔纳山》。画中拿破仑被描绘成英勇坚毅的统帅形象，这幅画创作于马伦哥战争之后，拿破仑策马奔腾的雄姿展现了他常胜将军的风采。马伦哥之役后，奥军损失重大，被迫于1801年2月9日签订了有利于法国的《吕内维尔和约》，该和约标志着第二次反法同盟开始瓦解。

I《亚眠和约》

《吕内维尔和约》签订后，俄国退出了同盟，普鲁士保持中立，英国则由于实行海上封锁政策被普鲁士、瑞典和丹麦孤立起来。于是拿破仑打算趁此时机集中全力对英国作战。此时的英国不仅在国际上陷于孤立之境，而且同时受到国内粮食歉收以及爱尔兰等问题的困扰。无心再战的英国于1802年3月25日同法国签订了《亚眠和约》。该和约规定英国将其在西印度群岛和印度所占领的法属殖民地归还于法国，并且从马耳他和埃及撤军。与此同时，法国则从拿玻里王国、罗马教宗领地等地撤军。《亚眠条约》以大大有利于法国的内容使拿破仑再一次赢得了荣誉，1802年8月，拿破仑修改了共和八年（1800年）的宪法，改为终身执政。

J 拿破仑的《民法典》

当选为终身执政官后，拿破仑的统治已经带有专制色彩，但是他十分重视法治建设。雾月政变的当天晚上他就下令起草了《民法典》，甚至很多条款都是拿破仑亲自参加讨论并最终确定。《民法典》是拿破仑最杰出的成就，它采纳的基本上都是法国大革命初期提出的比较理性的原则。《民法典》于1804年正式实施，对德国、西班牙、瑞士等国的立法产生了重要影响。

图中是身着首席执政官服装的拿破仑。

K 加冕称帝

约瑟芬身后的紫红丝绒大披风由两个贵族妇女提着。

在拿破仑背后穿镶红边白色法衣的是教皇。他双手搁在胸前，默认这一情景。

身穿紫红丝绒与华丽锦绣披风的拿破仑，已经戴上了皇冠，他的双手正捧着小皇冠，准备往跪在他面前的皇后约瑟芬的头上戴去。

1804年12月2日，拿破仑在巴黎圣母院举行加冕仪式。为了借教皇在宗教上的巨大号召力，拿破仑特意让罗马教皇庇护七世亲自来巴黎为他加冕，目的是为了让法国人民以至欧洲人民承认他的“合法地位”。加冕过程中还有一个小插曲，拿破仑傲慢地拒绝跪在教皇前让其为自己加冕，而是把皇冠夺过来自己戴上。画中选取了皇帝给皇后加冕的后半截场面，表现了画家的良苦用心。

拿破仑的称帝表明了他对共和制的背叛，严重地破坏了人权原则。

L 第三次反法同盟

帝国成立后，拿破仑继续同英国作战，没有陆军的英国急忙于1805年同奥地利、沙俄、那不勒斯、瑞典结成第三次反法同盟。奥利地首先入侵法国盟国巴伐利亚；同年12月2日，法、俄、神圣罗马帝国在奥斯特利茨展开大战，史称“三皇会战”。拿破仑取得胜利，与奥地利签订《普雷斯堡和约》，第三次反法同盟瓦解。

图中是奥斯特利茨战役胜利之后，拉普将军向拿破仑展现取自敌军的旗帜。

M《普雷斯堡和约》

“三皇会战”结束后，奥地利同拿破仑于1805年12月4日达成停火协议。12月27日，奥地利和法国签订《普雷斯堡和约》，奥地利退出反法同盟，向法国割让大量土地并支付大量赔款。拿破仑乘胜在南德、中德、西德各诸侯国组成“莱茵联邦”，由拿破仑充当“保护人”并在那里征兵收税。1806年8月，“莱茵联邦”脱离神圣罗马帝国，弗朗西斯二世被迫取消自己“神圣罗马帝国皇帝”的封号，仅保留奥地利帝号，神圣罗马帝国的历史也告终结。自此，法国掌握了欧洲大陆的控制权，开启了从此达六年之久的极盛时期。

N 第四次反法同盟

神圣罗马帝国解体后，拿破仑将其兄约瑟夫扶上那不勒斯王位，并派其弟路易做荷兰国王。这些举动引起了欧洲各国的反对，1806年9月，英国、俄国、普鲁士、瑞典四国组成第四次反法联盟，10月欧洲战事重新开始。10月14日，法军在耶拿战役中击败普军，10月25日进入柏林。1807年，法军在弗利德兰击溃俄军，后与俄普签定《提尔西特和约》，第四次反法联盟结束。

图中是拿破仑进入柏林后受到市民热烈欢迎的场景。

O 大陆封锁体系

为了切断英国对反法同盟的经济支持，确保法国在欧洲的霸权地位，拿破仑于1806年11月21日在柏林发布敕令，宣布封锁不列颠诸岛，英国及其殖民地的船只一律不许驶入帝国控制的任何港口。接着又先后颁布了“米兰敕令”和“枫丹白露敕令”，宣布任何商品必须有原产地证明，确属非英国及其殖民地产品，方可进入大陆；一切中立国的船只凡曾在英国靠过岸的，货船一并没收；曾屈服于英国的中立国船只即视为“已剥夺国籍”，可予捕获。大陆封锁体系几乎囊括整个欧洲大陆。自此，法兰西第一帝国在欧洲大陆的霸主地位得到了确立。这一政策虽给英国造成了严重困难，但英国实施的反封锁也给法国和大陆各国造成了严重后果。随着法军军事优势的丧失，大陆封锁体系于1812年后逐步瓦解。

P 攻占马德里

1807年末，西班牙爆发内乱，拿破仑趁机入侵了西班牙。1808年3月，法军开始进攻西班牙，23日占领西班牙首都马德里。5月西班牙战败，西班牙国王查理四世放弃王位，拿破仑将其长兄约瑟夫封为西班牙国王。但法军的入侵遭到了西班牙人的反对，拿破仑无法平息当地的暴乱，从此陷入西班牙战争的泥潭。

图中是拿破仑接受西班牙首都马德里投降的情景。

Q 第五次反法同盟

正当拿破仑陷入西班牙泥潭之际，1809年初普鲁士、奥地利等国组成第五次反法同盟，拿破仑被迫退出西班牙，率军东征。奥地利起先在阿斯珀恩—埃斯灵会战中占上风，后来法军拉纳元帅阵亡，被迫撤回至洛鲍岛，这是拿破仑亲征以来第一次打败仗。但是凭着其军事才能拿破仑在随后的瓦格拉姆战役中取得决定性的胜利，奥地利被迫签订《维也纳和约》，再次割让土地。

图中是瓦格拉姆战役中双方交战的场景。

R 战争中的士兵

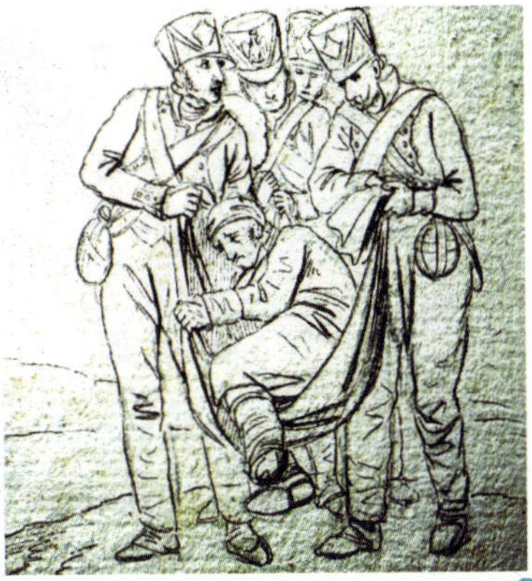

在接二连三的战争中，士兵生活十分艰苦，不仅粮食供应困难，医疗条件差也是大军的一项弱点。当时的法国虽然已经有一些随军的医疗组织和外科医生，但由于战争医学正处于起步阶段，许多伤者在战场上受伤后，因为抢救不利而死亡，即使是轻伤患者也有可能在接下来的几个星期内失去生命。

图中描绘的是战争中的一位伤员正由战友抬去治疗。

S 大婚

第五次反法同盟结束后，拿破仑帝国发展到顶峰，但一直没有继承人成为拿破仑最担心的问题。1809年，为了政治需要拿破仑与皇后离婚；次年，迎娶了奥地利公主玛丽・路易丝为妻，拿破仑终于如愿以偿进入欧洲皇室。之后法奥结成同盟，法兰西第一帝国达到全盛，拿破仑成为与凯撒、亚历山大齐名的大帝。其后，帝国持续了几年的和平。

图中是拿破仑与玛丽・路易丝的大婚。

1810年和1811年是拿破仑帝国的全盛时期，当时帝国的版图几乎囊括了整个欧洲大陆。拿破仑当时控制了大部分的欧洲国家，其统治的区域除了法兰西帝国和层层的附庸国外，还包含一部分的普鲁士、瑞士、波兰和意大利。

T 拿破仑帝国

U 新贵族

热罗姆于婚礼4天前他被封为威斯特伐利亚王，他身旁是新娘——来自德国符腾堡的卡特琳。

坐在中间座位上的是拿破仑，身边是皇后玛丽・路易丝。

拿破仑从1811年开始就创立了帝国的贵族制度，仍沿用了旧贵族的称号。拿破仑还为自己的家人安置了不同的王位，在他的安排下波拿巴家族统治了属于法国的欧洲。帝国的贵族集团并没有旧贵族那种世袭和血缘的纽带，一旦拿破仑失势，贵族集团也必然会各奔东西，这也成为帝国统治不稳固的原因之一。

图中是拿破仑正在参加其幼弟热罗姆的婚礼。

V 兵败俄国

缪拉正对参谋面授机宜。

殉职的当科兰古将军。

贝尔蒂埃正将自己的佩剑交给索克雷夫将军，向俄投降。

欧仁·德博阿尔内正骑着白马在步兵阵营中指挥。

虽然几次败给法国，但俄国仍是东欧举足轻重的大国，而且俄国虽然加入了大陆体系，但从未认真执行过大陆封锁体系。除此之外，沙皇还在1810年对法国及其盟国的商品提高关税，这进一步恶化了两国之间的关系。

1812年5月，拿破仑率领大军远征俄罗斯，6月25日法军进入俄罗斯本土。俄军坚决抵抗拿破仑的侵略，虽然法军一路取得胜利，但是伤亡极其惨重。1812年9月7日，法军经博罗迪诺战役后，14日进入莫斯科。但俄国人却放火烧了莫斯科城，只留给拿破仑一座废墟。提前来临的寒冬和俄罗斯人的坚决使法军损失惨重，拿破仑没有等到俄国投降便由于国内政变急急赶回法国，此时法军只剩不足三万人。远征俄罗斯失败后，法兰西第一帝国元气大伤，拿破仑帝国从此岌岌可危。

W 被迫退位

拿破仑在俄法战争中遭受惨败后，俄国于1813年2月与普鲁士结盟，第六次反法同盟形成。而此时法国的各附庸小邦国也乘机起来摆脱其控制，拿破仑陷入困境。1813年10月，同盟军在萨克森的莱比锡战役中击败拿破仑的军队，法军遭到重创，莱茵联邦不久解散，同盟军继续向法国开进。1814年3月31日，巴黎被占领，拿破仑被迫签订《枫丹白露条约》，宣告退位，被流放到厄尔巴岛。

图中是拿破仑在枫丹白露宫与近卫部队告别。

X 流放厄尔巴岛

1814年5月3日，拿破仑乘坐英国船只被押送到厄尔巴岛，同行的有他的母亲、妹妹以及一些随行人员。厄尔巴岛上的所有地方官员都前往迎接，以表示欢迎。拿破仑选中了岛上的“磨坊”别墅作为住处，并把它整修成名副其实的“宫殿”。拿破仑喜欢在岛上四处走动，了解当地老百姓的生活情况，这位曾统治欧洲的皇帝，如今成为了“厄尔巴岛的国王”。

图中是拿破仑在费拉约的官邸花园内。

Y 厄尔巴岛

厄尔巴岛位于意大利中部托斯卡纳大区西边海域，是意大利的第三大岛，仅次于西西里岛和撒丁岛。该岛面积达200多平方公里，岛上矿产资源丰富，其中以铁矿最为有名。除此之外，岛上的资源还有铜矿、石英、石棉、花岗石和碧玉石等。拿破仑当年被流放时就是居住在这个岛上的“铁港镇”。这个小镇坐落在山岗顶上，古墙、房屋等均沿山坡而建，山丘顶上有古堡和灯塔。

Z 维也纳会议

第六次反法同盟打败拿破仑后，欧洲各国举行了一场国际会议即“维也纳会议”。会议讨论了整个欧洲在拿破仑战争后的形势问题，滑铁卢战役前夕，法国和反法同盟签署了《第一次巴黎和约》，战胜国重新瓜分了欧洲的领土和领地。

Z—① 维也纳会议

图中是反映维也纳会议的讽刺画，画中生动地描绘了包括奥地利、普鲁士、俄国以及英国等与会代表的丑恶嘴脸。维也纳会议的主要目的是恢复欧洲各国旧王朝及封建秩序，并任意宰割和兼并小国，以满足强国的霸权要求。

Z—② “百日王朝”

维也纳会议期间，拿破仑于1815年3月1日从厄尔巴岛潜回法国，20日进入巴黎，重登帝位，建立“百日王朝”。英、俄、奥、普等国立即组织第七次反法联盟，决心将其彻底击溃。

图中是潜回法国的拿破仑。

a 滑铁卢之战

1815年初，拿破仑重新称帝，英、普、奥、俄等国结成第七次反法联盟，准备进攻巴黎。6月18日，拿破仑率兵抵达比利时的滑铁卢村与英军相遇。双方的争夺战异常激烈，难分胜负，只能等救兵支援。首先赶到的英国援军使战局急转直下，拿破仑腹背受敌，最后大败。这一失败是拿破仑未曾预料的。图中是法军在滑铁卢攻打英军。滑铁卢战役后，联军很快攻占巴黎，拿破仑再次退位，被放逐到大西洋中的圣赫勒拿岛。

a—① 乌古蒙城堡之战

乌古蒙城堡之战被称为滑铁卢之战中的“战中之战”。6月18日上午11时，法军开始攻击英军右翼的乌古蒙城堡，形成对峙。双方战争异常激烈，英军虽一步步抵抗但也濒于崩溃。图中英军在法军的攻势下，最终在争夺乌古蒙城堡之战中战败。

b 流放圣赫勒拿岛

1815年10月，拿破仑被流放到大西洋的圣赫勒拿岛，这一座孤岛与非洲大陆隔海相望。图中是被押送到圣赫勒拿岛的拿破仑，身后是他挑选的随行贝特朗、蒙托隆、拉斯加斯三位伯爵以及古尔戈将军。被流放前拿破仑曾写信求助于英国的摄政王，但被拒绝了。于是这位滑铁卢之战后就陷入绝望的欧洲皇帝，在这座小岛上度过了自己的余生。

c 拿破仑之死

拿破仑到达圣赫勒拿岛，居住在朗伍德庄园里。此后他就通过口述回忆录和打理朗伍德庄园来打发自己的生活。1821年5月5日，被流放5年后，拿破仑在孤岛上与世长辞，结束了他辉煌的一生。1840年12月15日，拿破仑的灵柩被运回巴黎，经过凯旋门后安葬到塞纳河畔的老残军人退休院。

图中是拿破仑的灵柩被移到拉贝尔普尔法号舰上，驶向法国。

d 圣赫勒拿岛

圣赫勒拿岛位置偏僻，距非洲西海岸约2000公里，直到16世纪才被一位葡萄牙航海家发现。1815年，这座默默无闻的小岛，因为拿破仑的流放而广为人知。当时属于英国东印度公司的这座小岛，因为人烟稀少而倍显荒凉。拿破仑到来后被安置在东印度公司员工的“朗伍德别墅”内，其行动受到很大限制，活动范围仅在别墅四周12公里内。这位昔日的皇帝就这样度过了他人生中最后5年的岁月。拿破仑居住的别墅至今保存完好并成为全世界军事迷向往的圣地。现在前来这座小岛的游客络绎不绝，他们到此都是为了缅怀那位曾叱咤一时的战神拿破仑。

1750-1848

工业革命是生产力由工场手工业阶段发展到工厂大机器生产阶段的一个飞跃，它是生产领域里的一场大变革，又是社会关系方面的一场革命。工业革命首先在英国兴起，到19世纪逐渐扩展到欧洲大陆，甚至世界其他地区。

此图为19世纪30年代英国城镇俯瞰图。

第十一章

飞速转动的历史车轮

——欧洲的工业化

A.D. 17世纪　A.D. 18世纪中期

01 英国工业革命的历史背景

关键词:英国工业革命 背景

17 世纪时，英国资产阶级政权的建立促进了资本主义的进一步发展。英国殖民扩张为资本主义的发展积累了大量资本，圈地运动则为资本主义的发展提供了大生产所必需的劳动力。到 18 世纪中期，英国打败了法国，成为世界上最大的资本主义殖民国家，国内外市场的扩大对工场手工业提出了技术改革的要求。因此以技术革新为目标的工业革命于 18 世纪中期首先在英国发生。

英国工业革命的前提条件

1 英国殖民掠夺提供了原始积累。

2 圈地运动提供了大量的劳动力。

3 手工工场的发展为工业革命积累了大量的生产技术。A

4 城市化程度高，国内市场发达。B

5 行会制度薄弱，促进了自由竞争和新技术的发明利用。

6 交通便利促进了英国工商业的发展。C D E

A 手工工场

图中是英国一位陶艺家的手工工场，他的陶器风格和设计灵感多来源于古希腊和罗马，因此他将自己的手工工场命名为“伊特鲁里亚”。图中的画面描绘的是“伊特鲁里亚”的雇工正在制造陶器，他们分工细致，各司其职。17世纪时英国的手工工场发展迅速，工场内每一个雇工只从事一种简单的机械操作。这种机械劳动使工人在操作上日益熟练，为日后的机器化大生产提供了所需的技术人才。

B 发达的国内市场

图中是“伊特鲁里亚”的老板在伦敦开的产品展示厅，展示厅里的顾客正在参观陶器。当时的英国城市化进程加速，17世纪末，英国的城市人口已占全国人口的1/4。高度的城市化为英国提供了广阔的国内市场，围绕城市形成的工商业中心遍布全国。伦敦是当时商业最发达的城市之一，贸易非常繁荣。

C 便利的水上交通

图中是泰晤士河的一个港口，它建在尚未竣工的伦敦码头上。作为一个岛国，英国的工商业中心城市大都设在沿海岸的河口上，19世纪时，英国几乎所有的贸易都要经过河边的码头。1802年起，一系列专用码头在泰晤士河边兴建起来。水上交通的便利大大促进了英国工商业的发展，为工业革命的开展创造了条件。

D 陆路交通的改善

18世纪时，由于英国的路况不佳，公共马车这种交通方式十分不便利甚至还很危险。

18世纪末，工程师托马斯·特尔夫特和约翰·麦克亚当姆两人经过长期的实践，终于建造了结实而且耐用的路面，为改善全国路况提供了强有力的支持。

图中描绘的是公共马车行驶在小路间的情景，马车夫正在驱使马匹，马车旁的乘客正提着灯为马车夫指路，另一名乘客正帮忙牵着马匹将马车拉上一个斜坡。

D—① 约翰·麦克亚当姆

图中是工程师约翰·麦克亚当姆的画像。

E 泰晤士河的隧道

图中是刚开凿到一半的隧道，贵宾们正在里面举行宴会。这条隧道于1825年动工，它是大众筹资修建的第一条通过泰晤士河下的隧道，将伦敦罗瑟利斯河边地区同瓦平连接了起来。宴会在1827年举行，股东们为了工程暂告一段落而进行庆祝。之后这项工程不断遭遇挫折，最终在1840年竣工。

A.D. 1750　　A.D. 1840

02 英国工业革命的进程

关键词:英国 工业革命 成果

英国的工业革命始于18世纪60年代，完成于19世纪40年代。工业革命首先从棉纺织工业开始，最突出的发明分别是1765年的“珍妮纺纱机”和1785年的水力织布机。随着纺织机器的发明，使用机器生产的大工厂兴建起来，从而推动了动力机器的革新。1765年，瓦特改进蒸汽机，大大推动了机器的普及和发展。同时，纺织工业的技术革新也促使采矿、冶金、交通运输等各行各业的技术革新。

英国工业革命的进程

重要发明	棉纺织业	1 1733年，飞梭。 2 1765年，“珍妮纺纱机”。A 3 1768年，水力传动的纺纱机。 4 1779年，“骡机”。 5 1785年，水力织布机。B
重要发明	采煤业	1 1698年，蒸汽抽水机。C 2 1706年，另一种蒸汽机发明出来。 3 1765年，瓦特改进蒸汽机。D
重要发明	冶铁业	1 1735年，冶铁出现新方法。 2 1784年，搅炼法。E 3 1839年，蒸汽锤。F
重要发明	交通	1 18世纪中叶出现钢轨或铁轨。H 2 1803年，轨道机车。I 3 1814年，蒸汽机车。J
影响		1 工厂取代手工工场。G 2 工业资产阶级和工业无产阶级形成。K L M 3 工人运动兴起，开始城市化的进程。

A 珍妮机

18世纪时棉纺织品在英国受到普遍欢迎，市场需求的增长促进了生产技术的革新，英国工业革命最早就是发生在棉纺织部门。1733年，约翰·凯伊发明了飞梭后，哈格里夫斯又于1765年发明了多轴纺纱机，并将其命名为“珍妮机”。图中就是“珍妮机”，它一次可以纺出许多根棉线，极大地提高了生产率。“珍妮机”的出现使大规模的织布厂得以建立，成为英国工业革命开始的标志。

B 水力织布机

“珍妮机”的出现很快就替代了旧式的纺纱机，之后纺纱机又经过不断改进，纺纱的速度提高了将近100倍。纺纱速度的提高使织布的速度明显落后，为了提高织布速度，1785年，埃德蒙·卡特莱特发明了水力织布机，把织布的速度提高了40倍。到1800年时，英国棉纺业基本实现了机械化。图中是卡特莱特发明的水力织布机。

C 蒸汽机的发明和演变

蒸汽机的发明和演变

发明	缺点
1 1698年，英国人托马斯·萨夫里发明了蒸汽抽水机，主要用于矿井抽水。	受材料和技术的限制，无法推广
2 1706年，英国人托易斯·纽科曼发明了常压蒸汽机，是瓦特蒸汽机的前身。	消耗燃料太多，仅适用于煤田

D 蒸汽机的改良

图中是詹姆斯·瓦特在伯明翰的工作室，左侧是他改进后的蒸汽机的模型。瓦特是格拉斯哥大学的技师，1763年，他开始改进纽科曼的蒸汽机。1781年,瓦特制造出了从两边推动活塞的双动蒸汽机，推动了工业生产中的动力革命。到1800年时，约有500台这样的蒸汽机在使用中。

E 熟铁的冶炼

棉纺机和蒸汽机的发明使得铁、钢和煤的需求量大大增加，因此便对采矿和冶金方面的技术改革提出了要求。图中是亨利·科特于1784年发明的“搅炼法”的原理示意图。首先把熔融生铁放在一个反射炉里，加以搅动，通过环流空气中的氧，除去熔融体中的碳，然后生产有韧性的熟铁。18世纪80年代起，冶金业中的技术改造，大大提高了钢和铁的产量，为机器的生产提供了较好的条件。

F 蒸汽锤

随着工业的发展，早先靠人力锻打加工零件已不能满足社会发展的需求。人们迫切需要更有力的铁锤来锻造诸如火车、轮船上等一些大的部件。1841年，詹姆斯·内史密斯制造出的蒸汽锤完成了这一构想。图中是蒸汽锤的发明者詹姆斯·内史密斯的一幅油画，画中是形如站立的“人”字的蒸汽锤正利用蒸汽压力来推动往下移动的巨型铁块。蒸汽锤的发明实现了重工业的工业化。

G 英国的工厂

G—① 亚麻厂

« 图中的版画描绘了1814年竣工的亚麻厂，画中是亚麻厂的主厅，上面是圆锥形的天窗，这一设计主要是为了利用自然光。地下室是用来安装蒸汽机，提供仓库和供工人洗澡的热水房。工厂的整体设计处于这一时期设计的前沿，与1800年的工厂设施相比有了很大的进步。

粗的棉线被拉长、拉直。

拉细后的棉纤被纺成结实的纱。

18世纪末，动力技术的大规模发展带领英国进入了工业革命时期，英国的社会生产力获得了极大发展，工厂取代了手工工场成为资本主义的主要生产方式。工人们集中在工厂里利用机器生产使工厂的效率和产品产量都得到了大大提高。图中是1800年英国中部贝德华斯镇的一个绒线场，这个工厂的运作方式体现了当时技术的进步。

G—② 机器

图中是瑟夫·纳什的石版画，它展示了1851年世界博览会中英国展出的各种机器。

H 轨道交通

通过筑路和开凿运河，19世纪时英国的公路和水路的状况都得了很大的改善。1830年以后，铁路这种新的运输方式开始出现，18世纪中叶，钢轨或铁轨已得到普遍使用。

图中是一匹马正将煤从矿井口运到某条水路或烧煤的地方，利用轨道后一匹马能干22匹马在普通道路上所干的活。

I 轨道机车

特里维西克是英国机械工程师，19岁时他已在制造蒸汽机方面崭露头角，1797年他制造的固定和移动式高压蒸汽机运转得十分成功。1803年，特里维西克制造了世界上第一辆利用轨道的机车，1804年，这辆轨道机车在伦敦的加的夫作首次运行。图中是伦敦的尤斯顿广场，特里维西克制造的机车正在中间的环形轨道上行驶，想要乘坐机车的观众需要交费。

J 蒸汽机车

J—① 铁路修建

试车的成功掀起了英国修建铁路的高潮，1850年时英国修建的铁路已超过10000公里。图中是1825年到1850年间，英国修建铁路长度的对比。

早在1808年，蒸汽发动机就在在铁路运输方面得到运用，但真正大规模普及还是在史蒂芬森制造出蒸汽机车"火箭号"之后。图中是史蒂芬森发明的"火箭号"的复制品，它为后来的机车制造提供了设计原理。1825年，史蒂芬森制造了第一台能拖动客车的蒸汽机车并在英国的第一条客运铁路试车成功，1830年利物浦到曼彻斯特的铁路线正式通行。

K 工人区

图中是1855年的一幅石版画，画中描绘的是南约克郡的谢菲尔德镇工业发展的情景。曾经以制造刀具而闻名的谢菲尔德镇，在工业革命到来后成为英国重要的钢铁工业中心之一。画的前方是工人们居住的拥挤的房子，后面的工厂区到处是高耸入云的烟囱。

工业革命引发了一场深刻的社会变革，社会分裂为两大对立的阶级——工业资产阶级和工业无产阶级。工人对生存状况的不满成为之后工人运动最直接的原因。

L 矿山童工

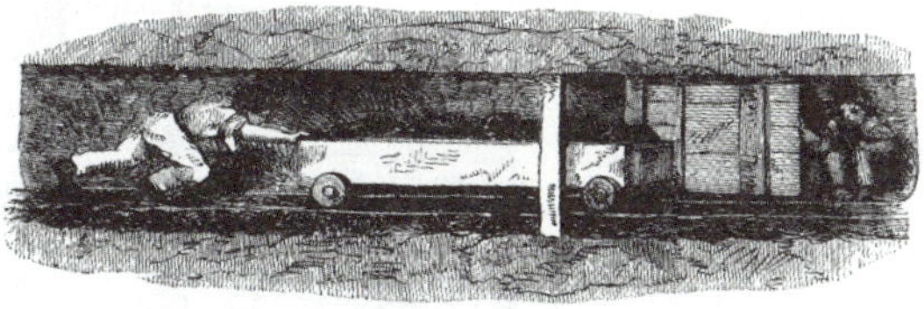

图中的版画描绘了工业革命时期英国矿山童工的生存状况。画的右边是负责看门的看门工，这样的孩子通常在5到10岁之间。左侧正在推煤车的是推车工，推车工大多是小女孩，她们手中的推车通常载重为400公斤。正是由于矿窑雇佣童工的情况太过严重，英国国会于1842年通过了“矿山法”，禁止窑矿雇佣妇女及10岁以下的男童。

M 收容所

立在大厅中央的是共享的火炉。

火炉旁是登记处，管理员正在对刚到的人进行登记。

收容所里的床，形状狭窄，酷似棺材。

右面排长队的是起床后等待洗漱的人。

图中的版画描绘的是伦敦的收容所，这样的收容所专门用来收留无家可归的人。随着英国人口的增长，流浪人口过多已经成为伦敦所面临的主要问题。画中的收容所虽然能对解决流浪人口的问题提供一些帮助，但只是杯水车薪。

A.D. 1820　　A.D. 1880

03 工业革命的扩展

关键词:工业革命 法国 德国 俄国

19 世纪时，工业革命扩展到欧洲其他国家。欧洲各国的工业革命进程也都是从轻工业开始，逐渐扩大至采矿、冶金和运输业，最后以机器制造业的建立而结束，这一过程与英国基本相同。但是由于各国发展情况不同，各国工业革命又都有其独特之处。工业革命后，欧洲的资本主义获得极大发展，为各国资产阶级夺取政权奠定了物质基础。

工业革命的扩展

法国	**19世纪20—60年代末** 1 轻工业：**19世纪20年**代起，纺织业首先使用机器，之后在其他工业部门也开始推广。A 2 重工业：生铁、钢和煤的产量大幅度提高，汽锤、滚轧和切削机床的出现奠定了机器制造业的基础。 3 交通运输业：铁路建筑业的发展尤为突出，**1870年**时全国铁路网基本建成。B 4 特点：小企业长期并大量存在，高利贷资本活跃，小农分化极为缓慢。C
德国	**19世纪30—70年代末** 1 农奴制：改革为工业革命提供了资金和自由劳动力。D 2 关税同盟的建立扩大了国内市场。E 3 交通运输业革命处于领先地位。F 4 普鲁士的“铁血政策”刺激了重工业的发展。G 5 政府的干预大力推进了工业革命。H I J K
俄国	**19世纪40—80年代** 1 **1840年**起，棉纺业首先使用机器，80年代，采用机器的大工厂在轻工业中普及。 2 在冶金业中，贝氏炼钢法和平炉炼钢法得到推广。 3 交通运输方面出现了汽船，铁路修建加快。 4 出现了石油、机器制造等新兴工业。

A 繁华的巴黎

1815年，拿破仑帝国倾覆，国内外政治局势趋于稳定，法国的经济开始复苏，大都市也都重新繁荣起来，如图中的巴黎，工业革命也是在这时才真正开始。法国的工业革命首先也是从纺织业开始的，之后制糖、造纸、印刷等工业部门也开始使用机器。

B 铁路

法国重工业部门的技术改造起步较迟，19世纪50年代后工业革命的重心才转向重工业。随着机器的使用，生铁、钢和煤的产量大幅度提高，铁路建设也随之开展起来。20年代末，法国第一条铁路建成通车，到40年代末，铁路总长度已接近2000公里。

图中是鲁昂到勒阿佛尔的铁路线开通时，人们在举行庆祝仪式。

C 奢侈品

图中两位贵妇人在在逗弄一只鹦鹉，1868年时这种娱乐成为巴黎最新的时尚。巴黎是一个以时尚而著名的城市，人们对奢侈品情有独钟。这一传统使法国的服饰业和奢侈品制造业十分发达，这类工业多以手工劳动为主，适合采用分散型的小企业形式，小企业的长期和大量存在阻抑了大型企业的发展。因此大企业的发展迟缓成为法国工业革命的一个主要特点。

D 破产的农民

德国的工业革命直到1848年革命后才蓬勃开展起来。德国工业革命所需资金主要来源于农奴制改革时向农民索取赎金。贵族地主们利用这笔赎金把封建庄园逐步改造为资产阶级农场，或者投资工业，而大多数农民在交纳赎金后走向破产则为工业革命提供了自由劳动力。

图中是破产后沦为无产者的农民，恶劣的工作环境和微薄的工资使他们的生活更加悲惨。

E 关税同盟

关税同盟

1 1818年，普鲁士率先废除了内地关税，宣布商品流转自由。

2 1826年，北德六个邦国建立了北德意志关税同盟。

3 1827年，南德两个大邦国巴伐利亚和符腾堡组成南德关税同盟，后来其他一些南德邦国也参加进来。

4 1828年，汉诺威、萨克森、图林根各邦国和汉萨城市组成了对抗普鲁士的中德关税同盟。

5 1834年，18个邦联合起来，组成了以普鲁士为盟主的德意志关税同盟，此后，这个同盟进一步扩大到所有德语地区，成为全德关税同盟。同盟公约的内容包括：废除内部关税，统一对外税则，提高进口税率，关税收入按比例分配给盟内各邦等等。

F 德国的第一条铁路

1835年12月7日，德国的第一条铁路——富尔特—纽伦堡铁路建成通车，这时工业革命刚刚起步。图中是第一条铁路线开通时人们在一旁围观和庆祝的场景。交通运输业革命在德国工业革命中一直处于领先地位，其中尤以铁路建设最为突出。19世纪40年代起，德国的铁路建筑业就迅速发展起来，1872年后就超过了法国和英国。此外，德国还大力修公路，发展内河航运和海上运输。

G—① 阿尔弗雷德·克虏伯

阿尔弗雷德·克虏伯是德国著名的实业家，以生产铸钢火炮和其他武器而著称。克虏伯14岁时便全权掌管企业，开始时企业主要是生产铸钢，1847年开始才转向生产军械，并逐渐发展成为世界第一的军工联合体。克虏伯还是现代企业家的模范，早在1836年，他就为自己的员工设置了疾病和丧葬基金，1855年又为员工建造了宿舍、医院、学校和教堂。

G 兵工厂

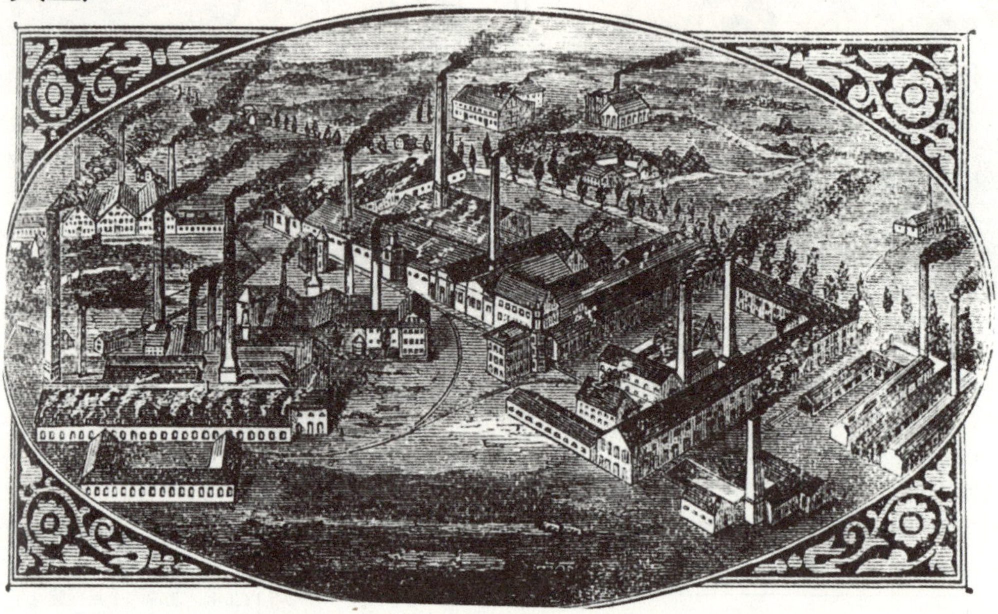

交通运输业的发展带动了其他工业部门的变革，德国工业发展的重心开始从轻工业转向重工业。图中是德国军火大王阿尔弗雷德·克虏伯的工厂，由于当时的普鲁士正大力推行“铁血政策”，鼓励军火生产，进而刺激了重工业的发展，克虏伯家族就此兴起，成为德意志军国主义的柱石。

德国工业重心的较早转移，使其迅速建立起了雄厚的工业基础，为其他行业的工业革命提供了所需要的物资及装备，从而推动了工业革命的全面发展。因此，德国的工业革命才能够在较短的时间内完成，并取得了远比英、法等国更大的成就。

G—③ 兵工厂

图中是克虏伯的兵工厂，它是实际上第一座私人兵工厂，克虏伯的企业遂有“帝国兵工厂”之称，其本人是现代战争的奠基人，到他去世时，他已为46个国家提供过武器装备。

G—② 送货物的火车

图中是克虏伯工厂内运送货物的火车，以生产铸钢起家的克虏伯企业在铁路出现后才真正地开始兴旺起来。最初时克虏伯工厂只生产铸钢的火车轮轴和弹簧，1852年，克虏伯制造出第一个无缝的钢火车轮毂，后来三个重叠轮箍构成的标志成为克虏伯公司的商标。此外，克虏伯还是最先将贝塞麦炼钢法和平炉炼钢法引入欧洲的企业家。

H 国家干预政策

国家政策

1 实行高关税政策，保护民族工业。

2 兴办国营企业、资助私营企业。

3 派遣官员出国考察，学习先进经验。

4 招聘外国工程技术人员，组织科学研究团体，及时介绍国外新技术和科研新成果等。

I 教育

图中描绘的是德国的学前教育的场景，孩子们坐在教室里在听老师讲课。德国工业革命的一个显著特点就是积极推行教育改革。早在1825年，普鲁士就实行了义务教育制度，19世纪60年代的普鲁士已经基本实现了普及教育。除此之外，各邦政府还兴办了多种中等专业技术学校和职工补习学校。教育的普及对工业革命的影响深远，这些改革为国家培养出了一大批优秀人才，推动德国工业革命走在了世界前列。

J 教育家

图中是德国教育家福禄培尔的画像，他是幼儿园教育的创始人。福禄培尔认为儿童对自然、社会及家庭的初步认识都是在幼儿时期形成的，所以这时期的教育可以影响人的一生。福禄培尔同样肯定了家庭在幼儿教育中的重要作用，但由于大多数父母并没有接受过专门的教育培训，所以他建议将儿童送到专门的学前教育机构中接受教育。

K 化学实验室

图中是德国化学家李比希在吉森创立的化学实验室，它是世界上第一所化学实验室。作为实验室教学方法的首创者，李比希被誉为历史上最伟大的化学教育家之一。此外，李比希还创立了有机化学，因此被称为“化学之父”。

正是由于教育改革，德国才培养出了这些优秀的人才，从而使其在化学这样的新兴工业方面超过了英国。

A.D. 1799　A.D. 1848

04 工人运动

关键词：卢德运动　西里西亚织工起义

工业革命发生后，资本主义迅速发展，社会日益分成两大对立阶级即工业无产阶级和工业资产阶级。工业革命使资产阶级势力壮大起来，却给工人阶级带来了苦难，工人过着饥寒交迫的生活，被迫起来斗争。19世纪30、40年代，欧洲发生了法国里昂工人起义和德国西里西亚工人起义以及英国宪章运动。这三大工人运动，标志着工人运动进入有意识、有组织的新时期，其中觉悟最高和最有组织性的是英国宪章运动。宪章运动是世界上第一次工人阶级独立的全国性政治运动，它所取得的经验教训对以后的工人运动具有很大的借鉴作用。

工人运动		
背景		工人工资低廉，生存条件艰苦。
工人起义		卢德运动（1799—1813）A 1 1779年，英国爆发卢德运动。 2 1811年春，诺丁汉郡针织工人为提高工资大量破坏织机。 3 1813年后，卢德运动趋向低潮。 法国里昂工人起义 4 1831年，里昂织工举行起义。B 5 1834年，里昂工人第二次次武装起义，被镇压。 西里西亚织工起义 6 1844年，西里西亚纺织工人举行起义。 7 1844年6月6日，起义被政府军队镇压。
英国宪章运动	背景	无产阶级在政治上仍处于无权地位，争取政治权利的宪章运动开始兴起。C D
	兴起	1 1836年，召开第一届宪章派的国民公会。1839年，国民公会自行解散。E F G H I 2 1840年第一个工人阶级政党的雏形“全国宪章协会”成立。1842年春，宪章运动进入低潮。J K L 3 1847年，宪章运动重又兴起，1848年宪章派游行示威失败，宪章运动走向衰落。M 4 1848年，宪章派内部分裂，1858年运动结束。

A 卢德运动

图中描绘的是著名的“卢德运动”中的某一场景，愤怒的工人正在破坏机器来反抗工场主的压榨。工业革命时期，机器生产的普遍使用使大批手工劳动者破产，工人阶级为了争取自己的利益被迫起来斗争。但当时工人的仅仅把机器视为灾难的根源，用捣毁机器作为反对企业主的手段。随着工人力量的增强和觉悟的提高，工人们开始认识到团结的重要性，逐渐开始了武装反抗资本家的斗争。

B 里昂工人起义

里昂是法国丝织业的中心，当时的织工饱受工场主和包买商的残酷剥削，不堪重负的工人于1831年和1834年发动了两次武装起义。法国里昂工人起义不仅是历史上工人阶级最早的武装起义，同时起义工人还提出了建立民主共和国的口号，具有更鲜明的政治性质，是法国无产阶级作为独立的政治力量登上历史舞台的重要标志之一。

C 新济贫法

1832年英国议会改革后，选举权扩大，工业资产阶级得以进入议会，而工人阶级仍处于无权地位。工人阶级不再把希望寄托在议会身上，开始寻找自己的独立道路。1834年，议会通过了新济贫法，规定领救济金的人必须到劳动院参加劳动才能领取。这一规定使工人阶级生活状况恶化，不满情绪增长，工人们开始团结起来制定自己的统一纲领，宪章运动随之兴起。

图中是一幅讽刺画，描绘了工人反对新济贫法的骚动，图中一位妇女正把写有济贫法的围栏砍下来。

D 伦敦工人协会

1836年6月，洛维特领导一批先进工人和手工业者组成了“伦敦工人协会”，其宗旨是争取人民自由权利，改善工人生活条件。1837年，该会提出了一个请愿书，之后根据请愿书的要求起草了《人民宪章》，于1838年5月8日公布。之后该会在各地建立地方协会并出版自己的刊物，积极领导了宪章运动前期的斗争。

图中是伦敦工人协会领导人洛维特的画像。

E 宪章派的分歧

宪章派的分歧	
左翼	1 代表人物：布朗特尔·奥布莱恩、裘利安·哈尼。 2 主张：左翼也称“物质力量派”，这一派主张，如果议会不采纳人民宪章的要求，就用一切手段进行斗争，包括总罢工甚至武装起义。
右翼	1 代表人物：洛维特 2 主张：右翼即“道义派”，他们主张用向议会递交请愿书的和平方式来争取实施宪章，达到自己的要求。
中间分子	1 代表人物：奥康诺 2 主张：这一批人忽而主张用和平的方式，忽而又主张用暴力的方式。

F 《人民宪章》

《人民宪章》是宪章运动中的纲领性文件，宪章的内容有以下六点：（1）凡年满21岁，精神健全的男子皆有选举权。（2）无记名秘密投票，以保障选民可充分、自由地运用其投票权。（3）废除议员候选人的财产资格限制。（4）议员应支付给薪俸，以便使当选议员的人能离开原来的职务，用全部精力为国家利益服务。（5）平均分配选举区域，按各自选民的人数分配代表名额。（6）议会每年改选一次。另外，《人民宪章》中也包含了工业资产阶级的要求，如取消谷物法、保障企业家“应得之利润”等。不过《人民宪章》的核心内容是以普选权为基础的议会民主化的问题。

《人民宪章》公布后，为实现宪章内容的斗争就称为“宪章运动”。

G 第一次请愿

虽然宪章派内部争论激烈，但领导权还是掌握在洛维特等人手中，所以他们决定采取和平请愿的方式。1839年，宪章派将请愿书递交给议会，此时请愿书上的签名者已达20万人。但请愿书最终被议会以235票对46票否决。

图中是描述宪章运动的讽刺画，抱着请愿书的工人被阻挡在议会门外，门口站着的议员将请愿的人视为怪物，摆出戒备的姿态。被阻拦的工人寓意了第一次请愿的失败。

H 骚乱

请愿书被否决后，工人们对此不满，各地纷纷举行示威游行。1839年8月12日，宪章派决定举行总罢工，但由于宪章派内部意见不统一，准备也不够充分，罢工的提议最后被取消。之后国民公会没有再作出什么实际决定，9月14日第一届国民公会宣告自行解散，宪章运动的第一阶段结束。

图中是激动的工人示威游行的场景。

I 全国宪章协会

第一阶段的宪章运动失败后，宪章派于1840年成立全国宪章协会，设为宪章运动的领导组织。全国宪章协会设有中央执行委员会，委员会每年改选一次。全国宪章协会规定参加该组织者必须填写志愿书，表示赞成宪章运动的原则，缴纳会费，领取会员证，并参加所在地区基层组织的活动。因此，全国宪章协会实际上是世界上第一个工人阶级政党的雏形。1841年，全国宪章协会的地方分会多达200多个，1842年达到高潮，会员总数约5万余人。与此同时，宪章派中的激进派因为不能接受全国宪章的宗旨而退出了宪章运动。

J 第二次请愿

图中的版画展现了人们将请愿书送往国会的情景，具有300多万人签名的请愿书，长达6英里，切去一段之后才被送进议会。这是宪章派在1842年提出的第二次请愿书，这次请愿书不仅提出了政治要求，也提出了社会经济要求。由于议员们反对请愿书提出的普选权，第二次请愿书被议会否决。

K 1842年大罢工

第二次请愿书被否决的消息引起工人的强烈不满，各地的工人开始进行抗议，罢工的浪潮席卷全国。而此时宪章派的领导人虽然赞成继续斗争，但由于害怕罢工发展成起义运动而未采取实际有效的措施进行指导。政府为了防止事态扩大，出动了军队对工人进行镇压。

图中是工人被军队镇压的场景，由于缺乏有力的领导，这次宪章运动以工人被镇压而告终，宪章运动进入低潮。

L 奥康诺的土地计划

罢工运动失败后，宪章派内部分裂，少数左派在哈尼和琼斯的领导下，与外国革命者建立了一个国际性的“民主派兄弟协会”，继续用激烈的手段进行斗争。而奥康诺则于1843年提出了一个土地计划，通过购置土地使工人有土地耕种来摆脱资本家的剥削。1846年，宪章派在里奇曼沃思附近建立了奥康诺村，购买土地的工人在此定居。这个计划一开始受到很多工人的拥护，土地公司筹措到了8万磅的资金，但终因管理不善而在1848年破产。奥康诺的土地计划受了空想社会主义的影响，反映了工业革命后大批丧失生产资料的小生产者的愿望。

M 1848宪章运动

1847年，英国发生经济危机，宪章运动重新活跃起来。1848年，宪章派在伦敦召开了新的“国民公会”，决定在4月10日组织示威游行，第三次向议会递交请愿书。政府为此感到恐慌，集中了大批军队意欲进行镇压。在军队面前宪章派领导人解散了游行队伍，游行示威失败。之后运动的中心转移到英国北部工业区，其高潮已经过去，逐渐走向衰落。

图中是1848年4月宪章运动大规模游行示威的场景。

A.D. 1842　A.D. 1848

05 马克思主义的诞生

关键词:马克思主义 《共产党宣言》

随着资本主义的发展，其固有的矛盾日益显露。19 世纪 30、40 年代大规模工人运动的爆发表明工人阶级的觉醒，工人阶级开始逐步登上历史舞台，急需科学理论的指导。马克思、恩格斯批判地继承了德意志的古典哲学、英国古典政治经济学和英法的空想社会主义，共同创立了科学社会主义理论，推动社会主义运动蓬勃发展起来。

马克思主义的诞生	
历史条件	1 资本主义的迅速发展使其固有矛盾凸显，为科学地认识资本主义的本质及其发展趋势提供了可能。 2 德国古典哲学、英国古典政治经济学和空想社会主义学说为马克思主义提供了直接的理论来源。A B 3 “有机体细胞结构”学说、“能量守恒及转化”学说和达尔文关于“物种起源和发展”学说为马克思主义的创立提供了理论前提。
马克思	1 大学毕业后任职于《莱茵报》。 2 **1843年**写出《黑格尔法哲学批判》。 3 **1844年**初，写出《1844年经济学哲学手稿》。
恩格斯	1 在柏林服兵役期间参加青年黑格尔派的活动，**1842年**受到费尔巴哈影响，开始转向唯物主义。 2 **1842年**，恩格斯来到英国，1844年发表《政治经济学批判大纲》。C
形成	1 **1847年**共产主义者同盟建立。D 2 **1848年**《共产党宣言》发表，标志着马克思主义的诞生。E

A 英国古典政治经济学

18世纪后期至19世纪初期，英国产生了资产阶级经济学体系，主要反映了新兴资产阶级的利益。体系的创始人是威廉·配第，经亚当·斯密的发展建立了经济学理论体系，最后由大卫·李嘉图完成。这一经济理论的最主要代表作是亚当·斯密的《国民财富的性质和原因的研究》和大卫·李嘉图的《政治经济学及赋税原理》。劳动决定价值的理论是英国古典政治经济学的最大功绩。马克思、恩格斯就是在劳动价值论基础上创立了剩余价值学说，创建了马克思主义政治经济学。

B 德国古典哲学

德国古典哲学是18世纪末至19世纪上半叶的德国资产阶级哲学，它提出了包括认识论、本体论以及政治哲学等领域的各种重大问题，标志着近代西方哲学向现代过渡。黑格尔是德国古典哲学集大成者，费尔巴哈则是最后的代表。德国古典哲学是马克思主义的三个理论来源之一，马克思就是批判地吸收了黑格尔辩证法和费尔巴哈唯物主义的合理部分，创立了辩证唯物主义和历史唯物主义。图中是马克思的画像。

C 恩格斯在英国

1842年，恩格斯来到英国的曼彻斯特，作为宪章运动中心的曼彻斯特，其阶级斗争的激烈程度使恩格斯感到惊讶。在那里，他开始真正深入工人阶级的生活，同英国的社会主义者、宪章派建立了联系，并与马克思初次相识。恩格斯系统地研究了英国古典政治经济学和空想社会主义学说，发表了一系列著作，批判了唯心主义历史观，完成了向唯物主义和共产主义的转变。

图中是恩格斯在英国时曾居住的公寓。

D 共产主义者同盟

正义者同盟是19世纪30年代德国工人和手工业者成立的秘密革命组织。1847年初，马克思、恩格斯被邀请加入同盟，之后按他们的主张改组了同盟。1847年6月，正义者同盟在伦敦举行第一次代表大会，建立共产主义者同盟，提出了“全世界无产者联合起来”的口号。同年11月29日到12月8日在伦敦举行第二次代表大会，确立同盟的章程为推翻资产阶级，建立无产阶级统治。马克思、恩格斯共同起草了同盟纲领，即国际共产主义运动第一个纲领性文献《共产党宣言》。同盟一度成为无产阶级革命活动的指导中心，之后由于同盟领导人主张不同，同盟内部分裂，组织被破坏，1852年11月17日同盟宣告解散。

E《共产党宣言》

《共产主义宣言》是马克思与恩格斯为共产主义者同盟起草的纲领，是国际共产主义运动第一个纲领性文献，标志了马克思主义的诞生。《共产党宣言》揭示了资本主义社会的内在矛盾和发展规律，第一次全面系统地阐述了科学社会主义理论，对全世界的无产阶级革命运动起到了巨大的推动作用。

图中是1848年马克思与恩格斯在一起。

A.D. 1848

06 1848年欧洲革命

关键词:1848年 欧洲革命

随着工业革命的扩展，资本主义迅速发展，各国工业资产阶级经济力量得到加强，政治上却仍处于无权的地位或初掌政权，封建残余仍然阻碍着资本主义的发展。而另一方面工人阶级也已作为独立的政治力量登上政治舞台，在革命中提出了自己的要求。各国的阶级矛盾和民族矛盾迅速上升，革命一触即发。1848 年，革命的浪潮席卷欧洲。由于资产阶级的背叛和工人阶级的软弱，各国的革命均以失败而告终。这次革命虽然失败了，但沉重打击了封建制度，摧毁了维也纳会议确立的反动秩序，而且这次革命还间接导致德国及意大利统一运动的兴起。

1848年欧洲革命

法国	**1848年**，法国爆发二月革命，革命取得胜利后，建立法兰西第二共和国，同年12月，路易·波拿巴当选总统。A B C D
德意志	**1848年**，德意志爆发柏林起义，德皇被迫同意召开有资产阶级参加的议会，革命的胜利果实落入大资产阶级手中。E F
奥地利	**1848年**，奥地利爆发了维也纳起义，10月底起义被镇压，维也纳陷落，奥地利革命失败。G
意大利	**1848年**，意大利爆发了反抗奥地利的起义，1849年被法国、奥地利和两西西里王国的反动联军镇压，威尼斯陷落，意大利革命失败。H I
匈牙利	**1848年3月15日**，匈牙利爆发革命，奥皇被迫同意成立匈牙利责任内阁。维也纳十月起义失败后，奥皇调集军队向匈牙利进攻，后与俄国共同镇压了匈牙利革命。匈牙利革命的失败标志着欧洲1848年革命告终。J

A 二月革命

1830年法国七月革命后，政权落入金融贵族手中，为了维护金融贵族利益，政府残酷镇压革命，进行反动统治，1848年1月29日，王朝反对派和资产阶级共和派的群众性政治集会遭到政府禁止，成为二月革命的导火线。2月22日，巴黎人民示威游行，24日，群众对政府各主要据点发动了猛烈进攻，革命正式爆发。

图中是巴黎起义者与政府军激战。

B 烧毁御座

革命爆发后，国王路易·菲利普无力镇压，被迫放弃王位，逃往英国，二月革命取得胜利。同年2月24日，法国成立临时政府，25日，革命家拉斯拜尔率领工人代表团至市政厅，迫使临时政府宣布成立共和国，即法兰西第二共和国。

图中是起义群众把象征君主制的御座抬到巴士底广场烈士碑前烧毁。

C 六月起义

法国共和国成立后，工人阶级同资产阶级的矛盾迅速上升到首位，掌握政权的资产阶级开始实行反工人的政策。1848年6月，巴黎工人举行起义，提出了“民主与社会共和国”的口号。起义最终在军政部长卡芬雅克的残酷镇压下失败，11000余人被枪杀，25000余人遭逮捕和判刑。“六月起义”是工人阶级与资产阶级的直接斗争，但由于无产阶级在政治上尚未成熟，没有正确的纲领指导，没有争取农民和小资产阶级的支持，因此陷入孤军奋战而最终失败。

D 法兰西第二帝国

1848年底，制宪议会通过了法兰西第二共和国宪法，12月法国进行了总统选举，路易·波拿巴当选。当选后路易·波拿巴任命巴罗重新组阁，新内阁先后排挤了资产阶级共和派和小资产阶级民主派，为波拿巴复辟君主制创造了条件。待时机成熟，波拿巴于1851年12月2日发动政变，1852年12月2日称帝，法兰西第二帝国建立。

图中是路易·波拿巴的画像。

E 柏林起义

19世纪前半期，德意志资本主义有了较显著的发展，但维也纳会议后建立起来的德意志邦联，内部分裂严重，严重地阻碍了资本主义发展。资产阶级迫切要求消除封建割据，实现国家统一。1848年3月初，柏林的工人、市民和大学生连续举行示威游行，18日，群众进行了武装起义，起义人民取得了胜利，组建了资产阶级自由派政府。

图中是柏林起义中一学生英勇捐躯。

F 国民议会

革命的胜利并没有解决统一问题，为此资产阶级于1848年5月18日在法兰克福召开了国民议会。法兰克福议会进行了无休止的宪法讨论，却没有取得任何实际结果。国民议会的拖延贻误了革命的时机，同年11月9日，普鲁士国王进行反扑，重新恢复了君主专制统治。

图中是国民议会在保罗教堂举行开幕典礼的场景。

H 西西里起义

19世纪中叶，意大利还处于封建分裂状态，各国都受制于奥地利，严重阻碍意大利资本主义的发展和社会进步。意大利的资产阶级迫切要求驱逐奥地利势力，建立独立、统一的民主共和国。1848年1月，西西里岛首府巴勒莫人民首先爆发起义，击败了国王的军队，建立了资产阶级临时政府。随后米兰、威尼斯等地相继爆发起义。

图中是1848年1月西西里起义群众控制首府巴勒莫的场景。

G 维也纳起义

19世纪中叶，奥地利仍是一个多民族的封建专制国家。为了推翻哈布斯堡王朝的专制统治，1848年3月13日，首都维也纳爆发了推翻首相梅特涅的示威游行，游行遭到军队镇压，集会群众愤而与政府军展开战斗。在起义的压力下，奥皇被迫于3月17日改组内阁，4月25日颁布帝国宪法，资产阶级及其知识分子参加了新政府，维也纳三月革命取得了胜利。

图中是逃出维也纳的梅特涅，他被画上了匹诺曹的长鼻子。

I 威尼斯起义

1848年8月11日，威尼斯人民发动革命，成立共和国。1849年2月9日，在起义领袖马志尼的领导下罗马共和国成立。至此，意大利革命由第一阶段进入到第二阶段，资产阶级自由派成为革命的领导者，随之掀起了了以罗马为中心的革命高潮。4月3日，法、奥联合两西西里的反动联军颠覆了罗马共和国。8月22日，威尼斯陷落，意大利1848年革命失败。

图中是应征入革命军的威尼斯学生。

J 匈牙利革命

1848年革命爆发前，匈牙利仍处于奥地利哈布斯堡王朝的统治之下。为了推翻奥地利的专制统治，1848年3月15日，在著名诗人裴多菲的领导下，佩斯革命者发动了起义，控制了整个首都，并通过了实行资产阶级改革的政治纲领。奥皇被迫同意成立匈牙利责任内阁。维也纳十月起义失败后，奥皇于12月调集军队向匈牙利进攻。1849年1月5日，佩斯陷落，5月27日，俄国出动大军镇压匈牙利革命，匈牙利军队损失惨重，革命最终失败。匈牙利革命的失败标志着欧洲1848年革命告终。

1848-1900

19世纪中叶，随着工业革命的扩展，各国封建君主被迫作出让步，实行改革，资产阶级得以参政，最终确立了自己的统治地位。

资本主义经济飞速发展，垄断组织形成并迅速发展，资本主义进入了垄断阶段，但资本主义在各国、各地区的发展很不平衡，由此引发了第一次世界大战。图中是巴黎公社被镇压后的场景。

第十二章 世界连为整体

——欧洲的现代化

A.D. 19世纪

01 自由主义思潮与民族主义

关键词:亚当・斯密 孔德

工业革命后，随着各国资产阶级革命的大体完成，自由主义思潮开始萌生，它是 17、18 世纪天赋权利哲学的继续和发展。19 世纪的自由主义不仅仅是资产阶级与封建专制对抗的思想武器，而且是对政府决策和经济发展的一种导向性理论，这种理论和核心是不干涉主义和自由放任的经济原则。19 世纪时，自由主义在资产阶级的意识形态中一直占有主导地位。

自由主义思潮		
自由主义	法国	1 **邦雅曼・贡斯当（1767—1830）**，强调自由是有产者在经济生活中的个人自由，代表作为《政治原理》。A 1 **阿列克西・托克维尔（1805—1859）**，认为平等是在自由竞争环境下的平等，代表作为《美国的民主》和《旧制度与大革命》。
自由主义	英国	1 **耶利米・边沁（1748—1832）**，提出了功利主义原则，认为人的全部活动只能依据功利原则。B 2 **约翰・穆勒（1806—1873）**，19世纪中叶最有代表性的自由主义思想家，强调人的社会感情，认为功利的标准不应该是追求一己之幸福。
英国古典政治经济学		1 **亚当・斯密（1723—1790）**，创立了第一个系统的政治经济学体系，代表作为《国富论》。C 2 **大卫・李嘉图（1772—1823）**，发展了亚当・斯密的价值学说，提出了商品价值决定于劳动时间的原理。D 3 **托马斯・马尔萨斯（1766—1834）**，提出了“人口论”。E
社会学		**奥古斯特・孔德（1798—1857）**，实证主义奠基人，主张采取实证主义的态度去研究现象。F

A 自由主义

法国的自由主义是在反对王朝复辟的过程中发展起来的，代表人物是法国的政治思想家邦雅曼・贡斯当。作为近代自由主义的奠基者之一，贡斯当主张“人身自由、宗教自由、言论自由和财产享用自由”。他认为，个人可以不受国家干涉而保持必要的独立性，私人比国家权力更重要。他将政治权力视为一种必要的罪恶，他认为抽象的权力也许可能是公正无私的，但现世的权力必然是罪恶的。因此，他主张对权力加以限制，建立英国式的君主立宪制度。贡斯当的自由主义主要针对的是法国的复辟王朝，所以带有明显的反封建性质，同时也反映了工业资本主义自由放任的要求。

B 耶利米・边沁

功利主义是英国自由主义思潮的两大组成部分之一，主要代表人物为耶利米・边沁。他认为，人的全部活动都只是遵循功利原则。因此，立法者也应尽力保障人的利益，在立法的同时，务必减少法律所带来的害处，实质上就是不干涉主义。边沁还抨击英国的君主立宪制度。他指出，应建立真正的代议制政府，实行分权和法制。边沁的功利主义在一定程度上开了实证主义之先河。

图中是边沁的画像。

C 亚当·斯密

英国的古典政治经济学是自由主义在经济理论上所取得最突出的成就，主要代表人物是亚当·斯密。1776年，亚当·斯密出版了《国富论》，该书以国民财富为研究对象，指出劳动是财富的源泉和衡量价值的尺度，只有提高劳动生产率才能增强国民财富，创立了第一个系统的政治经济学体系。同时亚当·斯密还主张经济自由，代表了英国资产阶级的利益。

图中是亚当·斯密的画像。

D 大卫·李嘉图

大卫·李嘉图是古典政治经济学的完成者，受亚当·斯密的影响，他于1817年出版了《政治经济学和赋税原理》，书中阐述了他的税收理论，并提出了商品价值决定于劳动时间的原理。1819年，李嘉图当选为下院议员。他继承并发展了斯密的自由主义经济理论，在政治上属于资产阶级激进派，鼓吹自由贸易，反对《谷物法》，代表了当时英国工业资产阶级的利益。

图中是李嘉图的画像。

E “人口论”

“人口论”是英国经济学家马尔萨斯的代表学说，其基本思想是如没有限制，人口是呈指数速率增长，而食物供应呈线性速率增长，人口增长将永远快于生产增长。等到人口增长到生活资料维持其生存的极限时，就会出现饥荒、瘟疫或战争，因此要限制人口增长，使二者保持平衡。马尔萨斯“人口论”向人类敲响了限制人口增长的警钟。但它的错误在于抛开了社会制度，抽象地从生物属性和脱离现实的假设来说明人口规律。

F 奥古斯特·孔德

法国哲学家和社会学家奥古斯特·孔德是实证主义的奠基人，被誉为“社会学之父”。孔德的实证主义学说的核心口号是“秩序”与“进步”。他认为实证主义是改造社会的唯一力量，因此不应再去研究事物的本质，而应采取实证主义的态度去研究现象。孔德的学说不仅反映了资产阶级在取代了封建制度之后要求社会稳定的意愿，而且反映了其重实利的特性。 图中是孔德的画像。

A.D. 1832　　A.D.1867

02 英国改革

关键词：工人运动 选举改革

19 世纪初，英国经济得到突飞猛进的发展，但生产过剩危机也开始在英国出现。1825 年，英国爆发第一次全面危机后，工人运动重新兴起，政府迫于压力于 1832 年通过了议会改革法案，工业资产阶级获得了参政的机会。

到 19 世纪中叶，英国资本主义经济迅速发展，成为首屈一指的强国，但劳动群众生活却更加贫困。19 世纪 60 年代初，群众展开了第二次选举改革运动。1867 年，下院通过了第二次议会改革方案，资产阶级在下院的地位得到加强，完成了参与政权的斗争，但英国的普选权仍远未实现。

英国改革	
一八三二年改革	1 **19世纪初**，英国经济发展迅速，生产过剩危机开始在英国出现。A 2 **19世纪初**，托利党独揽大权，对群众运动进行残酷镇压，工人运动高涨，成立了一些要求议会改革的团体。B 3 主张改革的辉格党重新组阁，向议会提出改革方案，1832年6月，改革法案终于获得通过。C
一八六七年改革	1 **19世纪中叶**，英国完成工业革命，巨额财富都落到土地贵族和资产阶级手中，劳动群众生活更加困苦。D 2 **19世纪50到60年代**，英国工人运动仍旧以不同的方式进行。E 3 英国立宪君主制进一步发展，工业资产阶级的势力不断增长。F 4 **19世纪60年代初**，英国展开了第二次选举改革运动。1867年7月15日，第二次议会改革方案获得通过，8月15日正式立法。G

19世纪30年代，要求议会改革的浪潮席卷英国，主张改革的辉格党人重新组阁后，向议会提出改革方案。议会改革法案取消了56个“衰败选区”以及这些选区原有的111个代表名额，将32个小的选举城镇的代表名额各减少1名。同时改革法案降低了选举资格，对143个代表名额重新作了调整，增加了新兴大城市的代表名额，但工人阶级仍被排除在选举权利外。

A 飞速发展的经济

维也纳会议之后，英国攫取了大量殖民地，市场随之扩大。同时，火车发明后，英国的交通运输业发生了巨大变革，带动经济获得了突飞猛进的发展。

图中这幅漫画，描绘了当时英国的铁路大王乔治·赫德森。他站在火车上，带着英国的经济飞速向前发展，但生产过剩危机也开始在英国出现。

B《谷物法》

19世纪初，托利党独揽大权，包括工业资产阶级在内的广大群众都处于无权地位。1815年政府颁布《谷物法》，限制谷物进口，损害了农民和工业资产阶级的利益，工人运动和农民运动随之兴起。之后，英国成立了一些团体，要求进行议会改革，改革的大环境逐渐形成，促进了议会改革。

图中是在《谷物法》影响下过着贫困生活的农民。

C 1832年议会改革

D 贫民窟

图中是英国的一个贫民窟，妇女们抱着孩子生活在狭窄的街道上，它描绘了19世纪英国民众的贫困生活。19世纪中叶，世界各地区都卷入到资本主义商品关系中，最先完成工业革命的英国在世界贸易中占据了垄断地位，一跃成为世界首屈一指的强国。但巨额财富主要落到了土地贵族和资产阶级手中，劳动群众生活更加贫困，这一客观情况促使了新一轮的议会改革。

E 工人

19世纪50—60年代，英国的经济虽然得到飞速发展，但工人却忍受着资本家更残酷的剥削，因此，工人运动仍旧以不同的方式进行。工人的斗争主要是通过组织工会来发动罢工，伦敦和另外一些城市还成立了工会会议。工人运动的发展同时也推动了英国的第二次选举改革。

图中是在煤矿中劳动的童工。这样的童工大多不超过13岁，直到1842年煤炭法案出台后，工厂才被禁止雇佣妇女和童工。

F 维多利亚时期

19世纪50—60年代正逢维多利亚女王统治时期，英国的君主立宪制得到进一步发展。1832年改革后，托利党和辉格党更名为保守党和自由党，两党开始轮流执政。保守党仍代表土地贵族的利益，而自由党则不仅代表大地主和金融资产阶级的利益，也代表工商业资产阶级的部分利益。19世纪50—60年代自由党开始长期执政，在政治上为议会改革提供了客观条件。

图中为维多利亚女王的画像。

G 1867年改革

19世纪60年代初，英国展开了争取第二次选举改革的群众运动，1867年，下院通过了第二次议会改革方案。法案规定：在城镇，选举权应给予每一房主和租户，也给予支付租金每年不少于10镑和居住不少于一年的房客；在各郡，选票给予从私产或承担租金中每年所得不少于5镑的人；46个“衰败选区”被取消，空出的席位分配给各大城市市民，选民总数增加到225万人。

1867年的议会改革是废除“衰败选区”的第二阶段，它完成了工业资产阶级争取参加政权的斗争。贵族地主的势力进一步削弱，资产阶级在下院的地位得到加强。但劳动群众长期以来为之奋斗的普选权仍未实现。

A.D. 1848　　A.D.1871

03 俾斯麦与德意志的统一

关键词：俾斯麦 铁血政策

1848 年革命失败后，各邦纷纷恢复了专制统治，德意志仍处于四分五裂的状态。而此时在工业革命的推动下，德意志的资本主义经济得到极大的发展，其中以普鲁士的发展最为引人注目。随着资本主义的进一步发展，德意志的资产阶级和广大人民都渴望结束分裂局面，实现国家的统一。普鲁士凭借其强大的军事力量和经济实力赢得了德意志民众的普遍支持。最后在普鲁士宰相俾斯麦的领导下，德意志通过"自上而下"的王朝战争完成了国家的统一。

德意志的统一	
背景	1 政治上的分裂局面阻碍了德意志经济的发展，资产阶级和人民渴望统一。 2 普鲁士资本主义发展迅速，拥有强大的军事实力，具有统一的优势和实力。 3 俾斯麦的"铁血政策"和灵活外交促使了统一的完成。
过程	1 **50年代末**，德意志形成了强大的统一运动，德意志的自由派和激进派组成了民族同盟，支持普鲁士领导德国统一。A 2 **1861年**，威廉一世即普鲁士国王，起用俾斯麦为普鲁士宰相，俾斯麦上台后开始推行"自上而下"统一德国的计划。B C D E 3 **1864年**，普、奥联军击败丹麦，取得丹麦控制下的部分德意志地区。F 4 **1866年**，普奥战争爆发，奥地利被排挤出德意志，普鲁士最终统一了德意志北方诸邦。G 5 **1870年**，普法战争爆发，南方诸邦并入北德意志同盟。H I 6 **1871年初**，普鲁士国王威廉一世即位德意志帝国皇帝，德国统一完成。J K
影响	1 结束了德国的分裂局面，为资本主义发展铺平了道路。 2 德国成为新兴的强国，改变了欧洲的国际格局。 3 统一后的德国继承了普鲁士的军国主义传统，成为欧洲最富侵略性的国家。

A 民族同盟

19世纪50年代末，德意志形成了强大的统一运动，1859年9月，第一个全德性政治组织——民族同盟在法兰克福成立。民族联盟是德意志自由资产阶级松散的政治同盟组织，主要宗旨是支持普鲁士统一德国，建立中央集权的君主制国家。联盟领导人为本尼格森和舒尔采·德里奇，他们重视实实在在的物质力量，因此得到金融家及工业家的支持。普奥战争以后，普鲁士联合北方各邦，成立北德意志联邦，1867年，民族联盟自行解散。

B 威廉一世的军事改革

1861年，威廉一世即位为普鲁士国王，上台伊始他就草拟军事改革计划，但法案遭到议会反对。于是，威廉便抛开议会继续进行军事改革。这一行为引起议会自由党内左翼分子的不满，他们另立"德意志进步党"，在下院中进行了积极斗争。因担心改革的计划被搁浅，威廉一世起用俾斯麦，开始强行推进军事改革。

图中是威廉一世的画像。

C 铁血宰相

奥托·翁·俾斯麦是德国杰出的政治家和外交家，1862年，他被任命为普鲁士宰相兼外交大臣。他是一个资产阶级化的容克贵族，崇尚权力，并具备杰出的外交手段。他非常熟悉德意志的政治形势，对奥地利也有深刻了解。上任不久后，俾斯麦便推行“铁血政策”，开始了无议会的统治，并强行推进军事改革计划，迈开了统一德意志的第一步。

图中是俾斯麦的画像。

D 铁血政策

“铁血政策”指的是普鲁士通过自上而下的王朝战争来实现德意志统一的政策。1862年，俾斯麦被任命为普鲁士宰相，他在议会上公然宣称当代重大问题必须用铁和血来解决，德意志所瞩目的不是普鲁士的自由派，而是普鲁士的武装。俾斯麦的这种用“铁”和“血”武力统一德意志的政策被称为“铁血政策”，而他本人也被称为“铁血宰相”。“铁血政策”一词后成为战争政策的同义语。

E 社会主义

19世纪60年代初，德意志工人就成立了自己的独立组织——“全德工人联合会”。面对俾斯麦的独裁统治，一筹莫展的进步党人却没有认识到联合工人阶级的重要性。而俾斯麦却意识到了这一点，他多次与“全德工人联合会”主席拉萨尔接触，并设法获得了拉萨尔对统一计划的支持。

图中是“全德工人联合会”的标志，上面描绘的是工人阶级联合起来的画面。

F 普丹战争

为了提高普鲁士在德意志各邦中的威信，俾斯麦积极准备对丹麦的战争，开始了他“铁血政策”的第一步。1864年年末，普鲁士联合奥地利以丹麦合并了属德意志的施列斯维希和霍尔施泰因为借口，对丹麦宣战。同年7月丹麦军队全面崩溃，丹麦国王被迫签订《维也纳和约》，普鲁士得到了施列斯维希，奥地利也得到了霍尔施泰因。

图中这一幅照片，拍摄了普丹战争后，普军占领战场的情景。

G 普奥战争

对丹麦的战争结束后，为了加快统一的步伐，俾斯麦又发起了对奥地利的战争。1866年，普鲁士借口奥地利对霍尔施泰因管理不善对奥地利宣战。7月3日，两军决战于萨多瓦，普军大胜。俾斯麦与奥地利签订停战和约，奥地利同意解散德意志联邦，以普鲁士为首的美因河以北诸邦成立北德意志联邦。

图中是萨多瓦战役中普鲁士大败奥地利的战争场面，“北德意志联邦”的成立标志着德国统一初步完成。

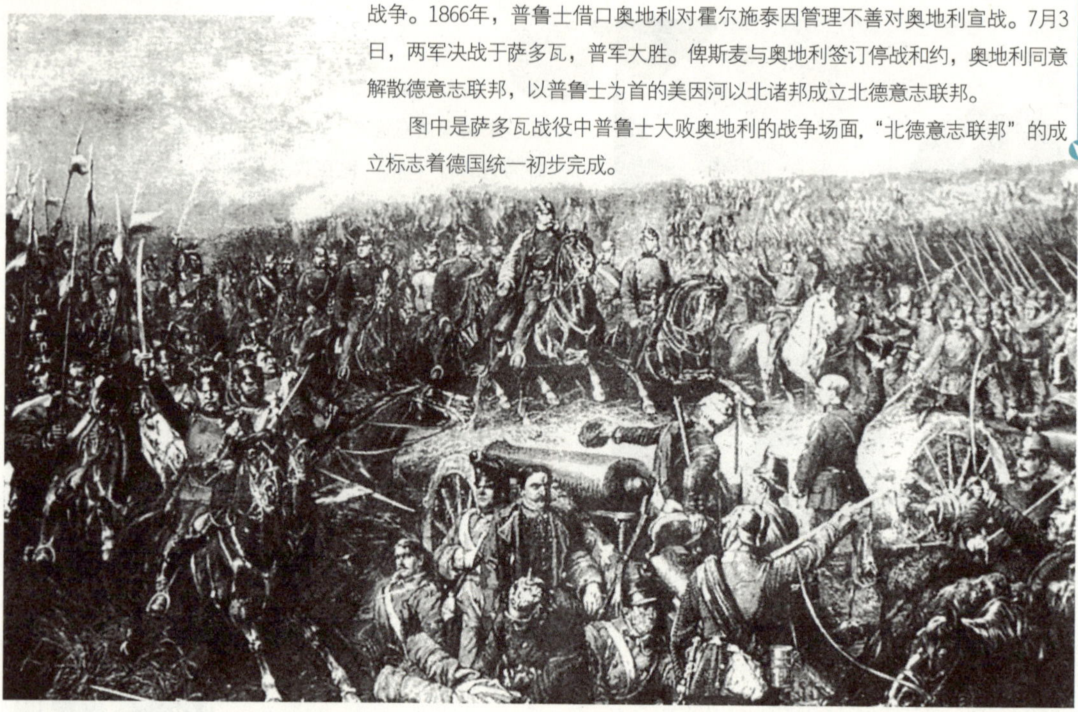

G—① 毛奇

图中是普奥战争的实际指挥者毛奇将军，普军的作战计划和战略部署都是在毛奇领导下制订和付诸实施的。毛奇是普鲁士军事理论的最主要代表，他的军事思想奠定了领导现代大规模军队作战的基础。

G—② 普鲁士士兵

1858年，毛奇担任总参谋长后，在首相俾斯麦的积极支持下负责了普鲁士的军事改革，他扩充了军队，革新了装备，采用了新技术和新兵器，为普鲁士创建了一支强大的军队。图中是军事改革后，普鲁士军队中的军官。

G—③ 激战

随着普军战略部署的完成，双方开始交火，战争进程发展迅速，普鲁士于1866年6月8日发起进攻，7月3日战争即结束，7月22日双方签订了停战协定。图中是普奥战争中的一次小规模作战。

G—④ 战后

战后，王子威廉看望受伤的士兵。

H 普法战争

普奥战争后，南德四邦仍置身联邦之外，为了激发南德诸邦的民族感情，俾斯麦发动了对法国的战争。1870年，普法战争爆发，南德诸邦与北德并肩作战。同年8月2日法军向普军进攻，8月4日，普军已顺利进入反攻阶段。法军节节失利，8月30日被逼退守色当。

图中是攻破了法军战线的普军士兵在停战期间稍作休息。

I 俾斯麦与拿破仑三世

1870年9月1日至2日，普法两军于色当展开决定性大战。战争仅进行了一天，在普鲁士的猛烈攻击下，9月2日，法兰西第二帝国的皇帝拿破仑三世即向普军投降。同年11月，南德四邦正式与北德联邦合并，成立“德意志帝国”。色当战役标志着法兰西第二帝国的灭亡和德意志帝国的建立。

图中是色当战役后，拿破仑三世与俾斯麦会谈，右为俾斯麦。

J 德皇加冕

1871年1月18日，普鲁士国王威廉一世在法国凡尔赛宫正式即位为德意志帝国皇帝，德国统一完成。结束了分裂状态的德意志形成了统一的国内市场，国内资本主义迅速发展，德国成为欧洲举足轻重的强国，国际政治格局发生了重大变化。统一后的德国继承了普鲁士的军国主义传统，成了欧洲最富于侵略性的国家。

图中是威廉一世在法国凡尔赛宫加冕的场景。

K 威廉一世

1861年1月2日，威廉亲王登基为普鲁士威廉一世。他登位后，任命保守派的俾斯麦为首相。根据普鲁士宪法，首相只需对国王负责，实际上掌握着管理内政和外交的实权。普法战争胜利后，威廉于1871年1月18日，在巴黎凡尔赛宫称帝，即德意志皇帝。仪式过后，北德意志邦联（1867—1871）改为德意志帝国（1871—1918）。新帝国是一个封建国家，皇帝实际上是封建主们的国家元首和总统。新领地包括巴伐利亚、符腾堡、萨克森王国、巴登、黑森、汉堡、吕贝克和不来梅。

A.D. 1848　　A.D.1870

04 意大利的统一

关键词:加里波第 意大利王国

1848年革命失败后，意大利仍然四分五裂，一部分领土仍处于奥地利的统治之中。为了国家的发展，国内统一的呼声高涨。1859 年，意大利的撒丁王国对奥地利宣战，撒军获胜，初步完成了意大利的局部统一。1860 年春天，西西里起义爆发，撒丁王国进行镇压，意大利爱国志士加里波第率远征军进行支援，并于 7 月初打败政府军，占领西西里岛，9 月进入那不勒斯。之后南意大利合并于撒丁王国，意大利王国成立，撒丁国王为意大利国王。至此意大利并没有完全完成统一，直到普法战争结束后，意大利才通过外交手段最终获得了统一。

意大利的统一	
背景	1 伦巴底和威尼斯仍处在奥地利统治下。 2 罗马教皇国境内仍有法军驻扎。 3 大多数国家恢复了专制制度，只有撒丁王国成为君主立宪国家。
两条路线	1 民主派主张通过自下而上的人民革命战争，推翻封建制度，建立统一的资产阶级共和国。A 2 自由派主张用自上而下的王朝战争，通过有限的改革，建立君主立宪制国家。B
第一阶段	1 **1859年4月23日**，奥地利对撒丁王国宣战，6月22日奥地利战败。 2 意大利的爱国运动迅速高涨，各地起义军赶走统治者，建立了临时政府。 3 **1860年**，中意大利各邦全民投票，中部合并于撒丁王国。
第二阶段	1 **1860年4月**，西西里起义爆发遭波旁王朝镇压，加里波第率远征军支援，7月初占领西西里岛。C 2 **1860年9月7日**，加里波第进入那不勒斯，建立临时政府，任命加富尔委派的人为临时政府部长。 3 **1860年9月11日**，撒丁军队攻入教皇领地，9月29日占领马尔撒和安波里亚。南意大利进行公民投票，南意大利合并于撒丁王国。 4 **1861年3月17日**，意大利王国成立，撒丁国王维克多·艾曼努尔二世为意大利国王。D
完成	1 **1866年**，普奥战争中意大利加入普鲁士作战，战后，威尼西亚归还意大利。 2 **1870年**，普法战争爆发，拿破仑三世调回驻罗马军队。9月，意大利军队和加里波第的志愿军占领罗马，意大利统一最后完成。E

A 民主派马志尼

在如何实现国家统一的问题上，意大利资产阶级分为两个派别，其中之一就是资产阶级民主派。民主派代表的是中小资产阶级的利益，主张通过自下而上的人民战争，驱逐外国侵略者，推翻封建制度，建立资产阶级共和国。民主派的领袖是马志尼，他多次组织武装暴动，希望以此实现国家的独立和统一。但马志尼没有联合农民阶级，最终失败。

B 自由派加富尔

与资产阶级民主派相对立的是资产阶级自由派，这一派主张用自上而下的王朝战争驱逐外国势力，实现统一，建立君主立宪制国家。

图中是资产阶级自由派领导人加富尔的画像。1852年，加富尔任撒丁王国首相，他推行了财政制度改革，鼓励工商业活动和对外贸易，增加了国家收入。这些措施增强了撒丁的国力，也获得了自由派的支持，为撒丁王国统一意大利铺平了道路。

C 加里波第远征

1860年4月初，西西里爆发了农民反对波旁王朝的起义，遭政府军队的镇压。撒丁王国民主派组织了志愿军由加里波第率领对起义军进行支援。5月，加里波第在西西里岛登陆，击溃了波旁王朝军队。9月，加里波第渡海解放了那不勒斯，并以撒丁国王的名义建立了临时政府，之后南意大利也并入撒丁王国，促成了意大利的统一。

图中是加里波第和他的志愿军。

D 意大利王国

E 统一的完成

1866年4月，为收复威尼斯，意大利与普鲁士结成反奥联盟。6月17日，普奥战争爆发。20日，意大利对奥宣战。奥军战败后，意、奥签订《维也纳和约》，威尼斯地区归意大利。

1870年普法战争爆发后，意军和加里波第志愿军乘机进占罗马。10月，罗马举行公民投票，并入意大利，教皇避居梵蒂冈。至此，意大利完成统一，结束了异族压迫和封建割据局面，推动了资本主义的发展，促进了欧洲民族民主运动的开展。

中意大利和南意大利都并入撒丁王国后，意大利王国于1861年3月宣布成立，撒丁国王维克多·艾曼努尔二世为意大利国王。至此，除威尼斯仍由奥地利统治、罗马依附于法国的教皇统治之下外，意大利基本实现了统一。

图中是撒丁国王维克多·艾曼努尔二世的画像。

A.D. 1861

05 1861年俄国的改革

关键词：亚历山大二世 农奴制改革

19 世纪前期，俄国仍旧是一个落后的封建农奴制国家，农奴制的阻碍使俄国资本主义工业远远落后于西欧。19 世纪中叶，克里米亚战争的惨败使俄国的国际地位一落千丈。俄国统治者开始认识到废除农奴制的迫切性。1861 年，俄国开始实施农奴制改革，此外，沙皇政府还实行了包括司法和行政的其他改革，但这些改革均未触动沙皇专制制度。

1861 年改革把农民从农奴制下解放出来，促进了俄国资本主义的发展，成为俄国历史上的重大转折点。

俄国1861年改革		
改革背景		1 落后的农奴制严重阻碍了资本主义的发展。 2 农奴制使阶级矛盾尖锐，农奴起义不断。A 3 19世纪中期，进步思想出现，动摇了封建思想的基础。B 4 克里米亚战争的失败，使社会矛盾尖锐化，推动了农奴制改革。C
改革措施	法令	**1861年3月3日**，亚历山大二世签署《1861年2月19日宣言》等一系列法令，史称“二一九法令”。
	内容	1 政治上废除农奴制，农民获得人身自由和公民权利。 2 经济上农民通过高价赎买可获得一块份地。 3 组织上建立村社管理农民。 4 其他改革：在省、县建立了地方自治机构；城市建立杜马和自治局；参照西欧模式进行司法改革。D
	结果	改革的欺骗性引起广大农民的不满，农民运动又席卷全国。
影响		1 推动了俄国封建经济的解体，促进了资本主义经济的发展。E 2 对外国资本依赖严重，总体水平仍落后于美国和西欧。 3 资本主义经济发展非常不平衡。

A 农奴

19世纪前期，俄国仍旧是一个落后的封建农奴制国家。农奴占了全国人口的90%，他们饱受贵族地主压迫剥削，并且要忍受沙皇制度最残暴的统治。在沙皇的统治下，国家机器的重大使命是维护封建农奴制，军队、警察、特务是沙皇统治压迫的工具。人们没有出版、言论等自由。

图中是在庄园作坊中劳作的农奴。

B 进步思想

1840年，俄国出现了西方派和斯拉夫派。两派都反对专制制度和农奴制度，但是在道路的选择上双方有所分歧。西方派主张通过渐进改革，建立君主立宪制。斯拉夫派则主张在保留农村公社及地主土地所有制的前提下自上而下废除农奴制。他们的政治理想是实现以沙皇俄国为中心的斯拉夫人的联合。

1848年，西方派又分裂为革命民主主义派和自由派。革命民主主义者是新型的知识分子阶层，主张废除农奴制和推翻沙皇专制制度。他们成为俄国解放运动的主要力量，杰出的代表有赫尔岑、车尔尼雪夫斯基和杜勃罗留波夫。

C 克里米亚战争

1853年，俄国与土耳其爆发了战争。战争初期，土耳其遭到惨败，英、法于1854年3月对俄宣战，战争局限在克里米亚半岛上，因此被称为克里米亚战争。落后的农奴制国家无法与英、法抗衡，俄国连遭失败。1856年，双方签订《巴黎和约》，战败后俄国的国际地位一落千丈，直接促使了俄国1861年的农奴制改革。

1861年，亚历山大二世公布一系列改革法令，宣布农民实现人身自由，开始解放农奴。除了针对农奴制进行的一系列改革，沙皇政府还进行了其他方面的改革。1864年，在省、县建立了地方自治机构；1870年，在城市建立杜马和自治局。除此之外，沙皇政府还参照西欧模式进行司法改革。但这些自治机构都受到行政当局的严格限制，因此改革并未触动沙皇专制制度。

图中是主持农奴制改革的俄国沙皇亚历山大二世。

D 亚历山大二世

E 改革后的俄国

经过1861年的改革，俄国废除了封建统治权力对农民的束缚，把农民从农奴制下解放出来，同时对政治上层建筑也作了局部调整。农奴制改革是资产阶级性质的，它增加了自由劳动力和资金，扩大了国内市场，促进了俄国资本主义的发展，成为俄国历史上的重大转折点。

图中是19世纪的莫斯科，改革后的资本主义经济获得极大发展，工业产量迅速增长。

A.D. 1864　　A.D.1876

06 第一国际成立

关键词:第一国际 蒲鲁东主义 巴枯宁主义

19 世纪 50—60 年代，自由资本主义进入“黄金时代”，资本主义世界市场形成，但随着而来的经济危机也使工人运动高涨，国际无产阶级日益团结起来。为了用科学理论武装工人阶级，马克思、恩格斯在 50—60 年代进行了重大的理论研究，并为建立无产阶级国际组织准备了条件。1864 年 9 月，第一国际在伦敦成立，马克思被公认为第一国际的领袖。1871 年，巴黎公社革命爆发，第一国际因支援巴黎公社革命被各国政府迫害。1876 年 7 月，第一国际宣告解散。

第一国际	
工人运动	1 伦敦出现了工联伦敦理事会。 2 **1863年**，法国工人提出了自己的立法团候选人，次年法国取消了禁止工人结社的法令。 3 德国工人成立了全德工人联合会。
第一国际成立	1 **1864年9月**，伦敦召开了声援波兰人民起义的国际性工人大会，第一国际成立。A 2 **1864年10月初**，马克思拟定了新的《共同章程》，经委员会表决，一致通过。
斗争	1 **1866年**，国际日内瓦代表大会上，蒲鲁东主义关于合作制、工会、罢工以及妇女劳动等问题的错误论点被批驳。B 2 在洛桑大会上，蒲鲁东主义者保存小土地所有制的主张遭到彻底反驳。 3 巴枯宁主义主张用“暴动”方式消灭国家，并企图分裂国际组织。1869年，巴塞尔大会上巴枯宁分子篡夺国际领导权的企图遭到失败。 4 蒲鲁东主义者失败后开始发生分化，其左翼逐渐向马克思主义靠拢。
解散	**1876年7月**，第一国际宣告解散。

A 第一国际成立

1864年9月，伦敦召开了声援波兰人民抵抗沙皇俄国镇压的国际性工人大会，大会成立了名为“国际工人协会”的国际工人组织，即第一国际。马克思出席了大会并被公认为“国际工人协会”的领袖。10月初，马克思当选为负责起草国际宣言和章程的委员，他重新改写了《成立宣言》，并拟定了一个新的《共同章程》，被委员会一致通过。

图中是描绘第一国际大会举办地的油画。

B 蒲鲁东主义

蒲鲁东主义于19世纪40年代产生于法国，50—60年代广泛流行于西欧国家，因其创始人蒲鲁东而得名。蒲鲁东主义是颇具影响力的小资产阶级社会主义和无政府主义思潮，它认为共产主义和资本主义都有弊病，鼓吹个人绝对自由，反对任何国家和政府，反对一切权威。蒲鲁东主义的核心是建立小手工业生产制，实现小资产阶级的社会主义。为了维护国际工人运动的根本利益，马克思主义者同蒲鲁东主义进行了坚决的斗争。巴黎公社后，蒲鲁东主义在国际工人运动中的影响基本消除。

A.D.1852　A.D.1871

07 巴黎公社

关键词:法兰西第三共和国 巴黎公社

19 世纪 60 年代后，法国社会矛盾日益激化，法兰西第二帝国危机重重。普法战争爆发后，第二帝国崩溃，法兰西第三共和国成立并建立了临时政府。次年 3 月 15 日，无产阶级建立了国民自卫军中央委员会，成为巴黎革命斗争的领导中心。普法战争结束后，临时政府准备强行解除工人武装，在工人阶级的反抗下计划破产。3 月 18 日，国民自卫军中央委员会成为临时革命政府，28 日，巴黎公社成立，人类历史上第一个无产阶级政权诞生。4 月 2 日，临时政府对巴黎发动进攻，5 月底巴黎公社被镇压，巴黎公社最终失败。

巴黎公社

第二帝国崩溃

1 工人生活贫困，工人运动高涨。A

2 城市小资产阶级不满日益加深。B

3 第二帝国政策引起资产阶级不满。

4 1870年，普法战争爆发，法国战败加速了第二帝国的崩溃。C

5 1870年9月4日，巴黎爆发革命，法兰西第三共和国成立。D

巴黎公社成立

1 10月27日，法国投降。巴黎人民发动了两次起义。E

2 1871年，梯也尔被选为新政府首脑。F

3 3月15日，国民自卫军建立中央委员会。

4 3月18日，国民自卫军中央委员会成为临时革命政府。G

5 3月26日，巴黎举行了公社选举，28日，举行公社成立典礼。H I

公社保卫战

1 4月2日，临时政府决定对巴黎发动突然进攻。

2 5月20日，凡尔赛军队开始对巴黎发动总攻。

3 5月底，巴黎陷落，公社失败。J

A 工人罢工

工业革命后，法国的工人队伍扩大，贫困的生活引起工人阶级的不满，工人运动重新高涨。1866年至1867年爆发了新的世界性经济危机，工人大量失业，社会阶级矛盾激化，城市工人掀起巨大罢工浪潮。

图中是1869年到1870年，里卡玛尔矿工和克勒佐制炮厂工人罢工的场景。在罢工的过程中，工人中的先进分子已经开始讨论革命任务问题。

B 示威游行

1870年1月10日，共和派记者奈尔被拿破仑三世的弟弟庇尔·波拿巴枪杀，被激起革命情绪的巴黎人民举行了游行大示威。法国已陷入严重的政治危机。

图中是1870年1月12日巴黎工人示威游行后的街道。

C 战败的法国

在国内矛盾日益激化的情况下，拿破仑三世企图用对外战争来转移国内矛盾。1870年7月，普法战争爆发。同年9月1日，双方在色当展开决战，法军大败，拿破仑三世也被普军俘虏。随后法军宣布投降，普法战争的失利加速了第二帝国的崩溃。

图中是拿破仑三世向普鲁士国王威廉一世投降的情景。

D 法兰西第三共和国

色当战役失败的消息传到巴黎后，9月4日巴黎就爆发了革命。工人和小资产阶级群众涌入波旁宫立法团会议厅，要求废除帝制，恢复共和。随后，共和派议员甘必大在市政厅正式宣布成立共和国，并建立了临时政府。临时政府中大多是资产阶级政客，工人阶级的革命果实被窃取。

图中是巴黎群众涌入会议厅，要求恢复共和，与军人对峙的场景。

E 巴黎起义

色当战役后，普军向巴黎推进。10月27日，被普军包围的17万法军投降。得知消息的巴黎人民于10月31日发动了武装起义，由于缺乏准备和统一领导，起义失败。1871年1月22日，巴黎人民再次起义，同样以失败而告终。之后，工人正式提出了让工人参加政府的要求。

图中是巴黎人民起义的场景。

F 国防政府

国防政府是普法战争期间在法国建立的资产阶级临时政府，1870年9月4日正式成立。政府的要职大多由奥尔良保皇党人充任，面对德国的进攻他们宣称要抗战到底，因此自封为国防政府。但这个自称要抗战到底的政府却做出了卖国的行径，1871年1月28日，它同普鲁士签订了卖国的停战协定。2月13日在波尔多召开的国民议会选举了以梯也尔为首的新政府，国防政府解散。

G 临时革命政府

法国政府投降后，国民自卫军代表于1871年3月15日建立了国民自卫军中央委员会，成为巴黎革命斗争的领导中心。梯也尔政府害怕工人力量的壮大，计划强行解除工人武装。3月18日凌晨，政府军占领了蒙马特尔高地的停炮场，群众和国民自卫军兵士包围了政府军，梯也尔逃往凡尔赛。国民自卫军中央委员会成为临时革命政府。

图中是工人推倒图拉真柱。

H 巴黎公社成立

临时政府成立后，在3月26日，巴黎举行了公社选举。当选的公社委员有86人，其中工人约30名，其余是革命知识分子，大多数人是公认的工人阶级的代表。公社委员中，有37名是第一国际会员。选举后，公社于3月28日举行成立典礼，人类历史上第一个无产阶级政权由此诞生。

图中是巴黎公社的成立庆典。

I 公社管理

巴黎公社的管理措施

1. 打碎旧的国家机器，建立立法、行政合一的政权机关，进行无产阶级民主的实验。
2. 废除旧的警察和司法机构，由选举产生的治安委员会取代警察局，选出司法委员会等。
3. 通过政教分离法令，宣布不准教会干涉国家事务，并将教会势力从学校中清除出去等。
4. 废除了资产阶级议会制，实行公社委员会制。
5. 颁布了将逃亡业主所遗弃的工厂转交给工人协作社的法令，具有明显的社会主义倾向。
6. 提高了教师的社会地位与物质待遇，在普及初级教育和兴办职业教育方面也做了许多工作等。
7. 公社坚持无产阶级国际主义原则，欢迎外国革命家参加公社和担任公社的领导职务。

J 公社失败

被赶出巴黎后梯也尔政府不甘心失败，于4月2日突然对巴黎发动进攻。4月6日到5月初，凡尔赛军队先后占领了西郊的涅依桥和塞纳河左岸。5月20日，凡尔赛军队对巴黎发动总攻。虽然巴黎人民同仇敌忾，但敌不过政府军，27日巴黎大部陷落，最后一批公社战士在拉雪兹神甫公墓抵抗，28日晚公社战士全部殉难。

图中是在公社失败后的街道。

A.D.1870　A.D.1900

08 第二次工业革命

关键词：内燃机 电气时代

随着第一次工业革命和资本主义的扩张迅速发展，19世纪时自然科学的研究工作取得了一系列重大突破。新技术革命的成果广泛运用于工业生产，从而引起了人类历史上的第二次工业革命。第二次工业革命以电力的广泛应用为显著特点，它使世界跨进了电气时代。第二次工业革命的影响远比第一次工业革命广泛深远。它在工业生产领域内部引起的变革，极大地推动了生产力的发展，为资本主义向垄断阶段的过渡准备了条件。

第二次工业革命	
背景	1 英国物理学家焦耳发现能量守恒和转化定律。 2 英国科学家法拉第发现电磁感应现象。A 3 细胞学说建立。 4 英国生物学家达尔文正式出版《物种起源》。 5 俄国化学家门捷列夫发现了化学元素周期律。
电力	1 **1866年**，德国工程师西门子制成发电机。B 2 **1882年**，美国发明家爱迪生创建火力发电站。
内燃机	1 **1876年**，奥托制造出以煤气为燃料的四冲程内燃机。 2 **1883年**，工程师戴姆发明以汽油为燃料的内燃机。C 3 **1897年**，狄塞尔发明了柴油机。 4 **19世纪80年代**，汽车诞生。
化学工业	1 **1884年**，法国人圣·夏尔东发明人造纤维。 2 **1869年**，美国人黑特发明赛璐珞。 3 **1867年**，诺贝尔发明火药。D
钢铁工业	1 **1856年**，英国人贝西默发明"吹气精炼"操作法。 2 **1864年**，法国人马丁和德国人西门子兄弟同时宣布发明了平炉炼钢法。 3 **1875年**，英国冶金技术师托马斯发明了碱性转炉。
影响	科学化的管理兴起，股份公司得到广泛发展。E

A 电磁感应

在第一次工业革命的推动下，自然科学的研究工作在19世纪取得了一系列重大突破。1831年，英国科学家法拉第发现电磁感应现象，揭示了电与磁之间的内在联系，为人类获取电能开辟了道路。电磁感应现象在电工、电子技术、电气化、自动化方面得到广泛应用，对推动社会发展发挥了重要的作用。

图中是法拉第的画像。

B 发电机

维尔纳·冯·西门子是德国著名的企业家和工程师，他取得了发电机、内燃发动机和电车等一系列重大发明。发电机是西门子贡献最大的发明之一，它是将其他形式的能源转换成电能的机械设备，为现代社会提供了最主要的能源——电能。之后，发电机被广泛应用在工农业生产、国防、科技及日常生活中，带领人类社会进入了电气时代。

图中是西门子在1879年参加柏林世博会时与其他代表的合影。

C 内燃机的发展历史

内燃机的发展历史

1 1794年，英国人斯特里特第一次提出了燃料与空气混合的概念。

2 1833年，英国人赖特提出了直接利用燃烧压力推动活塞做功的设计。

3 1860年，法国的勒努瓦模仿蒸汽机的结构，设计制造出第一台实用的煤气机。

4 1862年，法国科学家罗沙提出提高内燃机效率的要求，这就是最早的四冲程工作循环。

5 1876年，德国发明家奥托运用罗沙的原理，创制成功第一台往复活塞式、单缸、卧式、3.2千瓦的四冲程内燃机，仍以煤气为燃料。

6 1881年，英国工程师克拉克研制成功第一台二冲程的煤气机。

7 1883年，德国的戴姆勒创制成功第一台立式汽油机。

8 1892年，德国工程师狄塞尔受面粉厂粉尘爆炸的启发，设想将吸入气缸的空气高度压缩，使其温度超过燃料的自燃温度，再用高压空气将燃料吹入气缸，使之着火燃烧。

9 1897年，狄塞尔首创的压缩点火式内燃机研制成功，为内燃机的发展开拓了新途径。这种内燃机以后大多用柴油为燃料，故又称为柴油机。

D 诺贝尔

19世纪晚期工业革命发展到最后阶段，化学工业的建立成为应用技术的一项重大突破。这一时期，化学工业出现了与火药相关的新部门。1867年诺贝尔发明了火药，80年代又改进了制造无烟火药的技术，并在军事上得到广泛应用。

图中是诺贝尔的奖章。

E 股份公司

股份公司产生于18世纪的欧洲，19世纪后半期广泛流行于世界资本主义各国。它是指通过发行股票及其他证券，把分散的资本集中起来经营的一种企业组织形式，目前，股份公司在资本主义国家的经济中占据统治地位。其主要特点为：资本不是由一人独自出资形成，而是划分为若干个股份，由许多人共同出资认股组成的；所有权不属于一个人，而是属于所有出资认购公司股份的人。作为一种新的管理模式，股份公司不仅可以迅速地实现资本集中，加快投资速度，同时，股份公司还能够满足现代化社会大生产对企业组织形式的新要求，因此它成为现代经济中最主要的企业组织形式。

A.D.1889　A.D.1914

09 第二国际

关键词:第二国际 右倾机会主义

19 世纪后期，工人阶级逐渐成长壮大，随着马克思主义传播，各国工人党普遍建立。1883 年马克思去世后，恩格斯继续其事业。进入 80 年代，各国工人及其政党都有加强国际工人团结的愿望，在这种情况下，恩格斯于 1889 年组建了第二国际。第二国际是第一国际的继续和发展，它促进了更多的国家建立工人政党，推动了各国工人运动的进一步发展。除此之外，它还推动社会主义运动冲出了欧美，传播到了亚洲和拉丁美洲诸国。

第二国际	
资本主义国家的工人运动	1 德国统一运动中出现了“全德工人联合会”和“德国社会民主工党”两个工人政党，1875年，两党合并为“德国社会民主党”。 2 法国工人党于1879年成立，1882年因路线问题，党内分裂。 3 **1884年**，英国出现一个社会主义团体“费边社”，1893年工人建立了“独立工党”。 4 俄国在1883年成立“劳动解放社”。
成立	**1889年7月14日**，巴黎召开国际马克思主义工人代表大会，第二国际成立。A
右倾机会主义	第二国际在成立后，召开几次大会的基调都是主张议会斗争，忽视了暴力革命和社会主义的远大目标，后期右倾机会主义日益占据统治地位。B
影响	1 促进了更多的国家建立工人政党。 2 推动了议会斗争。 3 推动了各国工人运动的进一步发展壮大。 4 推动社会主义运动冲出了欧美。

A 第二国际

1888年，法国的可能派和英国工联主义者为夺取国际工人运动的领导权，计划成立一个国际工人组织。在这种情况下，恩格斯于1889年7月14日发起召开了国际马克思主义工人代表大会，成立了第二国际。第二国际是第一国际的继续和发展。但第二国际实行了较严格的民主集中制，没有中央领导机构，只是松散的联合组织。图中是第二国际的领导人恩格斯的画像。

B 右倾机会主义

右倾机会主义是工人运动中无产阶级政党内部的一种违反马克思主义根本原则和正确路线的思潮。其表现形式是思想落后于实践，不能随变化了的客观形势把革命推向前进，而是拘泥保守，停步不前，甚至企图开倒车，只顾眼前的局部利益，而不顾工人阶级长远的全局的利益。他们或过高地估计敌人力量，或过低估计人民群众的革命力量，看不到革命形势的有利因素，散布悲观情绪，不敢斗争甚至主张搞阶级合作；或者害怕革命形势，屈从反动势力，压制群众斗争，放弃原则，甚至出卖革命，投降敌人。其特征是主观与客观相分离，认识与实践相分离。右倾机会主义是阻碍革命的绊脚石，对革命危害极大。

A.D.1800　A.D.1900

10 19世纪的文化运动

关键词：社会达尔文主义 唯意志论

19 世纪后半期，原来支配资产阶级思想界的功利主义、自由主义等思想流派的影响日渐衰微，一些新的思想流派开始占据统治地位。其中影响最大的是社会达尔文主义、唯意志论以及政治经济学。这些思想都反映了从自由竞争向垄断过渡时期资产阶级的要求和愿望。

19世纪的文化运动

社会达尔文主义	主要思想	借用达尔文的生物进化论来解释人类社会的基本构成及行为准则。
	代表人物	**赫伯特·斯宾塞（1820—1903）**，代表作《社会静力学》《综合哲学》。A
唯意志论	主要思想	世界的本质是意志，意志是世界上决定一切的力量。
	代表人物	**弗里德里希·威廉·尼采（1844—1900）**，代表作《悲剧的诞生》《查拉图士特拉如是说》《善恶的彼岸》和《强力意志》。B
德国的历史学派	主要思想	1 历史学派：主张政治经济学要密切地结合政治史、法学史、经济学史及文明史。 2 新历史学派：强调在经济生活中伦理道德的重要作用和国家的决定性作用。
	代表人物	1 历史学派：威廉·罗雪尔、布鲁诺·希尔德布兰德和卡尔·克尼斯。 2 新历史学派：古斯塔夫·施莫勒、路德维希·布伦坦诺和阿多夫·瓦格纳。
奥地利学派	主要思想	根据新的经济形势，把重点放在市场方面，提出了边际效用价值论。
	代表人物	**卡尔·门格尔（1840—1921）**。

A 社会达尔文主义

社会达尔文主义认为生存竞争所造成的自然淘汰在人类社会中也是一种普遍的现象，并且在人类的进化、发展上起着重要的作用。这种思想常被用来强调社会阶级存在的合理性。该理论的代表人物为赫伯特·斯宾塞，他认为贫富是社会进化的必然现象。社会达尔文主义具有很明显的缺陷，进入20世纪后就逐渐衰落下去。

B 唯意志论

弗里德里希·威廉·尼采是唯意志论的主要代表，在他看来，强力意志是生命本能的冲动，意志是决定一切的力量。这种言论正好表达和激励了容克资产阶级对外扩张侵略的欲望，因此得到了德国容克资产阶级的青睐。

图中是尼采的画像。

1914-1918

19世纪末20世纪初，在两次工业革命的推动下，世界资本主义大国的经济都得到迅速发展，为扩大市场，各国开始积极推行殖民扩张政策，世界领土被瓜分殆尽。但帝国主义列强占有的殖民地很不均衡，后起的帝国主义国家为重新瓜分世界发动了第一次世界规模的大战。

第十二章

秩序中的动荡
——第一次世界大战

A.D.1870　　A.D.1905

01 战前主要资本主义国家

关键词：“三皇同盟”　“三国协约”

19世纪70年代后，经过普法战争，德国与法、英，俄国与奥匈矛盾加剧，复杂的国际环境促使了德、奥匈、俄三国走向“同盟”。1873年，德、奥、俄三国建立“三皇同盟”，后因巴尔干半岛问题“三皇同盟”破裂。1882年，德、奥、意三国在维也纳签订同盟条约，三大同盟国形成。1891年到1894年，法、俄订立军事协定，法俄同盟建立；1904年英、法签订协定；1907年，英国又与俄国签订协定，至此三大协约国形成。因此，以德、奥匈为主的同盟国和以英、法、俄为主的协约国两大军事集团正式形成。两大军事集团形成后，各国加紧了扩军备战的步伐，使得战争危险日益增加。

战前主要资本主义国家	
互立阵营	1 “三皇同盟” A 1873年，德、奥、俄三国建立“三皇同盟”。 2 “三国同盟” B 1882年，德、奥、意三国签订同盟条约，“三国同盟”建立。 3 “三国协约” C 1904—1907年，英、法、俄三国相互之间先后签订协议，形成“三国协约”。 4 两大军事集团 1907年，以德、奥匈为主的同盟国和以英、法、俄为主的协约国两大军事集团正式形成。
军备竞赛	1 1900年，德国制订海军法，计划扩充海军规模。 2 1905年，英国开始建造无畏舰，扩充陆军。 3 德国常备军由42万扩充至87万。 4 法国常备军由50万扩充至80万。 5 俄罗斯常备军由80万扩充到了140万。 6 意大利常备军由20万扩充至35万。
局部战争	1898—1905年间连续发生了美西战争、英布战争和日俄战争。D E

A “三皇同盟”

普法战争后，俾斯麦为了巩固德国的统一，采取了孤立和打击法国的政策，因此开始策划与俄国、奥匈两国结成同盟。1872年9月6日至12日，德、俄、奥三皇会于柏林，这是德奥俄亲善的第一步。1873年6月6日，奥俄两国签订了一项政治协定，即兴勃隆协定，10月23日，德国也加入兴勃隆协定，从此“三皇同盟”形成。

三皇同盟是德、俄、奥三国外交的产物，同盟建立后德国实现了孤立和削弱法国的目的，而俄、奥两国在巴尔干问题上的矛盾也有所缓和。但三皇同盟是一个松散同盟，内部充满着深刻的矛盾。后来俄、奥两国因巴尔干的问题重起矛盾，三皇同盟破裂。

B “三国同盟”

1881年，法国入侵突尼斯，将其变成了自己的保护国。一直觊觎突尼斯的意大利对此不满，却无力对抗法国，因此便投靠德、奥，试图以此牵制法国。1882年5月20日，德、奥、意三国在维也纳签订同盟条约，“三国同盟”形成，标志着欧洲两大军事集团其中的一方初告形成。

图中是三国签订协约的示意图。

C “三国协约”

进入帝国主义时代后，各资本主义国家的实力对比发生了明显的变化。经济实力膨胀的德国开始威胁老牌帝国主义国家英国的地位，而法、德之间的矛盾也促使法国向英国靠拢。三皇同盟破裂后俄国与德、奥的矛盾也超过了俄、英之间的矛盾。因此在德国实力不断上升的威胁下，英国、法国、俄国三国为对抗三国同盟，通过签订一系列协议而结成了一个帝国主义集团，欧洲两大军事集团的另一方也宣告形成。

D 美西战争

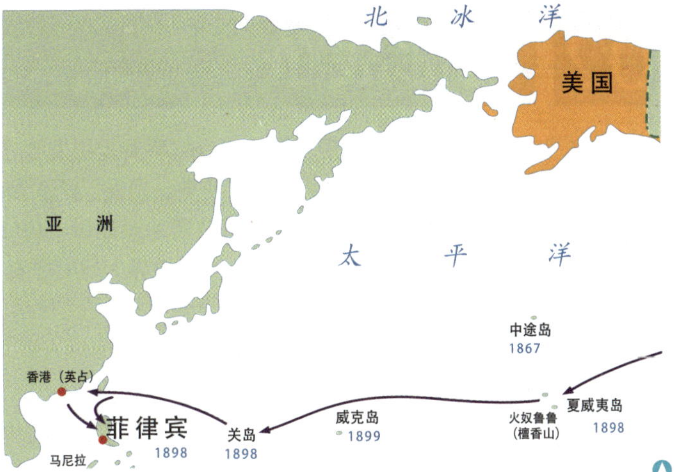

19世纪末，西班牙地位衰落，大量军队深陷于古巴和菲律宾反殖民统治的武装斗争之中。西班牙对古巴的残酷镇压危及到了美国在该地的经济利益。因此，美国于1898年对西班牙宣战。新兴的美国因其雄厚的经济和军事潜力，赢得了这场战争的胜利。图中是美西战争中美国的行军路线图。

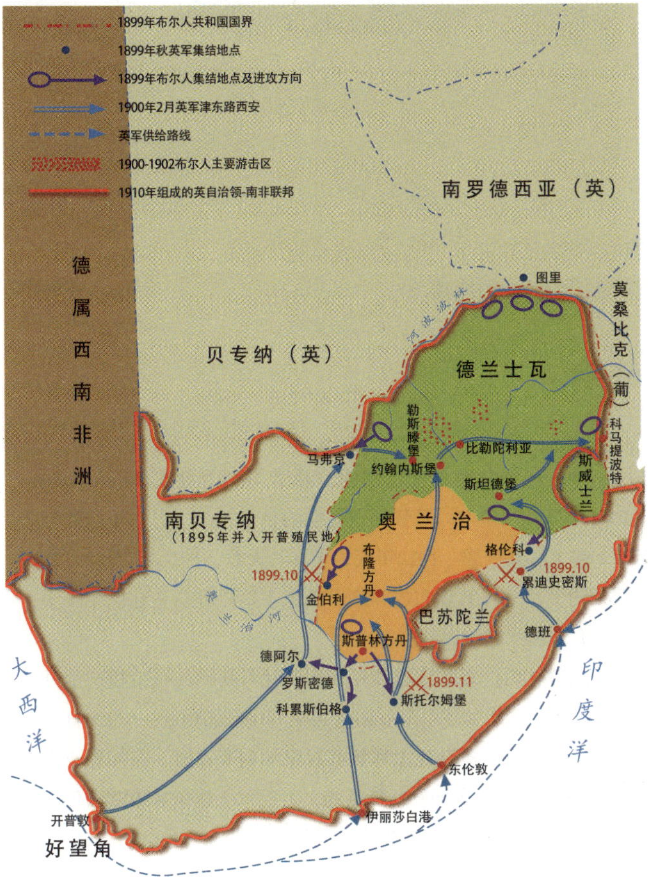

E 英布战争

19世纪末，由荷兰移民布尔人建立的德兰士瓦和奥兰治共和国成为英国扩张的目标。1899年，英国以德兰士瓦拒绝给英国移民以选举权为借口在布尔人共和国边境附近集结军队。1899年10月11日，布尔人对英宣战。1902年5月31日，布尔人战败被迫签订和约，承认将德兰士瓦、奥兰治两个共和国并入英国。英布战争是帝国主义时代到来的一个主要历史标志。

图中是英布战争中两国的行军路线。

A.D.1905　　A.D.1913

02 局部战争

关键词：摩洛哥危机 巴尔干战争

1905 年到 1913 年，两大军事集团为争夺战略要地引发了一系列局部战争。1905 年和 1911 年，德、法两国为争夺大西洋与地中海之间的咽喉要地，引发了两次摩洛哥危机。1908 年到 1909 年，俄、奥、德为争夺巴尔干半岛的战略要地又引起了波斯尼亚危机。1912 年到 1913 年间又爆发了两次巴尔干战争。列强之间相互展开激烈的斗争成为第一次世界大战的前奏。

局部战争

1 摩洛哥危机 A

1905—1906年，德国与法国因争夺摩洛哥而引起的国际危机。1911—1912年，第二次摩洛哥危机仍是法德两国因争夺而引发的危机，英国的参与使英、德两国矛盾加剧。

2 波斯尼亚事件

1908年，奥匈帝国吞并波斯尼亚和黑塞哥维那，激起了想获得这两地的塞尔维亚的强烈反对。

3 巴尔干战争 B

1912年，巴尔干同盟共同反对土耳其的第一次巴尔干战争。1913年，巴尔干同盟各国发生内讧，爆发第二次巴尔干战争。

A 摩洛哥危机

摩洛哥北临地中海，西接大西洋，具有重要的战略地位，一直以来都是欧洲列强争夺的要地。20世纪以来，法国迅速向摩洛哥扩张势力，这侵犯了德国在摩洛哥的殖民利益，两国因此发生冲突，分别于1905年和1911年爆发了两次摩洛哥危机。两次摩洛哥危机使德国与法国的结怨更深，世界大战危机随之加深。

图中是摩洛哥首都拉巴特海边的灯塔。

B 巴尔干战争

1912年3月13日，保加利亚、塞尔维亚、希腊与黑山组成“巴尔干同盟”。1912年10月18日，为争取马其顿和色雷斯的自治权，“巴尔干同盟”在沙皇俄国支持下向土耳其宣战。1912年底，土耳其大败，1913年5月30日，双方签订《伦敦条约》，土耳其宣布放弃除君士坦丁堡以外所有在巴尔干半岛的领地，因而丧失了在欧洲的大部分领土。

第一次巴尔干战争之后，塞尔维亚和保加利亚就马其顿的统治权产生分歧。1913年，塞尔维亚、希腊和罗马尼亚结盟共同进攻保加利亚。6月29日，第二次巴尔干战争爆发，之后奥斯曼土耳其亦对保加利亚宣战。保加利亚大败，8月10日与各参战国签订《布加勒斯特条约》。巴尔干战争导致欧洲列强之间的矛盾进一步激化，加速了第一次世界大战的爆发。

A.D.1914 A.D.1917

03 大战爆发

关键词:德国速战计划破产 凡尔登战役 盟国战败

1914 年 6 月，萨拉热窝事件爆发，成为第一次世界大战的导火索。1914 年 7 月 28 日，奥匈帝国以此为借口向塞尔维亚宣战，第一次世界大战爆发。战争主要是同盟国和协约国之间的战斗。同盟国包括德意志、奥匈帝国和意大利，英国、法国、俄罗斯帝国和塞尔维亚则属于协约国。战线主要分为东线即俄国对德奥作战，西线即英法对德作战和南巴尔干战线即塞尔维亚对奥匈帝国作战。其中西线最惨烈，著名的战役有马恩河战役，凡尔登战役和索姆河战役。

第一次世界大战	
背景	1 帝国主义国家要求重新瓜分殖民地。A 2 帝国主义国家企图通过对外侵略战争解决国内经济危机。
爆发	导火索：萨拉热窝刺杀事件。B **1914年7月28日**，奥匈帝国向塞尔维亚宣战，大战爆发。
第一阶段	**1914年** 1 德国速战计划破产。C 2 马恩河战役。D 3 坦能堡战役。 4 日本、土耳其参战。
第二阶段	**1915—1916年** 1 德军在东线取得胜利。E 2 伊普尔战役。 3 保加利亚参战。 4 意大利转投协约国。F 5 凡尔登战役。G 6 索姆河战役。 7 罗马尼亚、希腊参战。 8 日德兰海战。H
第三阶段	**1917年** 1 俄退出战争。I 2 美国参战。J 3 中国参战。
结束	1 德国爆发革命。 2 同盟国战败。K

A 殖民地

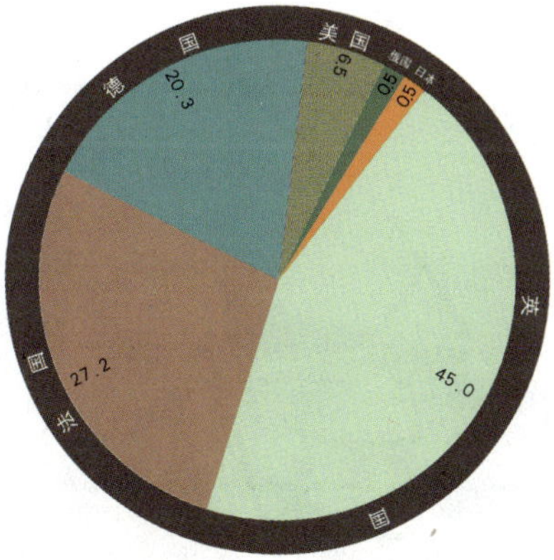

1914年主要国家在资本输出中所占的比重
（输出资本的总额为100%）

19世纪末20世纪初，各主要资本主义大国为寻求海外市场开始积极推行对外扩张政策。各资本主义强国在世界各地以武力争夺殖民地，但帝国主义列强占有的殖民地很不均衡，老牌殖民帝国英、法、俄占去世界绝大部分殖民地，德国、美国、日本三个后起的帝国主义国家不满意这种状况，要求以武力重新瓜分殖民地。

图中是帝国主义早期资本输出的情况。

B 萨拉热窝刺杀事件

1914年6月28日，奥匈帝国皇太子斐迪南大公为对塞尔维亚炫耀武力，到波斯尼亚检阅军队，在萨拉热窝被塞尔维亚一个秘密组织成员普林西普刺杀，普林西普随即被捕。奥匈帝国以刺杀事件为由，对塞尔维亚宣战，直接导致了第一次世界大战的爆发。

C 施里芬计划

德国统一后改变了整个欧洲的政治格局，引起了老牌欧洲强国的警惕。同时，德国地处欧洲中心，强敌环伺，战略上处于不利地位。因此，在德意志统一不久，德国参谋本部便开始着手研究如何应对未来全面的欧洲大战。

在战争爆发之前几年，德国总参谋长阿尔弗雷德·冯·施里芬已制定了以速战速决为主要特征的“施里芬计划”。计划的主要内容是首先利用德国发达的铁路网，集中优势兵力在六星期内打败法国，然后将部队调往东线进攻沙俄。与此相对应，法国也制订了以两个集团军齐头并进，一举收复普法战争后被割让给德国的阿尔萨斯和洛林两省的17号计划。但战事的发展却出乎这些军事家意料，使得这两个计划皆不可行。

D 马恩河战役

一战爆发后，德军按“施里芬计划”首在西线发起进攻。1914年8月4日，德军侵入比利时，企图从背后打击法军主力，以达到快速击败法国的目的。战争初期，德国在边境战中占有上风，英法联军被迫南撤，德军侵入法国。1914年9月5日至9日，双方在马恩河展开决战，法军开始反击，德军只得转入战略防御，固守安纳河一线，战斗演变为阵地战。

图中是1914年在马恩河战争中受伤的联军士兵到达比利时。

E 失利的俄军

1915年后，一战进入第二阶段，德国把主攻战场转向东线，企图打败俄国来摆脱两线作战的困境。1915年2月，德国和奥匈帝国联军兵分两路对俄军展开全面进攻。双方交战长达八个多月，俄军丢失大片土地，共损失170多万人，退到从里加湾到德涅斯特河一条直线的战线上。德军虽然大胜但损失极大，而且并未消灭俄军主力，没有达到逼迫俄国投降的目的。

图中是1916年在法国进行演习训练的俄军。

F 意大利转投协约国

1915年5月，意大利因为英法答应其在战后分得阜姆和达尔马提亚，于是投向协约国一方，对同盟国宣战。意军虽然实力较弱，交战初期即损失近30万人，但却成功拖住了奥匈帝国40个师的兵力，缓减了俄法的压力。1915年9月，保加利亚加入同盟国，并出兵30万，配合德奥联军攻击塞尔维亚，结果同盟国很快便占领塞尔维亚全境，塞尔维亚政府及军队被逼撤退至希腊的克基拉岛。

G 凡尔登战役

1916年初，为了打败法国，德国把进攻重点重又转向西线。凡尔登作为通往巴黎的强固据点和法军阵线的枢纽被德军选择为进攻目标。凡尔登一役从1916年2月一直持续到12月，最终以德军的失败而告终。此役双方伤亡近100万人，因此凡尔登战场被称为“绞肉机”。凡尔登战役是第一次世界大战的转折点，德军未能实现夺取凡尔登包抄巴黎南路的计划，从此逐步走向失败。

图中是凡尔登战役中，奋战在前线的法国士兵。

H 海上战争

1914年，英国舰队进入北海同德国舰队进行海战，随后，两国舰队又发生多次海战。其中最著名的一场海上战役是1916年的日德兰海战，英国舰队将德国海军封锁在了德国港口。针对英国海军的封锁，德国于1917年展开了“无限制潜艇战”，击沉了英、美等国许多商船，给协约国造成了一定威胁，但也直接导致了美国的参战。

I 俄国退出战争

1917年，俄国发生二月革命，资产阶级推翻沙皇建立了临时政府，并决定继续进行战争，最后被德奥联军击败。持续战争使俄国社会矛盾激化，终于爆发了十月革命，之后苏俄政府决定退出帝国主义战争。1918年3月，俄国同德国及其同盟国签订了《布列斯特—立托夫斯克条约》，俄国完全退出战争。

图中是俄国二月革命爆发时彼得格勒街道上的士兵和工人。

J 美国参战

1914年大战爆发后，美国宣布中立，只向交战双方出售军火物资。1917年4月6日，美国政府借口德国的“无限制潜艇战”对德宣战。到大战结束时，美国派往前线的军队多达200万人。同时大战期间，美国供给协约国的军火和各种物资总额将近100亿美元，成为协约国在财政和军需方面的主要支柱。美国的参战加速了德国的溃败，促使一战接近尾声。

K 德国投降

1918年，俄国退出战争后，德国将兵力集中于西线，但均未取得重要的进展。此时美国的参战使德军的情况雪上加霜。从7月下旬至8月底，德军已再无力组织进攻，协约国联军却对德军连续进攻使其退守兴登堡防线，处于被动局面。1918年9月26日，协约国联军发动总攻，兴登堡防线全面崩溃。最后德国柏林亦发生十一月革命，不得不向协约国求和。11月11日，德国签订《贡比涅森林停战协定》，宣布投降。历时四年零三个月的第一次世界大战以协约国的胜利告终。

图中是盟军在庆祝战争的胜利。

A.D. 1919.1.18　A.D.1919.6.28

04 和平协议

关键词:巴黎和会 《凡尔赛和约》

一战结束后，各国于巴黎召开“巴黎和平会议”，简称巴黎和会。诸国与德签订了《凡尔赛和约》，德国被强加了割地赔款和限制军备等苛刻条款。与此同时，战胜国与其他战败国也分别签署了条件苛刻的和约。《凡尔赛和约》及其他和约所构成的欧洲及国际关系新体系，就是所谓的凡尔赛体系。凡尔赛体系对战后国际关系的发展有着重要影响，和会对德国进行的宰割性惩罚措施，刺激了德国民族主义情绪的高涨，为以后的第二次世界大战埋下伏笔。

巴黎和会	
巴黎和会	**1919年1月18日至6月28日**，第一次世界大战的战胜国和战败国在巴黎凡尔赛宫召开和平会议。会上诸国与德签订了《凡尔赛和约》。A B
其他条约	1《圣日耳曼条约》，奥匈帝国被划分为多个民族国家。 2《讷依条约》，保加利亚失去爱琴海出海口，并须赔款4.4500亿美元。 3《特里亚农条约》，匈牙利领土大幅减少。 4《色佛尔条约》，彻底瓜分奥斯曼土耳其的领土。
战后影响	1 沙皇俄国、德意志帝国、奥匈帝国、奥斯曼土耳其帝国四大帝国覆灭。 2 俄国发生十月革命，世界上出现了第一个社会主义国家。 3 大战削弱了英、法、意的势力，美国和日本崛起。 4《凡尔赛和约》对德国的严厉制裁，使得德国国民产生强烈的抵触情绪，为第二次世界大战埋下了伏笔。

A 巴黎和会

第一次世界大战结束后，战胜国和战败国在凡尔赛宫召开了巴黎和会商定战后秩序问题。会议于1919年1月18日召开，一直持续到6月28日，共有27个国家参加。巴黎和会名义上是拟定对德和约、建立战后世界和平秩序，但实际上却是帝国主义重新瓜分世界的手段。巴黎和会使各国列强间的矛盾得到了抑制，但并未彻底解决这些矛盾，为此埋下了战争的种子。

B 瓜分世界

巴黎和会最后签订了《凡尔赛和约》，其主要目的是惩罚和削弱德国。《凡尔赛和约》的主要内容是如何瓜分德国的海外殖民地。根据条约规定，德国损失了10％的领土和所有的海外殖民地，并受到了严厉的军备限制。

图中是主持巴黎和会的三巨头：左边为法国总理克列孟梭·乔治，中间为美国总统伍德罗·威尔逊，右边为英国首相戴维·劳合·乔治。

1939·1945

1940年6月6日，德军开始正式全面入侵法国本土，6月4日占领法国巴黎。6月25日，德、法签订停战条约，法国三分之二的领土被德国占领，其余的南部地区则成立了附庸政权维希政府。法国的战败使英国必须独自面对德国。图中是踢正步通过巴黎市中心的德军。

第十四章

战争的阴云

——第二次世界大战

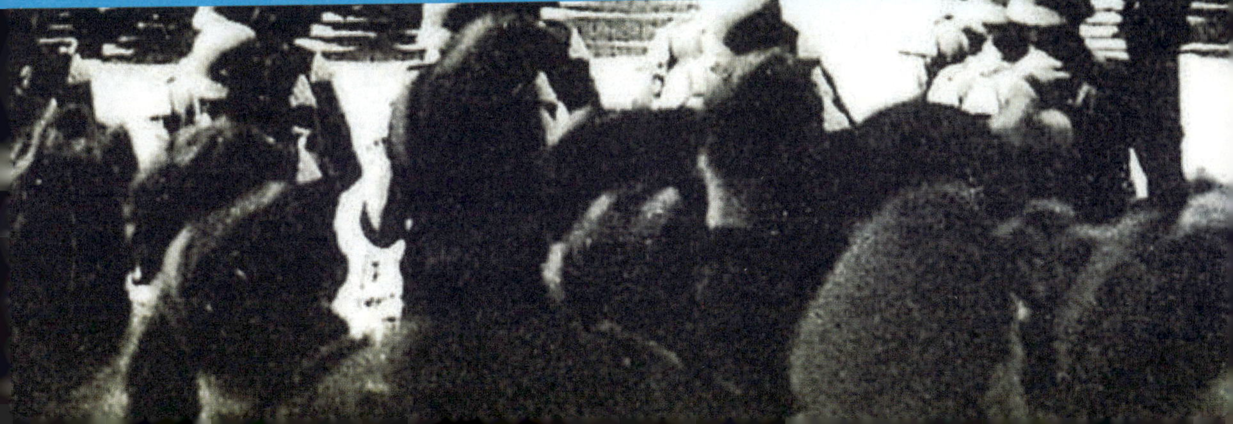

A.D.1917　　A.D.1934

01 俄国十月革命与苏联成立

关键词:十月革命 苏联成立

1917 年,俄国革命经历了二月革命后进入到革命的第二个阶段。1917 年 11 月 7 日,十月革命爆发,推翻了二月革命时所建立的资产阶级临时政府,建立了工农苏维埃政府。苏维埃政府建立后所采取的系列措施,为 1918 年到 1920 年的俄国内战和 1922 年苏联的成立奠定了基础。

俄国十月革命	
背景	1 **20世纪初**,俄国经济仍落后于资本主义强国。 2 第一次世界大战使俄国各种社会矛盾空前激化。A 3 成熟的无产阶级革命政党建立并领导革命。B
革命过程	1 **1917年4月17日**,列宁发表《四月提纲》。C D 2 **1917年7月16日**,彼得格勒发生"七月流血事件",两个政权并立的局面破裂。E 3 **1917年11月7日**,列宁领导彼得格勒发动武装起义,资产阶级临时政府被推翻。F 4 **1917年11月7日**,第二次全俄工兵苏维埃代表大会召开,建立苏维埃政府。
苏联成立	1 **1922年12月30日**,苏维埃社会主义共和国联盟正式成立,简称苏联。G 2 **1922—1924年1月**,列宁执政时期。 3 **1924年**,列宁逝世,斯大林获得最高权力,苏联进入斯大林时期。H I J

A 民怨沸腾

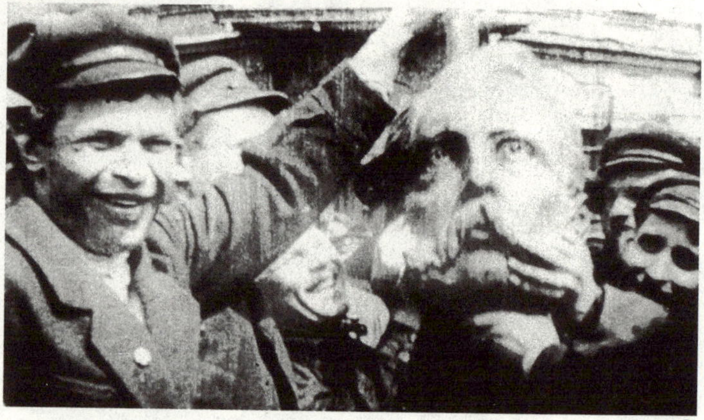

由于俄国的经济基础本就薄弱,在第一次世界大战的摧残下,俄国经济濒于崩溃,俄国民众为了生存掀起了一系列革命。

图中工人们正在展示被拆除的亚历山大二世的头像。二月革命后,沙皇政府被推翻,大多数公共建筑上象征旧政府的双头鹰都被拆除,表明了当时俄国社会的民怨沸腾。

B 苏维埃

俄国爆发了二月革命后,成立了资产阶级的临时政府。同时,工人和士兵也组织了自己的领导机构苏维埃,国内的武装力量都掌握在工人和士兵苏维埃的手中。因此二月革命后,俄国出现了资产阶级临时政府和士兵代表的苏维埃两个政权并立的局面。

图中是1917年彼得格勒大工厂的武装工人组成的赤卫队,其任务是捍卫革命果实。

C 列宁回到彼得格勒

俄国两个政权并立的局面在国内造成一定的骚动。正当人民不知道何去何从之时，列宁从芬兰回到彼得格勒，对人民作了及时的指导。1917年4月17日，列宁在塔夫利达宫布尔什维克会议上作了《论无产阶级在这次革命中的任务》，因发表在俄历四月，故又称《四月提纲》。

图中是列宁回到彼得格勒后在普蒂洛夫工厂的会议上演讲。

D《四月提纲》

《四月提纲》	
主要内容	1 指出俄国革命应过渡到社会主义革命阶段，实现无产阶级专政。 2 提出了新建立的国家政权形式应是苏维埃共和国，而不是议会制共和国。 3 指出只有推翻资产阶级的统治才能摆脱战争。 4 提出把全部政权收回到苏维埃手中。 5 在经济方面提出由工兵代表苏维埃对社会生产和分配实行监督。
意义	1《四月提纲》指出俄国当前形势，应当使政权转到无产阶级和贫苦农民手中。 2《四月提纲》制定了俄国从资产阶级民主革命过渡到社会主义革命的路线、方针和策略。

E 七月流血事件

俄国临时政府成立后，企图通过军事上的胜利来摆脱国内危机，结果遭到惨败。被激怒的群众于1917年7月17日在布尔什维克党的领导下，上街游行，要求苏维埃夺取政权。游行群众遭到临时政府的镇压，造成400余人伤亡。随后临时政府宣布首都戒严，解除工人武装，革命和平发展的道路已不可能，两个政权并存的局面宣告结束。

图中是关于“七月流血事件”的照片，记录了反动军队残忍枪杀游行群众的场面。

F 彼得格勒武装起义

“七月流血事件”发生后，布尔什维克党人被排除在政治之外。为了夺取政权，列宁于1917年11月7日亲自领导发动了武装起义。二十多万革命士兵和起义工人迅速占领了彼得格勒的各个战略要地，临时政府所在地冬宫被攻克。革命当晚，全国起义者召开了全俄苏维埃第二次代表大会，苏维埃政权建立。

图中是苏科洛夫-斯卡利亚的油画，描绘的是起义者攻占彼得格勒冬宫的场景。

G 苏联成立

十月革命后，苏维埃政权宣布各民族享有独立国家的权利，各民族遂建立起自己的自治共和国。各自治共和国成立后，为了恢复经济遂决定建立统一的经济整体。1922年12月30日，苏维埃社会主义共和国联盟正式成立，苏联是联邦制国家，由15个平等权利的共和国按照自愿联合的原则组成，首都为莫斯科。

图中是苏联的国徽。

H 斯大林

1924年，列宁逝世，斯大林被选为苏共中央委员会总书记，成为苏联新一任的领导人。斯大林在任期间对苏联的经济生产方式进行了大改造，不仅全面推行了农业集体化政策，并实施了大规模工业化政策，使苏联成为重工业和军事大国，对20世纪的苏联和世界产生了深远的影响。

图中是苏联领导人斯大林。

I 大规模工业化

大规模工业化	
第一个五年计划	1 内容：1928—1932年的第一个五年计划主要推行农业集体化政策。 2 结果：苏联出现了严重的饥荒，农业总产值下降。
第二个五年计划	1 内容：1933—1937年的第二个五年计划大规模发展重工业。 2 成就：工业总产值的平均年增速为18%。其中钢产量达1770万吨，煤为1.28亿吨，电力为362亿度。
第三个五年计划	1 内容：1938年起的第三个五年计划集中发展军事工业。 2 成就：到1941年6月，苏联的坦克总数高达2.4万台，火炮约11万门，飞机1.8万架，成为重工业和军事大国。

J 大清洗

1934年，斯大林针对列宁格勒州委书记被害事件展开了对老布尔什维克的大清洗。大清洗的最初目的是为了消灭潜在的破坏分子和间谍，最终变成了对党、政、军、中央、地方干部的全面清洗和镇压，受害者的人数至少在70万人以上。大清洗运动涉及广泛，社会中许多阶层皆被牵连，包括知识分子、农民、技术专业人员以及少数族裔等。很多人遭到逮捕，被关押在古拉格集中营里，苏联境内的诸多少数族裔被集体迁移和流放。

A.D.1921　A.D.1922

02 凡尔赛—华盛顿体系

关键词：凡尔赛—华盛顿体系

巴黎和会后，帝国主义列强在远东、太平洋地区的矛盾仍然十分尖锐。而且由于日本在该地区进一步扩展势力，引起了美国的不安，美日矛盾尤为突出。为了完善凡尔赛体系和解决列强之间的利益冲突，1921 年 11 月 12 日到 1922 年 2 月 6 日第二次国际会议在华盛顿举行，在会议上起主要作用的是美、英、日三国。会上帝国主义列强调整了海军力量对比，并重新划分了各国在远东、太平洋地区的势力范围。

华盛顿体系是凡尔赛体系的补充，但它并未消除帝国主义之间的矛盾。此后，美日两国在远东及太平洋地区的斗争愈演愈烈，成为第二次大战爆发的隐患。

华盛顿会议

背景	1 美国外交注意力转向亚太地区。 2 日本一度独霸中国，激化美日矛盾。 3 美、英、日希望限制海军军备竞赛。A 4 平息中国反帝怒潮，维护列强在中国利益。 5 战后各国都需要一个和平的国际环境，希望通过外交途径来缓和矛盾。
会议主要议题和签订条约	华盛顿会议（1921—1922）B 1 亚太问题： **1921年12月13日**，签订《美、英、法、日关于太平洋区域岛屿属地和领地的条约》，通称《四国条约》。条约解除了英、日联盟，美国成为最大赢家。 2 限制海军军备问题： **1922年2月6日**，签订《美、英、法、意、日五国关于限制海军军备条约》，通称《五国海军条约》。英国被迫承认美国与其海军的平等地位，日本海军力量被限制。 3 中国问题： **1922年2月6日**，签订《九国关于中国事件适用各原则及政策之条约》，通称《九国公约》。中国回复到几个帝国主义国家共同支配的局面。
结果	1 美国成为会议的最大的赢家。 2 拆散了英日同盟。 3 美国获得了与英国并驾齐驱的海军力量。 4 遏制了日本在亚太地区的扩张。 5 在中国实现了“门户开放”政策。

A 军备竞赛

一战中，海军在保障战备物资供应和控制制海权等方面发挥了巨大作用，显示了其海上威力。因此，战后各国为了新一轮殖民地的争夺而展开了海军军备竞赛，其中英国海军实力最为突出，一直掌握着海上霸权。限制英国的海军军备成为美国积极促成华盛顿会议召开的重要原因之一，因此，限制海军军备问题成为华盛顿会议的主要议题之一。

B 华盛顿会议

1921年11月12日至1922年2月6日，列强为了调整海军力量对比和重新划分远东和太平洋地区的势力范围，在华盛顿召开了第二次国际会议。会议期间与会国签订了一系列条约、协定和决议案，建立了凡尔赛—华盛顿体系。美国成为此次会议的最大赢家，不仅限制了日本在亚太地区的扩展，而且在中国实现了“门户开放”政策。

图中是华盛顿会议签字现场。

A.D.1918　　A.D.1929

03 资本主义的恢复和调整

关键词:英国 法国 德国 意大利

第一次世界大战结束后，英法作为战胜国在瓜分战利品上获得了巨大的收获，经济逐渐走向恢复。而德国在战败后则成立了魏玛共和国，资产阶级在德国政治生活中起着越来越大的作用。战后初期外国资本的输入使德国获得了较快的发展。

与欧洲其他大国相比相对贫弱的意大利，战后的发展则面临着巨大的困境。经济困境、政治动荡以及阶级矛盾的尖锐化，以及作为战胜国没有获益而引发的民族主义情绪，使垄断资产阶级选择了与法西斯运动相结合的道路，导致意大利出现了世界上第一个法西斯政权。

资本主义的恢复和调整

英国	经济	英国战后初期的经济长期萧条。A
	政治	1 工党与保守党交替在英国执政。 2 **1926年5月**，英国爆发大罢工。B
法国	经济	在获得大量赔款和殖民地的情况下，法国经济得到迅速发展。C
	政治	实行多党制政体，内阁更换频繁。D
德国	经济	1 战后赔款问题成为德国发展的难题。 2 **1924年**，通过签订道威斯计划，德国赔款问题得到了调整，经济逐步稳定。 3 战后初期，外国资本的流入使德国经济获得了较快的发展。E
	政治	1 **1918年**，十一月革命爆发，德皇威廉二世退位，德意志帝国崩溃。F 2 **1919年**，魏玛共和国成立实行联邦制。G 3 **1920年**，复辟帝制的卡普暴动爆发。 4 **1922年**，德国出现恶性的通货膨胀。 5 **1923年**，发生啤酒馆暴动。H 6 **1925年**，兴登堡当选总统。
意大利	经济	战后初期，意大利经济异常困难。
	政治	**1922年**，墨索里尼担任意大利总理，意大利出现了法西斯政权。I J K

A 英国的萧条

一战后初期，英国的经济一直处于萧条状态，直到1922年，各部门经济才先后复苏。其中，新兴工业部门得到较快发展，但传统工业部门却日趋衰落，逐渐丧失了世界霸主的地位。

图中是英国用于运输煤炭的地下通道。一战后英国的煤产量从1913年的2.91亿吨下降到了1929年的2.61亿吨。

B 大罢工

1926年5月，由于矿主强行降低煤矿工人的工资，英国发生了第一次全国总罢工。参加罢工的除了煤矿工人外，还有运输、铁路和机械工人。但罢工的领导人只力图把斗争限制在经济领域，导致了总罢工的失败。1927年7月，政府公布了法律，宣布总罢工是非法的，也采取了安抚工人的措施。英国阶级矛盾得到暂时的缓和，经济形势趋于好转。

图中是英国工人走上街头罢工的场景。

C 恢复中的法国经济

D 更迭频繁的政府

政府更迭的频繁

1 1919年11月，大选中右翼政党组成的国民联盟获胜，战时联盟政府总理克里孟梭辞职，米勒兰担任总理。

2 1920年9月，米勒兰当选为总统，白里安担任总理。

3 1922年，德国发生经济危机，要求延期赔款，白里安与英国商谈未果，引咎辞职。1922年，组成普恩加莱政府。

4 1924年，德国继续要求延期赔款，法国出兵占领德国鲁尔，激起国内外普遍不满，1924年普恩加莱辞职。

5 1924年5月，左翼联盟在大选中获胜，其首领激进社会党人赫里欧担任总理。

6 1926年7月21日，左翼联盟发动殖民战争使法国财政状况进一步恶化，引起民众不满，左翼联盟被迫辞职。

7 1926年7月底，普恩加莱再次担任总理，组成以各右翼政党为骨干、有左翼联盟部分成员参加的国民联合政府。

8 1928年11月，激进社会党部长退出内阁，国民联合政府结束，内阁只剩保守党。

一战后，法国不仅成为获得赔款最多的国家，而且还从德国手中获取了新的殖民地。因此，战后法国经济恢复较快，到1926年被破坏地区基本上都得到了重建。此外，法国还创办了许多新兴工业，铸造出了如雷诺、西特隆等汽车品牌，航空、橡胶等部门进步也非常显著。

图中是法国雪铁龙公司生产的汽车。

E 重新繁荣的柏林

巨额的战争赔款使德国的经济在战后一度濒临崩溃。直到1924年签订道威斯计划后，德国赔款问题得到调整，经济才逐步走向稳定。同时，外国资本的流入也使德国经济获得了较快的发展，工业生产年均增长率仅次于英国，列资本主义世界第二。但同战胜国相比，德国的原料来源和市场都成问题，对国外市场的依赖加重，潜伏着严重的危机。

图中是德国经济恢复后繁荣的柏林大街。

F 十一月革命

第一次世界大战末期，德国陷入全面危机。在俄国十月革命影响下，德国群众革命情绪高涨。1918年11月3日，基尔港水兵爆发起义，得到当地工人响应，揭开了十一月革命的序幕。11月9日，在斯巴达克团等组织号召下，柏林工人和士兵发动武装起义。德皇威廉二世镇压未遂，被迫退位出逃，霍亨索伦王朝统治被推翻。

图中是1918年起义士兵攻入柏林的王宫。

G 魏玛共和国

德皇被推翻后，为限制革命的发展，首相巴登亲王将政权交予社会民主党右派首领艾伯特。艾伯特受命组成了资产阶级的临时政府，但该政府阴谋解除无产阶级武装，引起民众的不满。1919年1月，柏林工人举行推翻艾伯特政府的武装起义，遭到镇压。同年2月，国民会议在魏玛召开，魏玛共和国成立。但由于旧帝国的官吏和军官仍保留其特权，所以共和国仍受到右派势力的冲击。

图中是魏玛共和国在柏林国会大厦前宣告成立的场景。

H 啤酒馆暴动

在战后的德国面临全面危机的期间，各种右派势力活跃起来，以希特勒为首的德国工人党就是其中的一支。1919年秋，曾参加过一战的希特勒奉德国陆军政治部之命调查慕尼黑的小政治团体“德国工人党”，后控制了该党。1920年2月15日，希特勒将该党冠名为“民族社会主义”，简称“纳粹”。在鲁登道夫将军的支持下，希特勒于1923年11月8日晚率领武装的纳粹党分子闯进慕尼黑一家啤酒馆扣留了在此集会的当地政府首脑，并宣布要推翻全国政府。希特勒企图以慕尼黑为基地，向柏林进军，在全国建立纳粹党统治。由于该党力量薄弱，“啤酒馆暴动”很快失败，希特勒被投入监狱，判处了5年徒刑。但是，从狱中出来后的希特勒重建了纳粹党，并利用经济危机对德国的打击当上了德国总理，开始了纳粹在全国的独裁统治。

I 意大利总理墨索里尼

贝尼托·墨索里尼是第二次世界大战的元凶之一，1922年至1943年任意大利王国首相。1940年6月10日意大利正式加入轴心国进入第二次世界大战，1943年在意大利北部建立了意大利社会共和国。1945年4月27日，第二次世界大战接近尾声时，墨索里尼在逃亡途中被俘，翌日，在科莫省梅泽格拉被枪决。

J 墨索里尼上台

战后的意大利面临着严重的社会问题，人民生活陷入困境，工人运动高涨，整个意大利社会一片混乱。墨索里尼利用人们对共产主义运动的恐惧，提出反对“布尔什维克党”的口号，建立了世界上第一个“法西斯党”。 法西斯党利用工团主义和民族主义的口号力量不断壮大，开始向政府发动进攻，企图夺取政权。1922年10月，墨索里尼在米兰组织了4万武装党徒，向罗马进军。国王向墨索里尼妥协命令墨索里尼组阁，意大利开始了法西斯专政。图中位于中间者是出任意大利王国首相的墨索里尼。

K 法西斯专政

墨索里尼上台后的国内政策

1 强化法西斯党的领导，规定意大利境内所有组织都要服从法西斯党的领导；取消反对政府的各党派的议席，解散和封闭除法西斯党以外的其他政党、工会、社团的报刊。

2 对议会进行改革，迫使议会在1923年11月通过了《严格选举法》，规定得票数占总选票25%以上的政党就自动获得下议院2/3的席位，余下的席位则按照得票数按比例分配给各政党。这个法令大大有利于法西斯党。

3 墨索里尼于1925年12月24日通过了关于“政府首脑的权力和特权”的法律，1926年1月31日通过了赋予行政官以起草具有法律约束力的法令的权力法律，这样，议会就把立法权交给了墨索里尼。

4 墨索里尼还对司法部门进行大清洗，成立了程序与军事法庭相似的“保卫国家特别法庭”，同时他还加强警察权力，建立集中营。

A.D. 1929　　A.D.1939

04 大战间的危机

关键词:纳粹 绥靖政策

20 世纪 20 年代是资本主义繁荣与稳定发展时期，1926 年各主要资本主义国家都恢复到战前水平。这一繁荣给刚经历过一战灾难的的欧洲人民带来了巨大希望。然而，好景不长，随着 1929 年 10 月 24 日华尔街股票市场的崩溃，资本主义国家爆发了全球性的经济危机。大危机以财政信贷为起点，迅速扩展到工农业，并波及到世界各地。

面对这一场危机，资本主义各国都采取了各种措施来摆脱面临的种种困境。政府干预经济成为各国政策调整的总趋势。通过这次调整，私人垄断资本主义向国家垄断资本主义发展过渡。而且正是在这一场危机中，德国建立了法西斯专政，成为第二次世界大战的欧洲策源地。

资本主义经济危机

原因	1 资本主义基本矛盾的存在。 2 贫富差距过大，造成国民整体消费能力不强。 3 分期付款和银行信贷刺激了市场虚假繁荣。 4 **1929年10月**，纽约华尔街股市崩溃。
欧洲战争策源地形成	1 经济危机下纳粹运动得到迅猛发展。A 2 **1932年**，德国纳粹党一跃成为国会第一大党。 3 **1933年**初，希特勒出任德国总理，法西斯专政建立。B 4 **1933—1938年**，德国公开撕毁《凡尔赛和约》扩军备战。C 5 **1938年**，德国、意大利、英国和法国签署《慕尼黑协议》。D E
意大利	**1935年**，意大利为摆脱经济危机，侵略埃塞俄比亚。F G
英法	英国实行了绥靖政策，纵容德国和意大利的法西斯主义。H

A 纳粹发展

1929年经济危机爆发后，美、英抽走了大量资金，德国的经济面临严重危机。中小资产阶级饱受失业和破产之苦，对现任政府极度不满，强烈要求改变现状。纳粹党迎合社会各阶层的心理，进行蛊惑宣传。1929年到1933年经济危机期间，纳粹党成员从15万上升到100万。

图中是四处进行宣传的纳粹党分子。

B 希特勒上台

1932年，纳粹党在国会选举中一跃成为国会第一大党。同时，希特勒又作出了根除德国共产党的承诺，获得了大资产阶级的支持。1933年初，希特勒被任命为总理，德国法西斯专政建立。世界大战的欧洲策源地形成。

图中是1934年魏玛共和国总统兴登堡接见新总理希特勒的场景。

C 法西斯专政

1934年，兴登堡总统去世，希特勒集总统、总理和军队最高统帅于一身，确立了法西斯的独裁统治。之后希特勒政府就开始着手扩充军备，在经济上，实行国民经济军事化。在军事上，于1935年公开撕毁《凡尔赛和约》，把德国陆军迅速扩充到100万人。此外，还重建了空军，扩充了海军，为其对外侵略扩张作了准备。

图中是1936年，在纽伦堡广场接受检阅的德国军队。

D 慕尼黑

慕尼黑位于德国南部的伊萨尔河畔，是德国主要的经济、文化、科技和交通中心之一，因此两次世界大战期间都成为争夺的对象。第一次世界大战结束后，慕尼黑成为政治动荡的中心，阿道夫·希特勒及其纳粹党便是在此兴起。1933年，纳粹党在德国掌权后，慕尼黑再度成为纳粹据点，纳粹党总部便设在慕尼黑。1938年9月，第二次世界大战爆发前一年，德国、意大利、英国和法国四国首脑希特勒、墨索里尼、张伯伦、达拉第便是在该市签署了众人皆知的《慕尼黑协定》。

E 慕尼黑阴谋

1938年3月德国吞并了奥地利，接着又把侵略目标锁定住了捷克斯洛伐克。1938年9月29日，英法为避免战争爆发，在慕尼黑召开了德意英法四国首脑会议，决定把捷克斯洛伐克的苏台德区“转让”给德国。慕尼黑阴谋是绥靖政策的产物，它为第二次世界大战埋下了隐患。图中显示的是英国首相张伯伦回国后在机场受到了英雄般欢迎的场景，他扬起手中的那张协议，得意地向人们宣告“和平已经向我们到来”。

F 埃塞俄比亚

埃塞俄比亚旧称阿比西尼亚，是位于非洲东北部的一个国家。和其他非洲国家不同，第二次世界大战之前，埃塞俄比亚并没有受到殖民主义浪潮的吞噬，一直维持其古老的君主制度。1936年，埃塞俄比亚被意大利入侵，直到1941年才获得抗意战争的胜利。

G 意大利侵略埃塞俄比亚

1935年，意大利为摆脱世界性经济危机带来的困难处境，决定入侵埃塞俄比亚。1935年1月，法国与意大利签订《罗马协定》，实际上默许了意大利在埃塞俄比亚的军事行动。而英国对此也采取放任态度，鼓励了意大利的侵略行为。1935年10月3日，意大利不宣而战，从南北两个方向大举入侵埃塞俄比亚。翌年5月9日，意军占领埃塞俄比亚全境，将其并入意属东非殖民地。图中显示的是1936年5月墨索里尼进入埃塞俄比亚首都亚的斯亚贝巴的场景。

H 英、法绥靖政策的恶果

英法虽然一再对德国采取忍让的态度，但小小的苏台德地区并不能满足不断膨胀的纳粹德国的野心。1939年3月，德国先是鼓动斯洛伐克从其祖国中独立出来，随后更进一步地使用武力，胁迫捷克老总统米尔·哈加在投降书上签了字。三天后，德军就开进了捷克首都布拉格。图中显示的是一位因亡国而哀伤的捷克妇女。她悲泣着向德军行纳粹礼，以示欢迎。

A.D.1939 A.D.1945

05 第二次世界大战

关键词:斯大林格勒保卫战 诺曼底登陆

第一次世界大战结束后，随着帝国主义国家间政治、经济发展不平衡的加剧，帝国主义之间的矛盾越发尖锐。1929 年到 1933 年的世界经济危机使这些矛盾进一步加剧，为了摆脱危机，德、意、日三国先后走上了军国主义道路。法西斯国家相继发动了局部侵略战争，最终导致第二次世界大战的爆发。经过世界反法西斯同盟多年的浴血奋战，第二次世界大战最后以德国、意大利、日本三个法西斯国家的败北而告终。

第二次世界大战是历史上破坏性最大的一次战争，是人类历史的重大转折点。战后，世界政治局势形成了社会主义和资本主义两大阵营的对峙，长达约半个世纪的“冷战”局面。

第二次世界大战	
大战爆发	1 **1939年9月1日**，德军突袭波兰，英法对德宣战，二战爆发。A 2 **1940年**，德军占领丹麦和挪威。B 3 英、法、比三国实行“敦刻尔克大撤退”。C 4 **1940年6月**，法国沦陷。D 5 **1940年夏**，德军发动“不列颠之战”。E F 6 **1940年秋**，德军入侵巴尔干和北非。
战争扩大	1 **1941年6月**，苏德战争爆发。G H I J 2 **1941年秋**，莫斯科保卫战获得胜利。K 3 **1941年12月**，日本偷袭珍珠港。L M N
转折点	1 **1942年夏到1943年春**，斯大林格勒战役爆发成为苏德战场的转折点。O 2 **1942年6月**，中途岛战役爆发。P 3 **1942年夏秋**，阿拉曼战役爆发。Q
大战胜利	1 **1943年**，北非德意军队投降。 2 **1943年9月**，意大利投降。R 3 **1944年6月**，美英盟军在诺曼底登陆。S 4 **1945年2月**，雅尔塔举行会议召开。T 5 **1945年5月8日**，德国投降。U 6 **1945年8月15日**，日本宣布投降，第二次世界大战结束。V

A 波兰闪击战

《凡尔赛条约》签订后，前德意志帝国的波森和西普鲁士被割让给波兰第二共和国。为一雪前耻，德国于1939年9月1日联合其附庸国斯洛伐克入侵波兰。德国以突袭的方式迅速取得了战争的胜利，10月5日战役即告结束。波兰之战成为第二次世界大战欧洲战场的起点，二战全面爆发。

图中是德国军队推进波兰首都华沙。

B 入侵北欧

二战全面爆发后，挪威和瑞典这两个北欧国家保持中立。为了防止英、法首先占领挪威，切断德国从瑞典进口矿产的道路，德国计划进攻挪威，不冻港纳尔维克成为德国首选目标。1940年4月9日，纳尔维克战役爆发，英国海军封锁了挪威港口，在挪威登陆，但却无法肃清德军。西线战事爆发后，英随即撤军，挪威被德国占领。

图中是纳尔维克战役中英、德双方海军作战的场景。

C 敦刻尔克大撤退

德国成功入侵西欧后，开始向西欧进攻。1940年5月，德军侵略了比利时、荷兰和卢森堡，随后开始全面进攻法国。英、法联军在德国机械化部队的攻势下迅速崩溃，之后在法国东北部的敦刻尔克进行了当时历史上最大规模的军事撤退行动。这次撤退虽然成功挽救大量的人力，可是英国远征军的重型装备都在撤退时被丢弃在欧洲大陆上，给英国本土的防卫造成了严重的困难。

图中是敦刻尔克的士兵乘船撤退的场景。

D 法国沦陷

1940年6月6日，德军开始正式全面入侵法国本土，6月4日占领法国巴黎。6月25日，德、法签订停战条约，法国三分之二的领土被德国占领，其余的南部地区则成立了附庸政权维希政府。法国的战败使英国必须独自面对德国。

图中是踢正步通过巴黎市中心的德军。

E 海狮计划

纳粹德国在占领法国不久就盯上了英伦三岛。为尽快征服英国，纳粹头子希特勒亲自拟定了名为“海狮”的行动计划，决定单纯以空中进攻迫使英国投降。为了实施空中进攻作战，德国空军集中了3个空军集团军，作战飞机2600余架。而当时的英国只有防空歼击机700架，高炮200门，还有轰炸机500架，在兵力上处于劣势。但英国却以灵活的“游击战”打败了德国空袭的计划，最终德军的海狮计划失利，使得英国得以保存军事上的优势，继续同德国抗争。英国最后成为英美反攻欧洲大陆的跳板，使德军陷入了两线作战的困境。

F 不列颠之战

1940年，德国轰炸机飞临伦敦上空，目标定为打垮英国皇家空军。面对强大的纳粹空军，英国皇家空军运用灵活的战略战术，尽量避免与纳粹的战斗机交战，集中力量对付敌人的轰炸机。英国空军的战斗机十分有效地遏制了德国的攻势，英国最终取得了战斗的胜利。这次战争是希特勒首次遭遇的失败，德国的空军遭受重创，之后将战略目标转向了苏联。

图中是被轰炸后满目废墟的伦敦市。

G 巴巴罗萨计划

希特勒在进攻英国失利后，开始将战火引向苏联。1941年6月22日，纳粹德国对德国实施了“巴巴罗萨”计划，德国集结了560万人的强大兵力，发动了对苏联的突然袭击。巴巴罗萨计划详细内容是集中大量兵力，以“闪电战”从数个方向实施迅猛而深远的突击，占领苏联首都莫斯科、苏联第二大城市列宁格勒和第三大城市基辅等，把苏联红军的主力消灭在苏联西部地区，尔后向苏联腹地长驱直入，进抵阿尔汉格尔斯克、伏尔加河、阿斯特拉罕一线，并用空军摧毁乌拉尔工业区，从而击败苏联。

H《苏德互不侵犯条约》

《苏德互不侵犯条约》	
背景	1 斯大林为了保护苏联的安全及利益，决定放弃与英、法共同对抗纳粹德国，以争取时间应对德国日后的军事行动。 2 希特勒为了执行闪击波兰的计划，避免陷入两线作战的境地，愿意与苏联签订非战条约。
时间	1939年8月23日
内容	1 缔约双方保证不单独或联合其他国家彼此互相使用武力、侵犯或攻击对方。 2 缔约一方如与第三国交战，另一缔约国不得给予第三国任何支持。 3 缔约双方决不参加任何直接、间接反对另一缔约国的任何国家集团。 4 双方以和平方式解决缔约国间的一切争端。 5 条约有效期为10年。

I 苏联的卫国战争

1941年6月22日，希特勒撕毁了战前与苏联签订的互不侵犯条约，以闪电战的方式突袭苏联。22日凌晨，德军在北起波罗的海、南至黑海的1800多千米战线上分三路袭击苏联，苏联卫国战争爆发。苏军在战争初期遭到重大损失，西部大片国土沦陷。

图中是匍匐在炮车上攻击苏联的德国突击队员。

J 列宁格勒保卫战

1941年7月至9月，希特勒的北方集团军以优势兵力突破苏军抵抗，进攻苏联第二大城市列宁格勒。德军试图通过切断列宁格勒同苏联内地的联系迫使列宁格勒不战而降。但苏联政府和人民通过拉多加湖成功地组织了对城市和军队的供应。列宁格勒人民终于在1944年1月彻底粉碎了德军对列宁格勒的封锁，3月将德军击退，取得了保卫战的胜利。

图中是德军进入列宁格勒。

K 莫斯科保卫战

1941年12月6日，苏军从莫斯科城郊开始反攻，到1942年1月，苏军在各条战线上一一将德军击退，解除了莫斯科的威胁，夺回了60多个城市。莫斯科保卫战打破了德军不败的神话，是德国东线走向灭亡的开始，为二战转折奠定了基础。同时这场战争也使反法西斯的国家意识到联合的重要性，促进了反法西斯同盟的形成。

L 偷袭珍珠港

1941年12月7日清晨，在联合舰队司令山本五十六的指挥下，日本海军的航空母舰突袭了美国海军太平洋舰队的夏威夷基地珍珠港。仓促应战的美军损失惨重，8艘战列舰中4艘被击沉，其余受到重创。珍珠港事件后，太平洋战争正式爆发。美国最终被卷入第二次世界大战。

图中珍珠港空军基地遭受空军袭击的情景。

M “统一战线”

1941年6月22日，苏德战争爆发的当天，英国首相邱吉尔发表广播演说，宣布对苏联给予力所能及的援助，美国政府也发表了愿意援苏的声明。7月3日，斯大林也发表广播演说，表明苏联的卫国战争“将同各国人民争取他们的独立、民主自由的斗争汇合在一起”，“统一战线”形成。它团结了可能团结的力量，最大限度地孤立了法西斯侵略势力，对于最后战胜法西斯国家起了决定性作用。

N 美国参战

日本偷袭珍珠港事件直接导致了美国的参战，成为第二次世界大战的转折点。具有雄厚经济实力的美国卷入了第二次世界大战后，导致了轴心国在全世界的覆灭。同时这次事件还为日本树立了美国这样一个强大的敌人，对珍珠港的袭击本身已决定了日本最终战败的命运。

图中是罗斯福签署宣战书的场景。

O 斯大林格勒战役

莫斯科战役失败后，德军并没撤军而是继续向苏联西南地区推进，逼近斯大林格勒。1942年7月17日，斯大林格勒战役爆发。参战双方为苏联红军和以纳粹德国为首的罗马尼亚、匈牙利、意大利等国组成的轴心国部队。这次会战至1943年2月2日才告结束。苏联的胜利使这次战争成为第二次世界大战的转折点。轴心国一方损失了在东线战场四分之一的兵力，从此一蹶不振，直至最终溃败。

图中是德军突击队向斯大林格勒推进。

P 中途岛战役

1942年6月4日，日本舰载机向中途岛发动了猛烈的攻击。驻扎在中途岛的美军战斗机全部迎战，成功地击退了日本海军对中途环礁的攻击。中途岛战役是第二次世界大战的一场重要战役。美国海军胜利后获得了太平洋战区的主动权，这场战役也因此成为太平洋战区的转折点。

图中是1946年6月遭受轰炸的中途岛。

Q 阿拉曼战役

1942年10月23日，在北非地区主战场埃及的阿拉曼地区，英军在蒙哥马利指挥下对德、意联军“非洲军团”发起了进攻。激战12天后，英军获胜，德、意军被迫退到突尼斯边境。阿拉曼战役成功扭转了北非战争的格局，成为法西斯军队在北非覆灭的开端。德意法西斯军队开始在北非地区节节败退，1943年5月被完全逐出非洲。

图中是英军的坦克向阿拉曼推进的场景。

R 意大利投降

1943年7月，美、英联军在西西里登陆，墨索里尼政府被推翻。巴多格里奥组成的新政府，开始与美英秘密谈判。9月3日，意、美双方代表在西西里岛的锡腊库扎签订了停战协定。10月13日，巴多格里奥政府正式退出法西斯同盟，向德国宣战。同时，英、美、苏三国政府也发表宣言，承认意大利为共同作战一方。之后在意大利游击队的配合下，盟军开始向占据意大利的德国军队不断发动进攻。墨索里尼垮台和巴多格里奥政府的无条件投降并对德宣战，轴心国集团开始瓦解。

S 诺曼底登陆

1944年6月6日早，集结近300万士兵开始渡过英吉利海峡在法国诺曼底登陆。诺曼底登陆的成功使美英联军重返欧洲大陆，第二次世界大战的战略态势就此发生了根本性变化。盟军在欧洲大陆第二战场的开辟使纳粹德国从此陷入两面作战。盟军协同苏军一起攻克柏林，迫使法西斯德国提前无条件投降，加快了第二次世界大战的结束。

图中是1944年6月6日美军在诺曼底登陆后展开猛攻的场景。

U 德国投降

1944年10月至11月，盟军开始把战场推向德国本土。1945年1月12日，苏军从东线对德军发起强大攻势，希特勒被迫两线作战，英美盟军乘机迅速推进，德军的反击被彻底粉碎。1945年4月30日，苏军攻克柏林，希特勒自杀。1945年5月9日凌晨，纳粹德国正式向盟军投降。

图中是苏军占领柏林的情景。

T 雅尔塔会议

1945年初，反法西斯战争接近尾声，为协调战略计划，尽快结束战争，安排战后国际事务，美、英、苏三国首脑罗斯福、丘吉尔和斯大林于1945年2月4至11日在雅尔塔举行了国际会议。会上签署了《雅尔塔协定》，巩固了三国战时联盟，对协调盟国对法西斯作战，加速战争胜利起到了积极作用，并为联合国的建立奠定了基础。会上作出的战后世界秩序被称为雅尔塔体系，对战后世界影响巨大。

V 日本投降

中途岛一役败北后，日本海军元气大伤，太平洋战场攻守之势从此逆转。中国战区，在中美空军攻击下，日军的攻势皆被国民党军队粉碎。1945年2月，苏联介入太平洋战事，并在8月8日对日宣战，攻入中国东北地区。同月，美国分别在日本的广岛和长崎投下了两颗原子弹。面对核武器的威胁与中国东北地区的丧失，日本在8月15日正式宣布投降，第二次世界大战正式结束。

图中是日本在东京湾正式投降。

1945-1990

二战结束后，西欧主要资本主义国家在美国的援助下，利用第三次科技革命发展国家垄断资本主义。而苏联等东欧国家则从20世纪50年代中期起就相继改革，探索社会主义的发展道路。世界因此形成了两大阵营对峙的局面，美苏争霸的局面逐渐形成。至20世纪90年代初，东欧发生剧变，苏联解体，两极格局崩溃，冷战结束。此时西欧和日本的崛起促使了世界格局朝多极化发展。图中是经济恢复后的巴黎。

第十五章

从对抗到合作

——迈向一体化的欧洲

A.D. 1945　　A.D. 1955

01 战后国际关系

关键词:雅尔塔体系 联合国

战后初期的国际力量对比发生了重大变化，西欧普遍衰落，苏联空前强大与美国势均力敌。二战后期,美国、英国、苏联三国先后举行了一系列首脑会议,形成以《雅尔塔协定》为主体的国际关系体系,即雅尔塔体系。雅尔塔体系建立后，世界两极格局形成，社会主义和资本主义两大阵营对抗，国际关系以美苏冷战为主线。欧洲一分为二，东、西欧分别被苏联和美国控制。

战后初期欧洲国际关系	
战后欧洲各国	1 苏联空前强大，成为世界一流强国。A 2 德国战败分裂。B 3 英国开始依附美国。C 4 法国大国地位恢复。D
雅尔塔体系	1 重定欧亚政治版图。E 2 建立联合国，作为协调国际争端维护战后和平的机构。

A 空前强大的苏联

二战后，苏联力量空前强大，成为唯一能与美国相抗衡的超级大国。战争使苏联的领土扩大了60万平方公里，东部地区也建立起了重工业和军火商产基地。此外，苏联与新建立的欧亚社会主义国家先后缔结了一系列同盟条约，形成了以其为首的社会主义阵营，但由于苏联推行霸权主义政策，社会主义阵营到60年代解体。

图中是苏联为首的社会主义阵营的分布示意图。

B 战后分裂的德国

二战后，根据当初达成的协议，美国、苏联、英国和法国对德国进行了分区统治，他们一起摧毁了纳粹党庞大的军火工业，并开始了纳粹清除工作。之后随着冷战的升级，德国被一分为二，成立了联邦德国和民主德国。从此，德国又开始了长达半个世纪的分裂局面。

图中是战后满目疮痍的柏林街头。

C 虽胜犹败的英国

英国是与法西斯作战时间最长的国家，战争使其国内经济受到了严重创伤。战后，英国的实力和国际地位大大下降，失去了世界霸主的地位。英国经济的恢复主要是依赖美国的援助，因此唯美国马首是瞻。战后的英国希望借助美国的力量来维持其在欧洲第一的地位，借此来挽救帝国的没落。

图中是来自美国汤顿的咖啡工乘坐列车去往伦敦。

D 元气大伤的法国

二战中，法国被德国攻陷，几乎亡国，生产大幅度下降，1945年初的工业产量还不及1938年的一半。在此情况下，戴高乐将军仍领导法军积极参加了在意大利、法国和德国的军事行动，为法西斯战争的胜利作出了自己贡献，因此其大国地位也逐渐被盟国认同。但此时的法国仅仅是恢复了大国的名号而已，就实力而言已经沦为三等国。

图中是战争中备受摧残的法国小镇。

E 雅尔塔体系

雅尔塔体系	
首脑会议	1 1943年11月22—11月26日开罗会议 2 1943年11月28日—12月1日德黑兰会议 3 1945年2月4—11日雅尔塔会议 4 1945年7月18日—8月2日波茨坦会议
主要协议	1 打败德国、日本法西斯，并在两国彻底铲除法西斯主义和军国主义，以防止法西斯主义东山再起。 2 重新绘制战后欧亚地区的政治版图，特别是重新划定德国、日本、意大利等法西斯国家的疆界及其被占领地区的边界。 3 建立联合国，作为协调国际争端、维持战后世界和平的机构。联合国的核心机构安理会的表决程序实行“雅尔塔公式”，即“大国一致原则”。以美、苏、中、英、法五大国为核心，以联合国为主导，保护中小国家的安全，维护世界和平。 4 对德、日、意的殖民地以及国际联盟的委任统治地实行托管计划，原则上承认被压迫民族的独立权利。
特点	1 世界两极格局形成，国际关系以美苏冷战为主线。 2 欧洲一分为二，东西欧分别被苏联和美国控制。 3 德国一分为二，资本主义的联邦德国和社会主义的民主德国分别被美苏控制。
解体	20世纪 90年代初，苏联解体，雅尔塔体系瓦解。

A.D. 1947　　A.D. 1990

02 冷战中的欧洲

关键词：北约组织 华约组织 古巴的导弹危机

二战结束后，美苏两国战时联盟的关系不复存在，双方关系恶化，导致了冷战。雅尔塔体系建立后又奠定了两极格局的基本框架，因此加快了两极格局确立的步伐。1949 年、1955 年先后建立的北约、华约两大组织，标志着以美苏为首的两大军事政治集团对峙局面的形成。同时由于两个超级大国的对峙，世界长期处于核阴影的笼罩之下，国家形势长期紧张。直到 1991 年苏联解体，美苏两极格局结束，世界开始由两极向多极发展。

冷战	
序幕	1 **1946年**，铁幕演说拉开冷战序幕。A
冷战政策	1 **1947年**，杜鲁门主义出现。B 2 **1947年**，美国实行马歇尔计划。 3 **1949年**，北大西洋公约组织成立。C 4 **1955年**，华沙条约组织成立。D
50、60年代	1 特征：美国占据优势。 2 表现：1953年，赫鲁晓夫上台，并于1959年访问美国；1961年，建立柏林墙；1962年，美苏爆发古巴导弹危机。E F
70年代	1 特征：争霸优势在苏联。 2 表现：勃列日涅夫上台，采取积极进攻战略，1979年出兵占领了阿富汗。G
80年代	1 特征：美国转为攻势。 2 表现：美苏签订《美苏限制战略核武器条约》；苏联领导人更换频繁，安德罗波夫、契尔年科、戈尔巴乔夫轮流上台执政。
结束	**1991年**，苏联解体，两极格局结束。

A 铁幕演说

1946年1月，丘吉尔应邀访美。3月5日，在杜鲁门的母校威斯敏斯特学院发表了题为“和平砥柱”的演说。在演说中丘吉尔公开攻击苏联，谴责其对中、东欧的“扩张”是一幅横贯欧洲大陆的铁幕，威胁着欧洲的和平。丘吉尔的铁幕演说被认为是拉开了冷战的序幕。

B 杜鲁门主义

1947年3月12日，美国总统杜鲁门在国会两院联席会议上提出了敌视社会主义国家的“杜鲁门主义”。这是美国外交政策上的一个新的转变，美国宣称支持自由国家抵御“极权政体”。“杜鲁门主义”是对苏联的公开挑战，因此被认为是美苏之间“冷战”正式开始的标志。

C 北大西洋公约组织

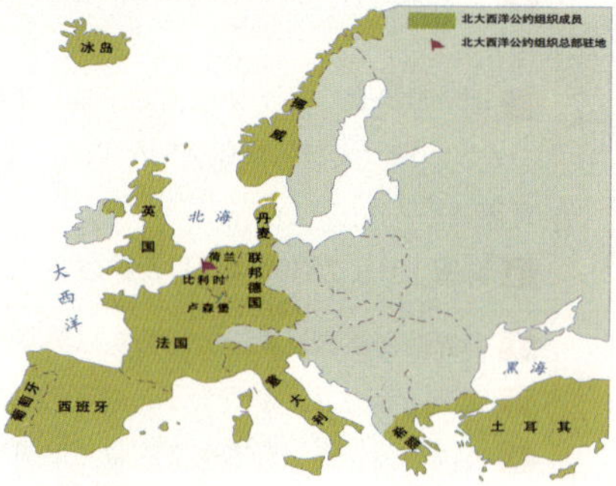

美国为了遏制苏联，联合西欧国家于1949年成立了北大西洋公约组织。图中是北大西洋公约组织的成员国示意图。

D 华沙条约组织

北大西洋公约组织成立后，东欧社会主义阵营为了与其对抗决定组建联合武装力量。1955年5月14日，苏联与东欧社会主义阵营国家在华沙签署了《华沙条约》，华沙条约组织成立。华沙条约组织的实质是东欧社会主义国家的政治军事同盟，宗旨是维护成员国的安全。北大西洋公约组织与华沙条约组织两大国际组织的成立，标志着双方以冷战形式的军事对抗正式开始。

图中是华沙条约组织的成员国示意图。

E 柏林危机

柏林危机	
第一次柏林危机	背景： 随着德国重建的开始，苏联不愿让德国各占领区合并，美国计划将德国西部占领区三合为一。 经过： 1 1948年2月至6月，美、英、法、比、荷、卢六国召开伦敦外长会议，提出成立联邦德国，将联邦德国纳入欧洲复兴计划。 2 1948年6月24日，苏联封锁柏林，史称第一次柏林危机，形成第一次美苏冷战高潮。 3 1948年6月29日，美国实行实行反封锁。 4 苏联于封锁中蒙受道义损失，1949年5月12日宣布撤销封锁，柏林危机结束。 5 1949年5月23日，西德通过“德意志联邦共和国基本法”，西德建立。 6 1949年5月30日，苏占区通过宪法，东德建立。
第二次柏林危机	背景： 柏林分裂后，西柏林重建顺利，经济逐渐繁荣，苏联决意统一柏林全境。 经过： 1 1958年11月27日，苏联要求英美法三国六个月内撤出西柏林。 2 英美法三国拒绝苏联的要求，并作出强烈抗议，第二次柏林危机爆发。 3 美国同意召开四国首脑会议，讨论柏林问题，第二次柏林危机缓和。

F 古巴导弹危机

1960年，美国与社会主义阵营的国家古巴关系恶化，因此对其进行经济封锁。1962年，苏联答应向古巴提供经济和军事支持，美苏双方的冷战又进入新高潮。美苏各自在土耳其和古巴布置了导弹，大战一触即发。图中是反映古巴导弹危机的漫画，赫鲁晓夫和肯尼迪的较量。

G 苏联占领阿富汗

20世纪50年代，苏联就控制了阿富汗的经济命脉和军队，目的是为了获得波斯湾丰富的石油资源以及取得从陆地进入印度洋与美国争霸的道路。1979年以后，阿富汗与苏联的矛盾日益激化。苏联于1979年12月27日进攻阿富汗，迅速将其占领后，于次日建立了傀儡政权。这次入侵给苏联带来了沉重的军事和经济负担，无法再继续支撑争霸战略，苏联走向衰落。

A.D. 1945　　A.D.1990

03 西欧经济的恢复和社会改革

关键词：马歇尔计划 英国 法国 德国

西欧作为二战的主要战场之一，战后各国的社会经济均损失惨重。但二战结束后，西欧各国利用美国的援助，在抓住第三次科技革命的机遇和制定恰当经济政策的情况下，迅速实现了经济的恢复和发展。20 世纪 50 年代初，各国的工业生产已经超过了战前水平，一直到 70 年代，西欧经济都持续繁荣发展。欧共体成立后，西欧各国逐渐摆脱了美国的控制，开始为提高自己的国际政治经济地位而努力。

西欧经济的恢复

原因		1 美国对西欧各国实行“马歇尔计划”的援助。A 2 政府加强了对经济的宏观指导。 3 第三次科技革命带动经济发展。
经济恢复	英国	1 1945年，英国工党执政，开始实行国有化改革。B C 2 1945年，工党政府开始实行“福利国家”政策。D 3 1951年，保守党执政，沿用了工党的国有化和“福利国家”政策。
经济恢复	法国	1 1946年，法兰西第四共和国成立，坚持国有化方向进行经济改革。E F 2 1958年，第五共和国成立，戴高乐采取经济措施进行经济改革。G
经济恢复	德国	1 1948年，艾哈德推行经济改革。 2 1949年5月，联邦德国建立。H 3 20世纪60年代，联邦德国工业生产增长速度超过英、法、美。I
欧共体		1 1951年，欧洲煤钢联营成立。J 2 1958年，组成欧洲经济共同体和欧洲原子能联营。K 3 1967年，欧洲共同体成立。L

A 马歇尔计划

西欧经济的复兴在一定程度上归功于美国的“马歇尔计划”。马歇尔计划是二战后美国对西欧各国进行经济援助，协助其重建的计划。该计划于1947年7月正式启动，共持续了4年，美国对西欧各种形式的援助达130亿美元。计划临近结束时，整个西欧都进入了高速发展时期，社会经济重新繁荣起来。

B 英国的工党政府

二战时，丘吉尔的保守党内阁虽然获得了极大威望，但由于工党提出的福利社会目标更吸引人，因而前者在二战结束前夕的大选中落败。以艾德礼为首的工党获胜并组建了工党内阁，提出了把个人自由同计划经济、民主同社会公正结合起来的制度。工党提出的改革措施顺乎民心，得到了大部分民众的支持。

C 工党的国有化措施

工党的国有化措施

1 1945年底，英国通过大英银行国有化方案，建立英国历史上第一个国家银行。

2 1946年，英国开始实施煤炭工业国有化。

3 1947年，政府先后在铁路运输、电力、煤气、航空、电讯、航运等企业部门推行国有化。

4 1951年，冶金工业国有化方案获议会通过，至此工党政府大选时的国有化纲领全部兑现。

D 教育改革

工党政府进行了医疗、社会保险制度和社会服务方面的改革。在社会服务上，政府尤其重视教育制度的改革。政府对满11岁的儿童实施免费中等教育，并享受补助或免费午餐，同时还增加了大学奖学金制度等。

图中是1950年实施教育改革后的某英国小学。改革后英国的教育普及率得到提高，为优秀人才的培养奠定了基础。

G 经济措施

经济措施

1 加强政府对经济的干预并辅之以资本主义计划化，确定发展目标。

2 努力摆脱“马歇尔计划”的影响，建立独立的民族经济，并联合欧洲国家发展共同市场。

3 积极推进科技进步和国民教育事业，促进生产率的提高。

4 重视国民经济综合平衡发展，使工业现代化和农业现代化齐头并进。

E 法兰西第四共和国

二战结束后，法国于1945年10月举行全民公决通过了新宪法，法兰西第四共和国宣告成立。共和国建立后在坚持国有化的前提下，实现了重要经济部门的国有化改革。但是国有化政策的低效与巨额亏损却使法国经济陷入困境，使得第四共和国的经济难以高速发展，最终导致了政治上的危机。

图中是第四共和国政府内阁成员在开会。

F 莫内计划

“莫内计划”是法兰西第四共和国的主要经济计划。它制定于1947年初，主要内容是对煤、电、钢铁、水泥、农机、运输六种主要工业部门进行设备更新，实施现代化生产。通过“莫内计划”，法国的经济在1947到1948年恢复到了战前水平，1950年法国的生产水平则超过战前最高年份25%。50年代，法国经济稳定增长，平均增长速度甚至一直在英国之上，造船、航空、电气、原子能、石油等工业也有较大发展。但由于得到“马歇尔计划”的援助，法国战后经济的发展在相当程度上受美援制约，同时还存在着通货膨胀等问题。

H 联邦德国建立

根据雅尔塔体系，战败后德国由英、法、美、苏四国分区占领。1948年，英法美所占区域合并为“西占区”，美国等在此按照自己的规划实行德国的复兴计划。1949年5月，“西占区”通过新宪法，德意志联邦共和国宣告成立，首都设在波恩。德国正式划分为西德和东德。

图中是位于科隆选区的主教宫殿，后来成为首都波恩的政府中心。

I 西德经济快速增长原因

西德经济快速增长原因
1 德国原有的经济基础较好，企业布局和人员素质方面具有很大的潜力，为经济发展提供了可靠保证。
2 马歇尔计划的援助，促使德国尽快完成了经济模式的转变，促进了经济的发展。
3 固定资产投资长期保持较大规模。
4 对外贸易的稳定增长促进了整个国民经济的高速增长。
5 非军事化的立国政策使德国能够集中人力物力财力发展经济。

J 欧洲煤钢联营

为促成煤炭和钢铁工业一体化，法、西德、意、比、荷、卢等六个西欧国家于1951年4月18日在巴黎签订了为期50年的《欧洲煤钢联营条约》，将本国煤钢部门置于共同管理和监督之下，成立煤钢共同市场。至1954年，这些国家的煤、焦炭、钢、生铁等的贸易壁垒几乎完全消除，"欧洲煤钢联营计划"得以实现。

L 欧洲共同体

为建立共同市场，法国、联邦德国、意大利、荷兰、比利时和卢森堡六国于1965年4月8日签订了《布鲁塞尔条约》，决定将欧洲煤钢共同体 、欧洲原子能共同体和欧洲经济共同体统一起来，统称欧洲共同体。条约于1967年7月1日生效，欧共体成立，总部设在比利时布鲁塞尔。

图中是迄1986年为止的欧共体成员国示意图。

K 欧洲经济共同体和欧洲原子能共同体

组织	欧洲经济共同体	欧洲原子能共同体
宗旨	清除欧洲贸易壁垒，保证各国经济联系，通过共同贸易政策促进国际交换。	为核子能源联营及分销共同市场，并可出售剩余核子能源至境外国家。
成员国	创始国为法国、联邦德国、意大利、荷兰、比利时和卢森堡。	法国、联邦德国、意大利、荷兰、比利时和卢森堡。
发展	1957年3月25日，六国签订《罗马条约》，建立欧洲经济共同体。1965 年4月8日，六国签订《 布鲁塞尔条约》，决定将欧洲煤钢共同体、欧洲原子能共同体和欧洲经济共同体统一起来，统称欧洲共同体。	1957年3月25日，六国签订《罗马条约》，成立欧洲经济共同体。1967年将《欧洲煤钢联营条约》及欧洲经济共同体合并到统一架构内。如今，欧洲原子能共同体已经在欧洲联盟架构内。

A.D.1950 A.D.1970

04 科技革命

关键词：原子能 航天技术 电子计算机

第二次世界大战结束后，以原子能、电子计算机、空间技术和生物工程的发明应用为主要标志的第三次科技革命爆发。它是涉及信息技术、新能源技术、新材料技术、生物技术、空间技术和海洋技术等诸多领域的一场信息控制技术革命。这次科技革命不仅极大地推动了人类社会经济、政治、文化领域的变革，而且也促进了人类生活方式和思维方式的转变，使人类社会生活和人的现代化向更高境界发展。

第三次科技革命	
背景	1 物理学革命取得三大突破，科学技术的发展具备了一定的物质和技术基础。A 2 二战中的军事需求、战后军备竞争和发展经济的要求促进了科技的发展。
原子能	**1954年**，苏联第一座核电站建成。
航天技术	**1957年**，苏联第一颗人造卫星上天，开辟了人类征服宇宙的道路。B

A 19世纪末物理学三大发现

世纪之交的物理学革命是19世纪末物理学危机的产物，揭开物理学革命序幕的是19世纪末物理学的三大发现。它们分别是1895年德国物理学家伦琴发现的 X 射线，1898年波兰出生的物理学家居里夫人发现的镭等放射性元素以及1897年英国物理学家汤姆生发现的电子。这三大发现，打开了原子世界的大门，人们开始认识到原子不是组成物质的不可分割的基本单位，物质结构还有比原子更深入的层次。它把人们的研究引入原子内部的微观世界，开创了原子物理学，为20世纪科学技术的伟大成就奠定了理论基础。

B 苏联第一颗人造卫星

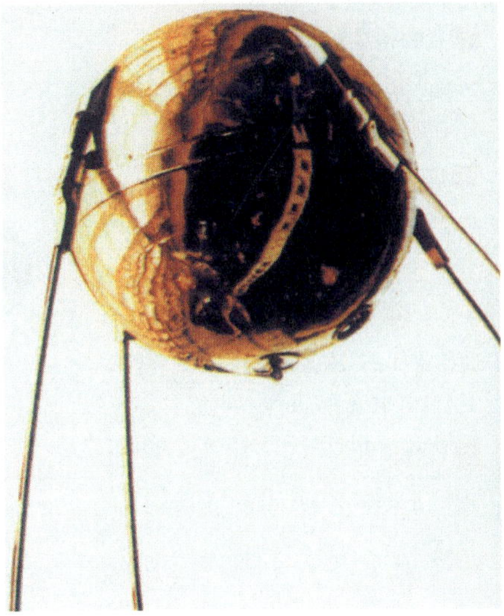

除了原子能方面，在第三次科技革命期间航天领域也取得了重大的技术突破。1957年10月4日，苏联成功地发射了第一颗人造地球卫星，开辟了人类征服宇宙的道路。人类社会自此跨入了航天的新时代，一场全球性的信息革命随即展开。

图中是苏联的第一颗人造卫星。

A.D.1900　A.D.1945

05 20世纪前半期的思想文化

关键词:弗洛伊德 凯恩斯 毕加索

进入20世纪后，随着科学技术日新月异的发展，人们认识世界的视野大大开阔。20世纪上半期的文化发展较之上个世纪出现了革命性的变化。

思想文化

1 逻辑实证主义

以经验为根据，以逻辑为工具，进行推理，用概率论来修正结论。代表人物：英国哲学家罗素。

2 存在主义

以人为中心，尊重人的个性和自由。A

3 精神分析学说

精神分析学，代表人物：奥地利精神病学家弗洛伊德，代表作《梦的解析》。

4 经济学

英国经济学家凯恩斯，开创了现代宏观经济学。B

5 历史学

德国的斯宾格勒创立了“文化形态史学”，代表作《西方的没落》。

6 社会科学

代表人物马克斯·韦伯，开创了反实证主义社会学。

7 现代文学

现实主义代表人物：法国罗曼·罗兰，代表作为《约翰·克里斯朵夫》。C

后期象征主义代表人物：奥地利作家卡夫卡，代表作《变形记》。

8 现代美术

现代主义画派代表人物：蒙克。

立体派代表人物：毕加索。

A 存在主义

存在主义最早出现在第一次世界大战后的德国，它同现代西方哲学流派一样反对西方的传统哲学，认为真正的哲学是研究“存在”的哲学，而这里所说的“存在”是具有特定含义的“人的存在”。因此可以说存在主义是一种“具体的人学”。存在主义问世以后很快就流传于西方社会的各个阶层，因此存在主义已超出了单纯的哲学范围，渗透到社会精神生活的各个方面，成为一种新的资产阶级社会风尚和生活方式。

B 凯恩斯

现代西方经济学最有影响的经济学家之一，被誉为“战后繁荣之父”。1936年，他发表了《就业、利息和货币通论》，创立了宏观经济学。宏观经济学是指用国民收入、经济整体的投资和消费等总体性的统计概念来分析经济运行规律。它开创了一个新的经济学领域，引起了经济学的革命。

C 罗曼·罗兰

罗曼·罗兰是20世纪法国著名的批判现实主义作家和音乐评论家，其艺术成就主要在于他刻画了为追求正义而奋勇前进的知识分子形象。《约翰·克利斯朵夫》是罗曼·罗兰的代表作之一，从这本著作开始，他开创了一种独特的小说风格，被人们称为“用音乐写作”。该著作获得了1915年的诺贝尔文学奖。

A.D. 1985　A.D.1991

06 苏联的改革和苏联解体

关键词:戈尔巴乔夫 八一九事件 苏联解体

20 世纪 20 年代中期至 80 年代中期，苏联的建设取得了很大成绩，但在体制上却存在许多弊端，使其经济发展缓慢。进入 80 年代，长期积累的经济恶果导致苏联经济急剧恶化。戈尔巴乔夫上台后为了改善这种局面推行了一系列的改革，其中的政治体制改革使苏联走上了否定社会主义的道路，引起了苏联政治局面的极度混乱，最终导致了苏联解体。

苏联解体

戈尔巴乔夫的改革	1 经济上加速国家社会经济发展战略，改进经营管理机制，并扩大企业自主权。A 2 政治上以“民主社会主义”取代科学社会主义，提倡“民主化”和“公开性”，否定社会主义道路。B 3 指导思想上搞多元化，否定了马克思列宁主义的指导。 4 展开“新思维外交”，加强苏美合作。C
八一九事件	1 背景：**1991年8月**，苏联公布《苏维埃主权共和国联盟条约》将苏联变成一个松散的邦联，引起党内外的斗争急剧尖锐化。 2 经过：**1991年8月19日**，苏共保守派发动政变，软禁了戈尔巴乔夫，三天后改革失败。D 3 影响：苏联共产党被排挤出政权，国家政权发生了根本的质变。E
苏联解体	**1991年12月8日**，俄罗斯、白俄罗斯、乌克兰等六国领导人签署《明斯克协定》，宣布成立“独立国家联合体”，苏维埃社会主义共和国联盟不复存在。 **12月21日**，《阿拉木图宣言》的签署，标志着苏联的完全解体。 **12月25日**，苏联正式解体。F G

A 经济改革

1985年，戈尔巴乔夫被选为新一代的党中央总书记，上台伊始，戈尔巴乔夫就从经济入手开始了大刀阔斧的改革。1986年，苏共召开“二十七大”，在经济发展上确立了加速战略，要求打破单一公有制，走发达资本主义国家“混合经济”的路子。但苏联经济改革的成果并不大，因此其改革的重点开始转向政治方面。

B 政治改革

经济改革的出师不利使苏联领导人的改革方向发生了变化，开始着手政治体制的改革。1988年，苏共第十九次代表会议召开，集中讨论了政治体制改革的问题。1990年，苏联修改宪法，实行多党制和总统制。这一决定无异于放弃了无产阶级专政，否定了社会主义道路，因此导致了苏共党内外的斗争尖锐化，党组织和政权陷入半瘫痪状态。

C 外交

与经济改革同步进行的还有苏联领导人开展的“新思维外交”。“新思维外交”热衷于苏美双方的合作，导致了苏共一些领导人的强烈不满。同时苏联新外交政策还强调东欧国家根本变革的必要性，鼓励它们的“自由化”变革，从而催化了东欧各国的剧变。这一事件引发了苏共内部的思想混乱。

D 八一九事件

戈尔巴乔夫提出的“政治多元化”口号在多民族的苏联掀起了高涨的民族主义浪潮，民族间的矛盾迅速激化，使联盟的体制面临崩溃的危机。就是否保留同盟问题，苏联于1991年举行了首次全民公投，投票结果决定继续保留同盟。1991年6月，在政治改革中所形成的“民主激进派”的领袖叶利钦由全民投票直接选举为俄罗斯联邦总统。《苏维埃主权共和国联盟条约》也因此被草拟出来，它强调各共和国的主权，将苏联变成了一个松散的邦联。

在新联盟条约即将签署的情况下，苏共中的保守派于1991年8月19日发动了政变。戈尔巴乔夫被软禁，被迫停止履行总统职责。在叶利钦号召全民总罢工的情况下，这次政变仅仅维持了三天即告瓦解，戈尔巴乔夫恢复权力。但经过此次政变后，苏共被反对派赶下政治舞台，苏联迅速陷于解体困境。

E 苏共解体

苏共解体

1. 1991年8月23日，叶利钦下令“中止”俄罗斯共产党活动。
2. 1991年8月24日，戈尔巴乔夫宣布辞去苏共中央总书记职务并要求苏共中央自行解散，苏共财产交苏维埃保管。
3. 1991年8月29日，苏联最高苏维埃决定，“暂停苏共在苏全境的活动”并对苏共领导机关进行审查。各加盟共和国共产党或被终止、禁止活动，或被迫自动解散。自此，具有93年历史、执政70多年、尚有1500万党员的苏联共产党被迫解体。

G 各加盟共和国独立时间

各加盟共和国独立时间

1. 1990年3月11日，立陶宛独立。
2. 1991年4月9日，格鲁吉亚独立。
3. 1991年8月20日，爱沙尼亚独立。
4. 1991年8月22日，拉脱维亚独立。
5. 1991年8月24日，乌克兰独立。
6. 1991年8月25日，白俄罗斯独立。
7. 1991年8月27日，摩尔多瓦独立。
8. 1991年8月30日，阿塞拜疆独立。
9. 1991年8月31日，乌兹别克斯坦和吉尔吉斯斯坦同时独立。
10. 1991年9月9日，塔吉克斯坦独立。
11. 1991年9月23日，亚美尼亚独立。
12. 1991年10月27日，土库曼斯坦独立。
13. 1991年12月16日，哈萨克斯坦独立。
14. 1991年12月25日，俄罗斯宣布国名由“俄罗斯苏维埃联邦社会主义共和国”更名为“俄罗斯联邦”。
15. 1991年12月25日18时40分许，苏联总统戈尔巴乔夫辞职。
16. 1991年12月25日19时38分，苏联红旗从克里姆林宫上徐徐落下，代之的是白、蓝、红三色俄罗斯联邦国旗，从此苏联正式成为历史。

F 苏联解体

1991年年底，俄罗斯总统叶利钦同白俄罗斯及乌克兰的总统在白俄罗斯的首府明斯克签约，成立独立国家联合体，通过建立一个类似英联邦的组织构架来取代苏联。除波罗的海三国和格鲁吉亚外的其他苏联加盟国纷纷响应此决议，离开苏联，苏联在此时已经名存实亡。1991年12月25日，苏联总统戈尔巴乔夫宣布辞职，将国家权力移交给俄罗斯总统。第二天，苏联最高苏维埃通过最后一项决议，宣布苏联停止存在。从此，苏联正式解体。1991年12月25日19时32分，红旗从克里姆林宫上降落。

苏联的解体为东欧政变大潮画上了句号，世界上只剩下美国这一唯一超级大国。同时苏联的解体也对各个前加盟共和国的经济带来了巨大的冲击。而且苏联解体使之前共产主义的教育被抽去，传统的俄罗斯东正教又不能迅速填补空白，使得这一代青年形成思想真空，俄罗斯青年中甚至产生了新纳粹主义团体“光头党”。

A.D. 1989　A.D.1995

07 东欧剧变

关键词:多党制 两德统一 波黑战争

二战后，东欧各国在苏联的援助下建立了社会主义国家，但各国实际上并没有取得独立自主的权利，其发展完全遵循苏联模式，受制于苏联，因此成为美苏冷战的牺牲品。进入20世纪80年代，东欧各国改革的失败导致了东欧巨变，各国社会主义政权纷纷易手。

东欧巨变	
波兰	1 **1989年**，波兰决定实行多党制和议会民主制。4至6月，团结工会选举获胜组成联合政府。 2 **1990年11月**，团结工会主席瓦文萨当选波兰总统，波兰政变完成。A
匈牙利	1 **1989年2月**，匈牙利为解决尖锐社会矛盾，决定实行多党制。D 2 **1990年**，民主论坛选举获胜，匈牙利完成了政权转移的过程。
罗马尼亚	**1989年12月**，罗马尼亚爆发反政府示威活动，政变开始。1990年救国阵线选举获胜，政治变革完成。E
捷克斯洛伐克	1 **1989年1月**，布拉格举行纪念抗议苏军侵捷大规模示威游行。 2 **1990年1月**，政府总理恰尔法退出捷共，捷共完全失去执政地位。
德国	1 **1989年**，民主德国在外部冲击下也发生政局剧变，民主德国打开“柏林墙”。B 2 **1990年**，民主德国举行多党议会选举，民主社会主义党沦为在野党。 3 **1990年**，民主德国并入联邦德国，两德统一。G
南斯拉夫	1 **1991年**，克罗地亚以及斯洛文尼亚两共和国率先宣布独立。F 2 **1992年**，塞尔维亚和黑山共和国宣布成立南斯拉夫联盟共和国。C 3 **1992年**，波黑战争爆发。

A 波兰政变

20世纪80年代初，波兰陷入严重的经济困境，引发了许多城市的工人罢工，以瓦文萨为首的团结工会在此背景下产生。团结工会不断挑起罢工，导致政局的动荡不安。由于经济持续得不到根本好转，波兰统一工人党威信大为降低。1989年，波党实行政治多元化和工会多元化的方针，与团结工会举行圆桌会议。会议达成了关于团结工会合法化、进行议会大选等协议。在大选中，波党失利，团结工会获胜，组织政府。团结工会上台，标志着波兰政治经济制度的转变。

B 推倒柏林墙

1989年，民主德国在外部冲击下也发生政局剧变。10月中旬，执政的统一社会党内就是否实行政治民主等问题产生分歧，主张改革的克伦茨当选总书记。11月9日，为了缓和社会动荡的危机，民德当局宣布开放两德间全部边境出口站。

C “第三南斯拉夫”

1991年，克罗地亚和斯洛文尼亚宣布独立后，次年，马其顿和波黑也宣布了独立，南斯拉夫联盟进一步瓦解。在这种情况下，塞尔维亚和黑山两个共和国也于1992年宣布成立南斯拉夫联盟共和国。新的南斯拉夫联盟共和国所占面积不到原领土的一半，被称为“第三南斯拉夫”。至此，南斯拉夫社会主义联邦共和国正式解体。

D 匈牙利

在波兰剧变的同时，匈牙利也发生了类似的政局变动。随着市场经济改革的推进，匈牙利实行多元民主政治的力量也随之而起。1989年6月，匈牙利召开中央全会，肯定了多党制和议会民主制，并筹划修改宪法和举行大选。1990年，匈牙利举行议会选举，社会党竞选失败，民主论坛获胜。至此，匈牙利完成了由政治体制变革带动政权转移的过程。

图中是匈牙利政变中喋血的布达佩斯街头。

E 罗马尼亚

罗马尼亚政变

1 1989年12月，罗马尼亚爆发大规模反政府示威活动。

2 12月22日，罗马尼亚救国阵线委员会宣告成立，接管了政权。

3 1989年12月25日，罗马尼亚成立新政府，实行了多党制和议会民主制，

4 1990年5月，罗马尼亚举行首次多党选举，救国阵线在议会获得多数席位，继续执政。罗马尼亚完成政治变革。

F 南斯拉夫开始解体

东欧剧变给南斯拉夫造成了巨大冲击，而此时的西欧资本主义国家，由于对共产党政权的痛恨也利用南斯拉夫多民族的矛盾，加速其分裂势头。在这两种力量的作用下，各共和国的分裂势力日益强大逐渐控制了当地的政权。1991年，克罗地亚和斯洛文尼亚两共和国率先宣布独立，南斯拉夫开始解体。

G 德国统一

不断恶化的局势迫使德国统一社会党放弃对国家的绝对领导权，寻求与反对派政治势力的妥协和联合执政。12月7日，统一社会党等13个党派组织举行圆桌会议，达成了进行多党自由选举和修改宪法的协议。1990年3月18日，民主德国举行首次多党议会选举，基督教民主联盟获胜，成为议会第一大党，民主社会主义党失去了组阁权，沦为在野党。新政府成后，完全改变了民主德国的社会制度，并在联邦德国的强烈影响和干预下，朝着加入联邦德国、实现两德统一的方向发展。1990年，民主德国并入联邦德国，两德统一。

A.D. 1991 —— 至今

08 欧盟的成立和发展

关键词:欧盟 欧元

1967年，欧共体建立后，组织规模逐渐扩大，一体化的程度也日益提高，欧共体成员国开始寻求政治上的联合。1991年12月，欧洲理事会举行马斯特里赫特会议，欧共体12国首脑签署了《马斯特里赫特条约》建立了“欧洲同盟”。欧盟使欧洲各国打破了地域界限，欧洲成为世界最大的市场，从各个方面挑战美国，两极格局被打破，世界开始向多极化发展。

欧盟的成立和发展

欧盟的建立

1. **1991年12月**，欧共体马斯特里赫特首脑会议通过《马斯特里赫特条约》（简称“马约”）决定建立“欧洲联盟”。
2. **1991年**，欧共体的首脑会议上同时通过的还有《政治联盟条约》。A
3. **1993年11月1日**，马约正式生效，欧盟正式诞生，欧共体从经济实体向经济政治实体过渡。
4. **1991年**，欧共体首脑会议通过并草签了《欧洲经济与货币联盟条约》，1999年1月1日起，欧元在欧盟11个成员国开始正式使用，并于2002年1月1日取代11国的货币。B
5. **2003年7月**，欧盟制宪筹备委员会全体会议确定了欧盟的盟旗、盟歌、铭言与庆典日等。

欧盟的扩张

1. **1995年**，奥地利、瑞典和芬兰加入，使欧盟成员国扩大到15个。
2. **2004年5月1日**，东欧10个国家正式成为欧盟的成员国。
3. **2007年1月**，罗马尼亚和保加利亚加入欧盟，欧盟成为当今世界上经济实力最强、一体化程度最高的国家联合体。

A 《政治联盟条约》

1991年，欧共体的首脑会议上同时通过的还有《政治联盟条约》，该条约于1990年4月由法国总统密特朗与德国总理科尔共同提出。条约规定欧盟要建立共同的外交与安全政策，制定共同的防务政策。欧洲联盟的防务措施将由欧洲联盟的武装机构——西欧联盟来执行。该条约的主要目的是为了进一步扩大欧共体超国家机构的权力，扩大欧洲议会的权力，使其由原来的咨询和监督机构变成部分权力机构。

B 《欧洲经济与货币联盟条约》

欧洲货币制度是从欧洲货币联盟开始的，其起源可以追溯至欧洲经济合作组织于1950年7月1日建立的“欧洲支付同盟”以及1958年取代了该同盟的“欧洲货币协定”。但“欧洲支付同盟”并未对欧洲货币一体化提出具体设想，真正把欧洲货币统一提上日程则是在欧共体建立之后。

1991年，欧共体首脑会议通过并草签了《欧洲经济与货币联盟条约》，1992年2月7日，欧共体12国正式签订了该条约。条约规定要在欧盟内部实现资本的自由流通，真正实现欧洲市场的统一。除了经济方面的规定，该条约还决定实行共同的对外与防务政策，扩大欧洲议会的权力。欧元的发行时间也被确定下来，定于最迟1999年1月18日在欧共体内发行。加入欧元区的标准有两个，其一是区内各国都必须将财政赤字控制在GDP的3%以下，其二是各成员国必须将国债占GDP的比率保持在60%以下。